此书获得"江苏大学专著出版基金"资助出版和江苏大学"青年骨干教师培养工程"资助出版。
2013年度教育部人文社会科学研究青年基金项目（项目批准号：13YJC880081）系列成果之一。

英国教育史学：
创立与变革

武翠红 ◎ 著

British Historiography of Education:
Founding and Transformation

中国社会科学出版社

图书在版编目(CIP)数据

英国教育史学：创立与变革 / 武翠红著. —北京：中国社会科学出版社，2015.7

ISBN 978 - 7 - 5161 - 6100 - 5

Ⅰ.①英… Ⅱ.①武… Ⅲ.①教育史 - 研究 - 英国 Ⅳ.①G556.19

中国版本图书馆 CIP 数据核字(2015)第 094936 号

出 版 人	赵剑英
责任编辑	任 明
特约编辑	芮 信
责任校对	闫 萃
责任印制	何 艳

出　　版	中国社会科学出版社
社　　址	北京鼓楼西大街甲 158 号
邮　　编	100720
网　　址	http://www.csspw.cn
发 行 部	010 - 84083685
门 市 部	010 - 84029450
经　　销	新华书店及其他书店

印刷装订	北京市兴怀印刷厂
版　　次	2015 年 7 月第 1 版
印　　次	2015 年 7 月第 1 次印刷

开　　本	710×1000　1/16
印　　张	15
插　　页	2
字　　数	254 千字
定　　价	55.00 元

凡购买中国社会科学出版社图书，如有质量问题请与本社营销中心联系调换
电话：010 - 84083683
版权所有　侵权必究

目　录

前言 … (1)
第一章　英国传统教育史学的创立 … (1)
第一节　英国教育史学的萌芽 … (1)
一　教会史和英国早期的教育史研究 … (2)
二　早期大学史研究和外国教育研究 … (3)
第二节　维多利亚时期英国教育史学的兴起 … (6)
一　教育史纳入师资培训课程 … (6)
二　英国第一本教育史著作 … (8)
三　教育史学科在英国兴起 … (10)
第三节　英国教育史学的创立 … (14)
一　英国教育史学专业化摸索 … (14)
二　英国传统教育史学的确立 … (23)
本章小结 … (26)

第二章　辉格特色：英国传统教育史学的范型 … (27)
第一节　辉格教育史观 … (27)
一　英国辉格史观的历史变迁 … (28)
二　以今论古观和教育史研究 … (30)
三　历史进步观和教育史研究 … (32)
第二节　国家干预教育的历史赞歌 … (37)
一　西方中心论：教育史研究的立足点 … (37)
二　民族国家：教育史研究对象的焦点 … (41)
第三节　教育史史料和编纂方法 … (50)
一　经验主义：教育史研究的文化传统 … (50)
二　官方史料：教育史研究的取材来源 … (53)
三　历史传记：教育史编纂的叙述特色 … (58)

本章小结 …………………………………………………………… (61)

第三章 困境中觅路：英国教育史学的变革 …………………… (62)
第一节 英国教育史学变革的背景 ……………………………… (62)
　　一　英国传统教育史学的内部困境 ……………………………… (63)
　　二　英国教育史学变革的外部推力 ……………………………… (66)
第二节 英国新教育史学的兴起 ………………………………… (71)
　　一　英国新教育史学的滥觞 ……………………………………… (72)
　　二　英国新教育史学的构想 ……………………………………… (75)
　　三　英国新教育史学的探索 ……………………………………… (81)
　　四　英国新教育史学的成型 ……………………………………… (84)
本章小结 …………………………………………………………… (87)

第四章 流派纷呈：英国新教育史学多元化发展 ……………… (89)
第一节 马克思主义教育史学 …………………………………… (90)
　　一　马克思主义和传统教育史学的博弈 ………………………… (90)
　　二　英国教育史学转向"马克思主义" ………………………… (97)
　　三　传统方法的传承与研究视角的转换 ……………………… (104)
第二节 女性主义教育史学 ……………………………………… (110)
　　一　女性主义介入英国教育史学的背景 ……………………… (111)
　　二　英国女性主义教育史学的发展 …………………………… (114)
　　三　女性主义教育史学的创新 ………………………………… (122)
第三节 后现代主义教育史学 …………………………………… (127)
　　一　后现代主义对英国教育史学的冲击 ……………………… (128)
　　二　否定西方和国家中心式教育史研究 ……………………… (132)
　　三　呈现心理和生活的教育叙述史研究 ……………………… (135)
　　四　重视语言和文化因素的教育史研究 ……………………… (140)
本章小结 …………………………………………………………… (145)

第五章 英国教育史学的新旧整合 ……………………………… (146)
第一节 英国教育史学新旧整合的背景 ………………………… (146)
　　一　全球史推动教育史研究视角的转变 ……………………… (147)
　　二　教育领域"左""右"势力的制衡 ……………………… (149)
　　三　深陷全面危机中的英国教育史学科 ……………………… (152)
第二节 传统教育史学的再生 …………………………………… (155)

一　教育史回归师资培训课程 …………………………（156）
　　二　重建教育史研究方法体系 …………………………（161）
　　三　复活民族国家教育史研究 …………………………（164）
第三节　走向全球的英国教育史学 …………………………（172）
　　一　重视教育史研究的国际交流和合作 ………………（172）
　　二　强调教育史中心和边缘之间的互动 ………………（176）
　　三　倡导全球视野下的比较教育史研究 ………………（180）
本章小结 ………………………………………………………（184）
结语 …………………………………………………………（186）
参考文献 ……………………………………………………（191）
后记 …………………………………………………………（211）

前　言

英国传统远未到达山穷水尽的地步，它只是处在一种不适应的状态，在不需要彻底废除传统的前提下，进行适当的调整与改变来适应已经变化的社会环境。

——弗雷德·克拉克

1940年，弗雷德·克拉克（F. Clarke）指出："英国人必须要有一种自我批判的精神，要反省潜藏在包括教育在内的一切活动背后的意识形态，这是推动英国各项事业发展的前提，而'英国传统'远未到达山穷水尽的地步，它只是处在一种不适应的状态，在不需要彻底废除传统的前提下，进行适当的调整与改变来适应已经变化的社会环境。"[①] 这段话表明克拉克希望英国教育学者能够担负起反思教育研究的重任，而这种反思是对"传统"的一种自然传承，是"传统"历史发展的自然结局，在反思"传统"的过程中传承"传统"，以促进英国教育史学的发展。

一　研究缘由

随着世界各国师范教育课程改革的蓬勃展开，教育史学已经成为全球关注的一个共同话题。英国教育史学有着悠久的历史传统和鲜明的特征，是世界教育史学中一股重要的力量。英国教育史学是如何演变的？它如何在传统与变革之间寻找连接点？这些问题引起国际教育史学者的广泛关注，并对我国教育史研究的理论和实践具有一定的借鉴意义。

（一）教育史学的凸显

教育史学"探讨教育史家所进行的教育历史研究，包括这种研究成

---

① F. Clarke, *Education and Social Change: an English Interpretation*, London: The Shedon Press, New York: The Macmillan Company, 1940, p. 6.

果的陈述体系"①，"证明教育史学科自身形成过程中的认识特点和研究方法"②，以教育史作品为自己的研究对象。而教育史学史属于专业性的学术史，是一种学科史，主要任务在于探寻教育史学科发生、发展及其演变的规律，揭示它的未来发展方向，以教育史学自身作为反思的对象，是反思的反思，"英国教育史学：创立与变革"就属于这类反思性的研究。这类反思工作有利于规范与促进教育史学科的发展，已经成为世界各国教育史学者的共识。近年来，在总结教育史学科改革的经验时，国际教育史学会（International Standing Conference for the History of Education，简称ISCHE）明确指出："作为运用某种传统和方法书写教育史的研究，教育史学研究已经构成目前教育史学科研究的最主要关注点。通过对教育史学的历史回顾和梳理，才能弄明白教育史学科需要什么样的方法进行研究，以及这些方法将引领教育史学科发生怎样的改变。"③ 为此，无论怎样强调教育史学的重要性都不为过分。可见，教育史学在世界各国的教育史学科改革中起着重要的作用。

　　首先，教育史学追求的是"彰显教育历史科学的自我意识"④，为教育史研究提供认识论和方法论的指导。也就是说，通过了解不同时期、不同学派、运用不同分析工具的教育史学者如何"书写教育历史"、"解读教育历史"和"重建教育历史"，有助于我们正确认识教育史研究方法、研究对象、教育史的学科性质以及文献的选择和运用等。以工人阶级教育史研究为例，运用不同的教育史学理论和方法会看到不一样的画面。传统教育史学家要么完全看不见工人阶级教育，要么将工人阶级的教育看成是资产阶级的慈善活动，是统治阶级对下层阶级的恩惠，是统治阶级教育的附属品。马克思主义教育史学家将工人阶级教育描述成工人阶级为争取教育权利的斗争史。女性主义教育史学家认为在传统教育史学和马克思主义教育史学那里，看到的都是男性工人阶级，而女性工人阶级被遗忘了，女性在人类教育发展过程中同样起着重要的作用。因此，应找到教育史研究

---

① W. Brezinka, *Philosophy of Educational Knowledge: An Introduction to the Foundations of Science of Education, Philosophy of Education and Practical Pedagogics*, By Brice, J. S. London: The Netherlands: Louwer Academic, 1992, p. 150.
② 杜成宪、邓明言：《教育史学》，人民教育出版社2004年版，第300页。
③ C. Campbell, G. Sherington, Margaret White, *Borders and Boundaries in the History of Education*, Paedagogica Historica, Vol. 43, No. 1, 2007, p. 2.
④ 杜成宪、邓明言：《教育史学》，人民教育出版社2004年版，第304页。

中连接阶级和性别的枢纽。当我们初步弄明白这些问题后,我们又将面临探究在后现代和经济全球化的冲击下,工人阶级教育史是否真正存在?如存在,它是孤立的还是在全球范围内的一种互动呢?等等。因此,通过分析不同教育史学流派对同一问题的研究,以及分析它们研究中存在的问题和缺陷,唯有如此,我们才能较为全面地更加深刻地了解这一时期教育历史的全貌。

其次,教育史学推动各国教育史学科改革。20世纪90年代,由英国、美国、澳大利亚和新西兰教育史学者呼吁的教育史学科深陷危机的呼声不断高涨。他们指出:"一方面,教育史研究的主要核心正在遭受破坏;另一方面,为了适应已经变化的外部环境,教育史必须与当代问题联系起来。"[①] 21世纪初,国际教育史学者就教育史学科的改革进行了讨论,美国、瑞典、芬兰、英国、德国、比利时、法国等学者纷纷通过教育史学研究为教育史学科改革出谋划策。"通过回顾和梳理教育史研究的历史,我们发现教育史作品早已远离了师资培训的需要……弱化了教育史学科的学术地位。教育史学科要复兴,必须回归师资培训课程,重新审视传统教育史学。也就是说,在教育史学科变革过程中,如何处理传统——成为教育史学家主要的研究对象。"[②] 这场关于教育史学科价值的讨论,除了涌现一批重新评估传统教育史学的作品外,还推动各国教育史学科改革。一方面,教育史回归师资培训课程,关注教育实践和教师专业性的发展,教育史转向课程史、教师史、学生史和学习史;另一方面,形成各个大学教育史研究的特色,如伦敦大学的教育政策史研究、墨尔本大学的女性教育史研究、剑桥大学的教育口述史研究等。应该说,在全球范围内,教育史学研究已经形成一股强大的学术浪潮,极大地推动各国教育史学科改革。

(二) 我国教育史学科面临的困境

进入21世纪,教育史学科危机的呼声在中国教育史学界不断高涨。是否存在教育史学科危机,以及教育史学科危机症结何在,成为进入新千年从事教育史研究的学者们最为关注的议题。笔者认为我国教育史学科面临的困境主要表现在两个方面:

---

① J. Goodman, I. Grosvenor, "Educational Research – History of Education a Curious Case", *Oxford Review of Education*, Vol. 35, No. 5, 2009, p. 605.

② C. Campbell, G. Sherington, The History of Education: the Possibiltiy of Survival, *Change: Transformations in Education*, Vol. 5, No. 1, 2002, p. 64.

第一，教育史的学科价值受到威胁。在现实生活中，"教育史有什么用"始终困扰着教育史的学习者和研究者，同时，也反映了教育史学科在当今社会日益遭受冷落的现实，主要表现在两个方面：一方面，"教育史面临从教师专业培养课程中被排挤出的危险，教育史课程的基础地位动摇，致使教育史研究队伍的不稳定等许多不利因素"。[①] 另一方面，教育史研究重视理论的移植和引入，轻视教育实践，致使教育史学科远离普通教师的日常工作和生活，远离我国热火朝天的教育改革。

第二，教育史学科未能与相邻学科建立密切的关系，尤其是与历史学和社会科学之间处于割裂的关系，未能建立教育史学科自己的理论和方法体系。正如英国教育史学者加里·麦卡洛克（G. McCulloch）所说："教育史学科要复兴，其中最关键的就是处理好与教育学、历史学和社会科学的关系……对于教育学来说，教育史能够有助于阐释教育问题和教育机会，以及有利于推动教育发展和进步；对于历史学来说，教育史最重要的贡献就是有助于我们理解历史的过去。对于社会科学来说，教育史能够叙述社会问题的例子。因此，教育史与教育学、历史学和社会科学三个学科要保持着密切的关系，应通过这三门学科来建立教育史自己的理论和方法体系。"[②] 而在我国，一直是教育学者在从事教育史研究，历史学家和社会科学家很少关注教育历史。纵览近5年中国教育史学会的年会，几乎全部是教育学者参加，只有两位历史学者参会，社会科学家未参加教育史学年会，教育史学者、历史学者与社会科学家之间很少交流沟通，进行合作研究就更少。

因此，如何让教育史研究摆脱这种学术生存状态，如何使教育史研究做出更具有现实意义的知识贡献，如何建立教育史研究的理论和方法体系，已经成为我国每一位从事教育史研究的学者普遍关注和思考的议题。而英国教育史学兴起较早，在面对教育自身和教育外部环境的深刻变革时，总能处理好传统与变革的关系，推动教育史学科摆脱困境。目前，它已经形成了独特的教育史学方法体系，积累了丰富的研究经验。因此，我们对英国教育史学的历史演变进行分析，其成果可以对我国教育史学科变

---

① 田正平、肖朗：《教育史学科建设的回顾与前瞻》，《教育研究》2003年第1期，第35—36页。

② G. McCulloch, *The Struggle for the History of Education*, London and New York: Taylor & Francis, 2011, p. 4.

革提供有益的参考和帮助。

（三）英国教育史学的特色

英国教育史学兴起较早，对西方及世界各地的教育史研究产生过较为深远的影响。早在中世纪时期，英国就出现了基督教教会史中对教育历史的记录。进入19世纪后，随着国家政治和社会体制的变化，以及学校和大学的发展，关于学校课程、教育方法、管理方法和学校演化等作品大量涌现，并且这种研究变得相对比较成熟。直至20世纪60年代，传统教育史学范型确立——"在辉格史观的影响下，传统教育史学家将教育史描绘成由国家精英所引领的国家干预教育的逐渐进步的历史"。[①] 经历20世纪60年代新旧教育史学的争论和社会学洗礼之后，到70年代，在研究取向上，英国教育史学转向了马克思主义，它试图发展一种马克思主义教育史学，该学派的标志是"整体社会教育史"。一些教育史学家认为教育史学的马克思主义转向，是英国传统教育史学的终结，也就是说，他们看到传统教育史学和马克思主义教育史学之间的差异性和断裂性，而没有看到它们之间的连续性。在笔者看来，这次范型转换不是完全抛弃性的，而是在继承传统教育史学的基础上进行的改革，是在传承中进行的创新。虽然教育史研究的理论基础、研究对象和研究方法发生了变化。但是，教育史研究的经验主义传统却并没有变。他们通过各自的研究，重新认识马克思主义分析和解释人类社会历史发展的动因，运用新的方法挖掘教育史研究的新史料，开辟教育史研究的新领域，从而使他们的教育史学著作带有明显的英国经验主义的传统方法，强调以史料为基础的细节叙述，立足教育史学本位的研究途径，写出了大量可读性和思想性并重的教育史著作，并取得非常大的教育史学成就。

20世纪90年代，一批女性主义者开始怀疑马克思主义教育史学构建整体教育史的目标，认为马克思主义教育史学家歪曲了一个观点，即他们所提出的底层人民教育历史研究，未包括工人阶级女性的教育经历，以及女性在教育发展和自身进步中所扮演的角色。女性主义教育史学家集中于对教育史学科本身的男性中心导向的批判，倡导在女性经验基础上建立新的教育史学科范式。她们试图克服马克思主义教育史学的一些缺陷，努力

[①] G. Mcculloch, W. Richardson, *Historical Research in Educational Settings*, Buckingham, UK: Open University Press, 2000, p. 37.

将女性纳入教育史研究的范围中。女性主义教育史学的兴起是继英国马克思主义教育史学之后的又一高潮。在女性主义教育史学兴起的同时，还有后现代主义教育史学在冲击着传统教育史学，它们汹涌澎湃，四处扩张，攻城略地，标新立异，致使在不长时间内，成为英国教育史学界无法回避、必须面对的重要课题。后现代主义对教育史研究的影响，根据程度不同，体现在两个方面，一是对西方教育史学的"西欧中心论"的否定，这类作品代表的是世界教育史研究的新潮流，反映了后殖民主义时代教育史学的发展；二是注重下层社会、妇女和少数民族的作品，这些作品形成了几个流派，诸如新叙述史和新文化史范式下的教育史研究，运用后现代主义的理论和方法，企图颠覆既有的教育史刻板印象。

在后现代主义反对宏大叙事思潮的影响下，英国教育史学朝着多样化和多元化方向发展，但同时也带来了"碎片化"危机和历史相对主义盛行；另一方面，教育史在师资培训课程中的地位不断下降，教育史学科的价值受到前所未有的质疑和批判。面对这种情况，英国教育史学者开始重新评价传统教育史学，整合新旧教育史学，其措施主要表现在：一方面，传统教育史学复活。传统教育史学的复活主要体现在三个方面：一是教育史回归师资培训课程。但是，这与传统教育史学时期，作为师资培训课程的教育史学科不同，不是围绕国家干预教育事件对教育政策、伟大思想家和教育改革者和实践者的歌颂，而是围绕"国家课程改革"进行课程史、教师史、学生史和学习史研究，让教师、教育史研究者、学生和教育管理者、教育政策制定者等精英人士一起讨论国家的教育改革；二是教育史学在保持历史学的某些特征时，应密切联系社会科学。教育史学者开始寻求教育史研究的理论基础和指导；三是教育史学者反思教育史传统，重新思考教育和民族认同的关系，重构教育史的主流——跨国跨文化视野下民族国家教育史的比较研究。除了复活传统教育史学之外，伴随着全球化的发展，越来越多的英国教育史学者把目光转向了全球视野，推动英国教育史学走向全球教育史学的新阶段，主要表现有三个方面：一是重视教育史研究的组织化和机构化，强调广泛的国际交流和合作，提倡专业研究领域中的重点攻关，关注当代问题，突出教育和社会变革的关系，充分阐述当代教育史学发展的基本趋势；二是强调教育史中心和边缘的互动，从宏观层面上综合考察人类教育的多样性以及教育运行机制的同一性，以此来说明不同民族、文化和国家等不同形态的人类教育组织在全球中的互动关系；

三是提倡进行教育史的比较研究,并促成一种跨民族跨文化的交流,最终意味着全球教育史的撰写——从跨文化的视角考察教育史在全球范围内的变化,揭示各个文明的教育意识所经历的变化及其相互关系。

纵览英国教育史学的历史演变,不难看出存在两条主线:一是教育史和师资培训、教育政策的关系;二是教育史研究的理论和方法体系建立,尤其体现在教育史、历史学和社会科学的关系。无论是20世纪60年代新旧教育史学的争论,还是21世纪全球史观下大写教育史的复归,都主要围绕这两条主线进行。正如英国剑桥大学教育学院彼得·坎宁汉教授(P. Cunningham)所说:"英国并没有像北美及欧洲大陆部分国家那样出现明显的'新'与'旧'教育史学双峰对峙的局面,史学如同历史,其变化是渐进的而非突变的,正像人类行为的其他方面一样,连续性是学术研究的特征……英国教育史学不能简单地归结为'新''旧'两条路线之间的对立。"[①] 在"激进"与"保守"的冲突中,在"传统教育史学"和"新教育史学"的交锋中,新教育史学既在继承与发展传统教育史学的基础上重组,也在保守与进步的史观更替和思想冲突的基调下确立,保证了教育史的连续性。英国教育史学者如何围绕上述两条主线进行改革,推动教育史学科的复活和繁荣发展,其经验是值得我们学习和借鉴的。笔者选择这一问题作为研究对象,有助于解决我国目前教育史研究面临的困境,能够丰富我国教育史学界对西方教育史学发展的研究。

二 文献综述

选择"英国教育史学:创立与变革"为研究对象,客观地说是较难的课题。因为,英国教育史学的产生及其发展有着复杂的历史背景,在20世纪70年代之后,又有其不同的流派,因而,所涉及的教育史学文献众多,这些都给本课题的深入研究带来很大的难度。在本研究中,笔者搜集到的有关英国教育史学研究的资料主要来自:一是论文集,主要有彼得·戈登(P. Gordon)和理查德·赛特(R. Szreter)主编的《教育史:一门学科的形成》(*History of Education: The Making of A Discipline*)、罗伊·劳(R. Lowe)主编的四卷本《教育史:重要的主题》(*History of Education: Major Themes*)、加里·麦卡洛克主编的《教育史中的主要读者》

---

① P. Cunningham, "Educational History and Educational Change: The Past Decade of English Historiography", *History of Eduducation Quarterly*, Vol. 29, No. 2, 1989, pp. 78 – 79.

(*The Routledge Falmer Reader in History of Education*) 和《教育、历史和社会科学中的文献研究》(*Documentary Research in Education, History and the Social Sciences*) 等论文集；二是刊发教育史文章的期刊：英国教育史学会会刊《教育史》(*History of Education*)、美国教育史学会会刊《教育史季刊》(*History of Education Quarterly*)、国际教育史学会会刊《教育史》(*Paedagogica Historica*)、澳大利亚—新西兰教育史学会会刊《教育史评论》(*History of Education Review*)、《过去与现在》(*Past and Present*)、《英国教育研究》(*British Journal of Educational Studies*)、《教育管理和历史期刊》(*The Journal of Educational Administration and History*) 等教育类和社科类期刊；三是教育史学类著作，主要有：麦卡洛克和威廉·理查森 (William Richardson) 的《教育背景中的历史研究》(*Historical Research in Educational Settings*)、麦卡洛克的《为教育史而努力》(*The Struggle for History of Education*)、奥尔德里奇 (Richard Aldrich) 的《从教育史中得到的》(*Lesson from History of Education*) 等；四是国内关于英国教育史学的著作和论文。下面，笔者围绕国内外英国教育史学研究的历程及其存在的问题对上述资料进行整理，以期为较深入研究本课题寻找切入点。

(一) 国外研究综述

在英国，教育史研究有一个漫长的过去，但是教育史学研究却只有短暂的历史。1868 年，奎克 (R. H. Quick) 撰写了第一本教育史专著。近半个世纪之后，也就是 20 世纪初期，英国教育史学研究才开始慢慢提上日程。

1. 20 世纪 50 年代之前的研究：英国传统教育史学阶段

这一时期，主要是传统教育史学的兴起和创立阶段，学者们多是围绕教育史研究的学术地位，以及英国教育史研究的民族特性来撰写教育史学作品。1914 年，在《教育史研究》(*The Study of History of Education*) 一文中，福斯特·沃森 (F. Waston) "强调教育史与教学技能在教师培训课程中的同等地位，并呼吁所有关注教育的人都应当重视教育史知识的学习"。[①] 1917 年，在《教育史》(*History of Education*) 一文中，贝蒂 (H. M. Beatty) "批判英国教育研究过度重视心理学，忽视教育史研究。

[①] F. Waston, "The Study of the History of Education", *Contemporary Review*, in Peter Gordon and Richard Szreter, *History of Education: The Making of a Discipline*, London: The Woburn Press, 1989, pp. 19–29.

在美国和欧洲其他国家，教育史研究的工作都远远胜于英国"。① 贝蒂呼吁英国教育学者应重视教育史在指导教师日常工作方面的重要性。1940年，针对英国教育学界普遍缺乏批判声音的现状，克拉克撰写《教育和社会变迁：一种英国的解释》(Education and Social Change: an English Interpretation) 一书。他明确指出"在不需要彻底摧毁传统教育的情况下，教育学者运用社会史和经济史的语言重新解释和评价英国教育的传统，调整传统教育以便适应当今的社会状况"。② 克拉克批判英国教育研究者未能从政治、经济和意识形态等复杂的社会背景中来阐释教育。同时，克拉克还提醒英国教育史学者应弄明白社会和历史对教育的影响，通过教育史的学习和研究培养教师的自我批判和反思的能力。这本小册子，首次让英国教育学者开始关注教育史与历史学、教育学和社会学的关系。"二战"后，面临师资匮乏和教师质量的下降，传统教育史学派主要代表人物亚当森（J. W. Adamson）开始反思英国教育史学陷入低谷的起因，并探索走出低谷的出路。1946年，在《英国教育史研究的呼唤》(A Plea for History Study of English Education) 一文中，亚当森发现"英国教育史学的作品多是译介国外的作品，或者是对国外教育历史的研究，对英国本民族的教育史研究未能给予充分的关注"。③ 在此文中，亚当森敏锐地把教育史研究与国家生活密切联系起来，突出研究英国教育史的重要性，强调英国教育史学的民族特性，将英国教育史学的中心从"西方教育史"转移到"英国教育史"。

2. 20世纪50年代至60年代末的研究：英国新教育史学的兴起阶段

20世纪50年代早期，在英国"共产党历史学家小组"（The Communist Party Historians' Group）的帮助下，一批教育学者接受了马克思主义思想，置身于变革的时代，热心新教育史学的建设，肩负起更新英国教育史学的历史重任。1955年，琼·西蒙（J. Simon）开始尝试重新阐释英国教育经验。在《英国教育研究》(British Journal of Educational Studies) 中连续撰写两篇文章《利奇关于宗教改革（Ⅰ）》(A. F. Leach on the Refor-

---

① H. M. Beatty, "The History of Education, History", in Peter Gordon and Richard Szreter, *History of Education: The Making of a Discipline*, London: The Woburn Press, 1989, pp. 30 – 38.

② F. Clarke, *Education and Social Change: an English Interpretation*, London: The Shedon Press, New York: The Macmillan Company, 1940, p. 11.

③ J. W. Adamson, "A Plea for History Study of English Education", in Peter Gordon and Richard Szreter, *History of Education: The Making of a Discipline*, London: The Woburn Press, pp. 39 – 46.

mation：Ⅰ）和《利奇关于宗教改革（Ⅱ）》(A. F. Leach on the Reformation：Ⅱ)，用犀利的语言攻击利奇教育史研究的前提假设及其错误性，认为教育史是社会史的一个分支，应该运用社会史的方法研究教育史。因此，琼·西蒙被誉为英国教育史学界"第一位反传统习俗的教育史学家"[①]。

1960 年，布莱恩·西蒙（B. Simon）的《教育史研究，1780—1870》(The Study of History of Education, 1780 - 1870)，后来改名为《两个民族和教育结构，1780—1870》(The Two Nations and the Educational Structure, 1780 - 1870) 一书出版，有力地冲击了传统教育史学，推动着英国教育史学的变革。布莱恩指出"传统教育史学主要论述了学校和学院组织以及教育改革者的思想，因此往往呈现给教育学者，而不是呈现给普通读者的。但从更广阔的视野来看，教育史上发生的各种事件，触及生活的方方面面，关系到社会各阶级的观点。我就是要把人们的注意力引向那些经常被忽略的方面，尽力叙述教育改革者的思想，以引起当代社会和政治冲突的变化。"[②] 1966 年，在《教育史》(The History of Education) 一文中，西蒙明确"指出马克思主义为教育史研究提供了理论和方法的指导，鼓励中小学教师和大学教育系的学生进行教育史研究，教育史研究对象应从精英主义的教育机构、伟大教育思想家、改革家和教育政策转移到多数人参加的教育运动，关注教育的历史发展和社会背景的关系。同时，他还指出"教育运动不只是和谐进步的，还存在着冲突和争议的一面"[③]。由此可见，西蒙试图改变传统英国教育史学孤立而封闭的研究状态，打破了教育史与社会史之间的壁垒，给历史学家理解和认识教育活动提供了丰富的社会历史背景。

20 世纪 60 年代末，英国专业历史学界也有学者彻底反思英国传统教

[①] B. Simon, "The History of Education in the 1980s", *British Journal of Educational Studies*, Vol. 30, No. 1, 1982, p. 87.

[②] B. Simon, *The Two Nations and the Educational Structure, 1780 - 1870*, London: Lawrence & Wishart, 1964, p. 13.

[③] B. Simon, "Research in the History of Education", in Kegan Paul (ed), *Research Perspectives in Education*, London: Routledge, 1973, p. 126.

育史学。在《历史》(History)① 和《历史期刊》(Historical Journal)② 两份历史学的期刊上都刊登了批判传统教育史学的文章,鼓励历史学家进行教育史研究。专业历史学者认为教育学者应该重新确立历史学、教育学和社会学之间的关系,以寻求这三门学科对教育史研究的指导,并就教育史研究提出具体的改革策略。

3. 20世纪70年代至90年代中期的研究:英国新教育史学流派纷呈阶段

20世纪70年代至90年代中期,英国新教育史学呈现流派纷呈,多元化发展的态势。这一时期的教育史学研究主要是批判的声音,从不同的理论视角如马克思主义、女性主义和后现代主义重构英国教育史学。

1972年,在《教育史研究》(The Study of the History of Education)一文中,布瑞格斯(A. Briggs)认为历史学已经完成了新史学的变革,而教育史还没有进行相应的变化,因此,教育史学者应该开始新教育史学的改革,建立教育史和历史学的关系,教育史研究应成为社会历史的一个重要组成部分。③ 1972年,在《教育史的过去和现在》(History of Education: the Past and Present)一文中,琼·西蒙通过对英国教育史学的历史发展回顾,指出教育史和社会史的联合是英国教育史学的未来趋势。1972年,在《忽略的东西:维多利亚时期大众教育的奇特案例》(Aspects of Neglect: the Strange Case of Victorian Popular Education)一文中,西尔弗(H. Sliver)也接受布瑞格斯对教育史学者的建议,运用新史学的观点,对维多利亚时期的教育史作品进行了分析。在《只有过去,还是只有现在?》(Nothing But the Present, Or Nothing But the Past?)一文中,西尔弗认为随着思想的解放而变化的观念的研究是教育史研究的核心,也就是,社会教育史事实上是教育观念史。在这里,西尔弗并不是简单地进行教育思想史研究,而是关注人群、人的行为背后的舆论、思想、文化的因素。因此,观念对于教育发展而言,具有相当重要的地位。而在《教育史学》

---

① G. Sutherland, "The Study of the History of Education", in Peter Gordon and Richard Szreter, *History of Education: The Making of a Discipline*, London: The Woburn Press, pp. 73 – 84.

② R. Sereter, "History and the Sociological Studies", in Peter Gordon, Richard Szreter (ed), *History of Education: The Making of a Discipline*, London: The Woburn Press, pp. 85 – 104.

③ A. Briggs, "The Study of the History of Education", in Roy Lowe, *History of Education: Major Themes*, Volume I: *Debates in the History of Education*, London and New York: Taylor & Francis Group, Routledge Falmer, 2000, pp. 153 – 167.

(Historiography of Education) 一文中，西尔弗通过梳理英美两国的教育史学发展历程，认为教育思想史、教育政策史和教育机构史在过去是教育史研究的中心，在当今变化的社会中，以不同的变体仍旧存在着。

在《20 世纪 80 年代的教育史》(The History of Education in the 1980s') 一文中，西蒙通过对英国教育史学的历史回顾和梳理，认为英国教育史学经历了低谷和繁荣时期，在这一过程中，教育学者、社会学者和历史学者都在从不同的视角进行教育史研究，推动了英国教育史学的发展。[1] 1982 年，在《说教的历史：教育史的奇特用途》(History as Propaganda: the Strange Use of the History of Education) 一文中，罗伊·劳 (R. Lowe) 将矛头指向英国教育史学的辉格特色，将英国传统教育史学者主要分为三类：教育行政工作人员、从事师资培训工作的教师和参与教育改革的历史学者。同时，劳还指出三类研究人员的缺失：他们将过去教育描述成一种持续不断的进步和国家干预教育的赞歌，是一种说教者，带有浓厚的辉格特色。劳认为"20 世纪 60 年代之前英国教育史学都可以归于这三类教育史研究，统称为辉格教育史学派"[2]。

80 年代末，英国教育史学者开始逐渐与澳大利亚、美国和加拿大的教育史学者进行交流。在澳大利亚—新西兰教育史学会会刊《教育史评论》上刊发琼·西蒙的《教育史与"新"社会史》(The History of Education and the "New" Social History) 一文。在澳大利亚的《教育研究和观点》(Education Research and Perspectives) 期刊上刊发斯提芬斯 (W. B. Stephens) 的《英格兰教育史学新趋势》(Recent Trends in the History of Education in England) 一文。在美国教育史学会刊《教育史季刊》(History of Education Quarterly) 上刊发坎宁汉的《教育历史与教育变迁：过去十年的英国历史学》(Educational History and Educational Change: The Past Decade of English Historiography) 一文。在《加拿大教育史学会公告》(Canadian History of Education Association Bulletin) 期刊上刊发奥尔德里奇的《教育史的核心问题：英国的观点》(Central Issues in History of Educa-

---

[1] B. Simon, "The History of Education in the 1980s'", British Journal of Education Studies, Vol. 30, No. 1, Feb. 1982, pp. 175 – 176.

[2] R. Lowe, "History as Propaganda: the Strange Use of the History of Education", in Roy Lowe, History of Education: Major Themes, Volume I: Debates in the History of Education, London and New York: Taylor & Francis Group, Routledge Falmer, 2000, pp. 238 – 254.

tion: An English Perspective)一文。上述这几篇文章，均是向国外教育史学者介绍英国教育史学的新面貌，同时，也展示了英国教育史学者革新教育史研究方法的信心和勇气。

伴随着西方历史学的文化转向，来自于女性主义和后现代主义的影响，一些学者开始重新思考英国教育史学。1992年，在《英国教育史学：一种女性主义批判》(The Historiography of British Education: A Feminist Critique)一文中，博维斯（J. Purvis）站在女性主义的立场上，批评英国教育史学界面对女性主义的挑战表现出来的行动迟缓。博维斯以有关19世纪英国教育史的历史作品为例指出，"英国教育史学界是一个男性主导的学术世界，其研究重点是男人或男孩的教育，女人和女孩的经验往往被弱化。她极力呼吁教育史学家要为改变这种状况而努力"[1]。1996年，在《后现代性与教育史学家》(Postmodernity and Historians of Education)一文中，罗伊·劳指出"英国教育史学过多关注教育制度或教育结构，忽视教育中人的思想和心态，忽视更深层次的文化剖析"。劳提醒英国教育史学者，"教育史研究应做出一些调整来回应后现代主义的挑战"[2]。在后现代主义反对宏大叙事思潮的影响下，英国教育史学朝着多样化和多元化方向发展，但同时也带来了历史相对主义盛行和"碎片化"危机。在多元和微观研究中，如何重构教育史研究的主流，是摆在英国教育史学者面前亟须解决的问题。

4. 20世纪90年代末至2011年：英国教育史学新旧整合阶段

1999年，威廉·理查森以英国教育史学的主要研究群体教育学者和历史学者为主线，梳理了"二战"后至1996年的英国教育史学的发展状况。[3] 2007年，在《世纪之交，国际背景下的英国教育史学，1996—2006》(British Historiography of Education in International Context at the Turn of the Century, 1996 - 2006)一文中，威廉·理查森从全球化视野分析了

---

[1] J. Purvis, "The Historiography of British Education: A Feminist Critique", in A. Rattansi and D. Reeder, Rethinking Radical Education: Essays in Honour of Brian Simon, London: Lawrence & Wishart, 1992, pp. 249 - 266.

[2] R. Lowe, "Postmodernity and Historians of Education", in Roy Lowe, History of Education: Major Themes, Volume I: Debates in the History of Education, London and New York: Taylor & Francis Group, Routledge Falmer, 2000, pp. 281 - 295.

[3] W. Richardson, "Historians and Educationists: the History of Education as a Field of Study in Post - war England", History of Eudcation, Vol. 28, No. 1, 1999, pp. 1 - 30 and Vol. 28, No. 2, 1999, pp. 109 - 141.

在1996年至2006年期间英国教育史学的发展历程，认为教育史和社会变迁的关系仍是教育史学者关心的重点。同时，理查森还对英国教育史学如何应对全球化挑战提出自己的建议。[①]

2002年，麦卡洛克和理查森撰写了《教育背景中的历史研究》一书。这本书主要包括教育史、历史学和教育学的关系，社会科学对教育史研究的影响，以及教育史研究的史料、方法及未来趋势等几个部分。麦卡洛克认为"社会科学的方法，如社会学、心理学、经济学、地理学、文化学和人类学等理论和方法已经对教育史研究产生了很大的影响——跨学科方法在教育史研究中广泛运用"。[②] 2003年，麦卡洛克发表《虚拟历史和教育史》（Virtual History and the History of Education）一文，指出教育史学者应该反思英国上一代教育史学者进行的教育史研究。作者认为上一代教育史学者，在研究教育史时过多地强调争论理念和实践的范围，而更多地忽视或者弱化了研究文集本身的真实性，而这些恰恰又很大程度地影响我们对教育史的理解。这篇文章主要论述过去30年，在教育史书写中虚拟历史现象的不断上升，尤其表现在20世纪的英国，作者试图给出解释和评价虚拟历史和教育史研究的发展。2004年，麦卡洛克主编的《教育、历史和社会科学中的文献研究》（Documentary Research in Education, History and the Social Sciences）论文集出版。这本论文集主要收录了学者们关于教育、社会科学和历史中相关文献[③]。麦卡洛克认为教育史研究应该以历史资料为基础，建立在民族国家基础上，进行问题取向的教育研究，建立与历史学和社会科学的密切关系。换句话说，当代教育中的主要问题应该是当今教育学者、历史学者和社会科学家普遍关注的问题。2011年，在《为教育史而努力》（The Struggle for History of Education）一书中，麦卡洛克沿着上述思路更详尽地阐述了教育学、历史学和社会科学的关系。

除了探究教育史、历史学和社会科学的关系之外，这一时期，还有学者从后殖民主义、经济史和文化史的视角分析英国教育史学。2005年，怀特海德（C. Whitehead）撰文《英国殖民主义教育政策史学》（The His-

---

① W. Richardson, "British Historiography of Education in International Context at the Turn of the Century, 1996 – 2006", *History of Eudcation*, Vol. 36, No. 4, 2007, pp. 569 – 593.

② G. McCulloch and W. Richardson, *Historical Research in Educational Settings*, Buckingham·Philadelphia: Open University Press, 2000, p. 52.

③ G. McCulloch, "*Documentary Research in Education*", *History and the Social Science*, London and New York: RoutledgeFalmer, 2004, p. IX.

toriography of British Imperial Education Policy, Part Ⅰ: India)，反思英国新教育史学对英国海外殖民教育史研究的缺乏，文中重点论述了英国对印度殖民时期的教育政策史。① 2007 年，迈克尔·桑德森（M. Sanderson）撰文《教育史和经济史：一对很好的邻居》（Educational and Economic History: The Good Neighbors）。作者认为 20 世纪 60 年代，英国教育史和经济史就已进行很好的合作。现在我们应该更多地关注女性主义教育和劳动力市场之间的文化关系，将经济史的统计性和教育史的叙述性很好地结合起来，并且提出如何结合的一些建议。② 2007 年，乔纳森·罗斯（J. Rose）在《将教育史看作阅读史》（History of Education as the History of Reading）一文中指出阅读的形式对教育史研究的影响，阅读可以作为教育史研究的一种资源，研究阅读史的演变对于教育史研究有很大的帮助，比如研究性别对阅读的影响，就可以此窥视性别对教育史研究的影响。因此，教育史研究应多关注马克思主义、后结构主义、女性主义的前沿问题。③ 2009 年，在《教育研究：教育史的一个奇怪案例?》（Educational Research – History of Education a Curious Case?）一文中，乔伊斯·古德曼（J. Goodman）和伊恩·格罗夫纳（I. Grosvenor）梳理和分析了 21 世纪英国教育史学的作品、教育史专业研究生的论文及教育史学会的教育史实践活动等，并明确指出英国教育史学的未来发展方向。④

（二）国内相关研究综述

20 世纪 80 年代，我国学者开始关注西方教育史学的发展。1984 年，吴小平发表《西方教育史学的形成与发展》一文，主要将西方传统教育史学的发展分为 3 个阶段，介绍 20 世纪 60 年代以前西方教育史学发展的基本状况。⑤ 1989 年，樊慧英和张斌贤教授主译了法国安多旺·莱昂撰写的《当代教育史》（History of Education Today）。该书回顾了西方教育史

---

① C. Whitehead, "The Historiography of British Imperial Education Policy, Part Ⅰ: India", History of Eudcation, Vol. 34, No. 3, 2005, pp. 315 – 329.
② M. Sanderson, "Educational and Economic History: The Good Neighbors", History of Eudcation, Vol. 36, No. 4, 2007, pp. 429 – 445.
③ J. Rose, "History of Education as the History of Reading", History of Eudcation, Vol. 36, No. 4, 2007, pp. 595 – 605.
④ J. Goodman, Ian Grosvenor, "Educational Research – History of Edcuation a Curious Case?", Oxford Review of Education, Vol. 35, No. 5, 2009, pp. 601 – 616.
⑤ 吴小平：《西方教育史学的形成与发展》，《外国教育的动态》1984 年第 2 期，第 19—24 页。

学的发展,并概述了新教育史学的特征。① 1994年,在《谈谈世界教育史研究方法的发展》一文中,马克·第帕普（M. Depacpe）向中国读者简要介绍了西方教育史研究的历史传统与现状。②同年,我国台湾学者周愚文教授在台湾《师大学报》上发表《英国教育史学发展初探（1868—1993）》一文。周教授分别从教育史的教学与学术研究两个方面,梳理一百多年来英国教育史学发展的基本历程。这篇文章史料极其翔实,是我国学者研究英国教育史学不可缺少的重要文献之一。③ 1997年,在《国外教育史研究的理论与方法》一文中,方晓东教授概述了传统教育史学和新教育史学的特点,以及教育史研究的未来发展趋势。④ 1998年,在《西方教育史研究模式演变》一文中,李爱萍老师认为西方教育史模式主要经历了四个阶段,即历史学模式、教育学模式、教育史学模式和新教育史学模式。⑤ 2000年,在《20世纪西方教育学科的发展与反思》一书中,王坤庆也简要介绍了西方教育史学的情况。⑥ 2001年,卡特林娅·萨里莫娃和欧文·V. 约翰宁迈耶主编、方晓东等译的《当代教育史研究与教学的主要趋势》一书出版。该论文集主要包括"当代教育史的主题与内容"和"在师资培训中教育史的目标"两大部分,收录了英国教育史学家布莱恩·西蒙的《教育史的重要性》和奥尔德里奇的《教育史之我见》两篇文章。⑦

进入21世纪后,中国大陆学者开始关注英国教育史学的情况。周谷平和吴静的《二战后英国教育史学科的发展及其启示》和贺国庆、张蔚的《英国教育史研究的历史和现状》两篇文章,回顾和梳理英国教育史学的历史演变过程,揭示英国教育史学的演变规律和特点,期望为我国教育史学科更好地选择、把握今后的发展道路提供一些启示和借鉴。2005

---

① [法]安多旺·莱昂：《当代教育史》,樊慧英、张斌贤译,光明日报出版社1989年版,第4页。
② [德]马克·第帕普：《谈谈世界教育史研究方法的发展》,《教育史研究》1994年第4期,第2—4页。
③ 周愚文：《英国教育史学发展初探（1868—1993）》,《师大学报》1994年第39期,第63—111页。
④ 方晓东：《国外教育史研究的理论与方法》,《教育史研究》1997年第2期,第45—48页。
⑤ 李爱萍：《西方教育史研究模式演变》,《教育史研究》1998年第3期,第10—16页。
⑥ 王坤庆：《20世纪西方教育学科的发展与反思》,上海教育科学出版社2000年版。
⑦ [俄]卡特林娅·萨里莫娃,[美]欧文·V. 约翰宁迈耶主编：《当代教育史研究与教学的主要趋势》,方晓东等译,教育科学出版社2001年版。

年，杜成宪和邓明言撰写的《教育史学》一书出版，该书包括西方教育史学的部分研究，其中涉及英国教育史学的创立和发展过程，以及西蒙的教育史学思想研究。2006年，北京师范大学延建林的博士论文《布莱恩·西蒙和战后英国教育史学研究》选取战后英国教育史界颇具影响的代表人物布莱恩·西蒙作为研究个案，分析了布莱恩·西蒙的教育史学思想与教育史研究实践，探讨"二战"后英国教育史学发展的时代特征和民族特色。这篇博士论文对研究战后英国教育史学有着非常重要的意义，提供了丰富的史料和独特的研究视角，是研究英国教育史学不可缺少的资料之一。2007年，周愚文撰文《辉格史观与教育史解释》，本文主要探讨了历史解释中辉格史观的"进步史观"与"以今论古观"两种含义，分析其在英美教育史研究上出现的缺失。[1]这篇文章让我们对英国辉格教育史学思想有了初步的了解。2008年，清华大学史静寰、延建林的《20世纪英美教育史学研究取向变化的回顾与启示》一文，认为20世纪英美教育史学研究取向经历三个阶段："辉格"教育史学、社会教育史学和文化教育史学。这篇文章首次对20世纪英美教育史学流派的发展进行梳理，对我国学者研究英国教育史学的发展有着非常重要的意义。[2]2009年，申国昌从学科发展的角度梳理英国教育史学。[3]2009年，张宏在《比较教育研究》上撰文《英、美教育史学之比较》，认为英美两国教育史学同属一个学术传统，20世纪60年代，随着修正派教育史学兴起，两国的教育史研究趋于成熟，形成了不同的研究风格。[4]2010年，孙益等合写的《2000年以来英国教育史学科发展研究》一文，基于对英国教育史学协会会刊《教育史》杂志刊登文章进行统计分析，归纳出英国教育史研究在关注时间段、地域和主题等方面的特点。[5]2009年至今，我国学者开始对西方教育史学进行系统的研究，撰写一批关于西方教育史学的作品，如《战后西方教育史学流派的发展》《当代西方教育史学的发展》《多元化发展的

---

[1] 周愚文：《辉格史观与教育史解释》，《教育研究集刊》2007年第53辑第1期，第1—20页。

[2] 史静寰、延建林：《20世纪英美教育史学研究取向变化的回顾与启示》，《河北大学学报》（哲学社会科学版）2008年第3期，第28—32页。

[3] 申国昌：《英国教育史学科的发展历程》，《湖北大学学报》（哲学社会科学版）2009年第5期，第114—117页。

[4] 张宏：《英、美教育史学之比较》，《比较教育研究》2009年第4期，第67—71页。

[5] 孙益、林伟等：《2000年以来英国教育史学科发展研究》，《教育学报》2010年第5期，第120—127页。

战后西方教育史学》《马克思主义史学理论与教育史研究》《历史研究视角的转移与战后西方教育史学》等文章，系统分析了战后西方教育史学的发展状况、流派特征、理论阐述等问题，从宏观层面上给英国教育史学研究提供了广阔的视野和理论基础，从微观层面上给英国教育史学研究提供了丰富史料和方法指导。[①]

综上所述，根据文献综述，我们可以发现国内外对英国教育史学的研究成果虽然数量很多，也初步涉及教育史学方法论、主题以及学科等方面，但绝不意味着英国教育史学的研究已臻圆满，无须再对英国教育史学进行研究。因为，国内外目前对于英国教育史学历史演变的整体概况还没有一个清晰的认识。教育史学作为人类智慧结晶和人类对自身教育认识体系中的一个重要分支，与社会发展之间保持着密切的关系。教育史学是人类知识结构中的重要分支，是反映时代思想、文化、精神的重要窗口。它的产生与发展反映了人类社会、文明的不断发展与变革。对于一个国家、一个时期的教育史学发展的考察是我们对该国、该时期社会发展变革总体认识的重要方面。而中国教育史学界目前关于英国教育史学发展的总体状况研究的薄弱状态显然与其对西方教育史学的整个研究状态不相匹配。作为一个国家思想、文化、精神的重要组成部分，英国教育史学的历史演变如何？本著作主要从19世纪以奎克为代表的英国教育史学的第一代教育史学家到20世纪90年代末以来英国教育史学的新旧整合时期，探讨英国教育史学形态的变化，通过在这两百多年英国教育史学的历史发展过程中，探讨英国传统教育史学如何走向新教育史学、在新旧的转变和学术与政治之间的纠葛中，尝试挖掘出新旧教育史学之间的连续与断裂，力求帮助人们全面认识英国教育史学的创立与变革，乃至整个英国教育史学的现代进程。

三 著作结构

本著作试图基于教育史学史的视域下，以不同时期的教育史研究范型

[①] 周采：《马克思主义史学理论与教育史研究》，《合肥师范学院学报》2009年第4期；《多元化发展的战后西方教育史学》，《教育研究与实验》2009年第5期；《当代西方教育史学的发展》，《南京师范大学报》（社会科学版）2009年第6期；《历史研究视角的转移与战后西方教育史学》，《清华大学学教育研究》2010年第1期；《战后西方教育史学流派的发展》，《教育学报》2010年第1期。

的转换来回答英国教育史学的创立与变革。

在著作中,"英国教育史学""范型""教育史学史""创立"和"变革"是主要核心概念,在此,笔者做一简要分析。如前所述,教育史学是指教育史家所进行的教育史研究活动及其研究成果,力求展现和证明教育史学科自身形成过程中的方法论。因此,本文论述的"英国教育史学"仅限于 19 世纪至 2011 年间英格兰和威尔士两地学者进行的教育史研究活动及其成果,不包括苏格兰和北爱尔兰地区学者的学术研究活动和研究成果。为了详细剖析英国教育史学的历史演变特征,在本著作中,笔者借用美国科学哲学家托马斯·库恩(T. Kuhn)的"范型"(Paradigm)概念。"范型"代表"科学共同体成员所共有的信念、价值、技术手段等的总和,可以理解为某一类科学共同体在一定时期内开展研究活动的共有基础和准则"。[1] 具体到教育史学,"范型"的不同大体可表现在教育史观、教育史研究对象、方法、写作方式与相邻学科的关系等。笔者发现,对传统教育史学、新教育史学及全球教育史学来说,在教育史观、教育史研究对象、研究方法、编纂方式及与相邻学科之间的关系方面表现出明显的不同。"教育史学史"是一种学科史,属于专业性的学术史,以教育史学自身作为研究对象,其主要任务是探究教育史学科的发生与发展史,揭示教育史学的演变规律,预测教育史学的未来发展方向,本选题就属于这类研究。作为一门专业性的学术史,本研究通过英国教育史学范型的创立与变革,探究英国教育史学的历史演变过程。"创立"在本文有两层含义:狭义上仅指传统教育史学的创立;从广义上来说,是指英国教育史学传统的创立,即英国教育史学自建立至今,一直贯穿于其中的东西。而本文的"变革"也是有两层含义:一是指英国教育史学范型的两次转换:即传统教育史学向新教育史学范型的转换和 20 世纪 90 年代末英国新旧教育史学的全球转向;二是指英国教育史学派内部的范型转换,即传统教育史学内部不同范型的转换和新教育史学流派内部不同范型的转换。

本著作的焦点:英国教育史学范型的创立与变革,即围绕传统教育史学、新教育史学和全球教育史学范型的创立与变革,揭示英国教育史学的演变规律,并预测未来英国教育史学的发展趋势。在研究过程中,重点分析能够代表该时期的影响深远的,具有鲜明特色的教育史研究活动和研究

---

[1] Thomas S. Kuhn, *The Structure of Scienticfic Revolutions*, Chicago: The University of Chicago Press, 1970, Second Ediction, p. 175.

成果，笔者将这样的研究活动和研究成果归类于某种"范型"下的教育史研究。在本著作的写作过程中，将主要抓住两条主线：一条显性主线和一条隐性主线。显性主线是对英国教育史学的产生、发展与趋势的全程评析。笔者即关注传统教育史学、新教育史学和全球教育史学产生的时代、社会背景的分析，着眼于梳理传统教育史学、新教育史学和全球教育史学中不同学派之间的关系、差异和延续性；同时，还关注不同学派内部之间的断裂与连续；隐性主线是英国教育史学科领域学派演化的方法论分析。笔者尝试通过对各教育史学派方法论的思考，来展现英国教育史学的历史演变过程。在整个写作过程中，这两条主线相互并存和交互渗透。

在第一章和第二章中，笔者重点阐述英国传统教育史学范型的创立过程及其主要特点。英国传统教育史学的创立基本上是伴随着国家干预教育和师资培训的兴起而兴起。传统教育史学的范型呈现明显的辉格特征。教育史观主要是以今论古观、直线进步史观和精英史观。因此，教育史研究范围相对比较狭窄，呈现出一幅国家干预教育的历史画卷；从研究方法上来说，主要是挖掘调查报告、国会纪要报告、官僚机构档案和教会档案等官方史料，以史实来告诉人们教育历史是什么；从写作来说，主要是事件和人物的教育叙事史；从教育史与其他相邻学科的关系来说，传统教育史学强调教育史学科自身的自主性，很少运用社会科学的方法，对历史学、社会学等学科很排斥。在第三章，笔者通过分析英国传统教育史学的内部困境和外部推动因素，介绍英国教育史学的变革背景，同时阐述英国新教育史学的兴起过程和研究热点。在第四章中，主要阐述20世纪70年代至90年代中期，英国新教育史学流派纷呈的状况，并分析英国新教育史学流派范型的特征。对于新教育史学来说，根据它们关注的理论和方法上的差异，新教育史学范型内部可以分为三种：马克思主义教育史学、女性主义教育史学和后现代主义教育史学。它们在各自的领域，运用不同的理论和方法重新构建教育史。在教育史研究对象方面，新教育史学突破了精英式国家干预教育的赞歌模式。马克思主义教育史学从男性工人阶级的立场，将教育和社会紧密地联系在一起探究教育历史的发展过程；女性主义站在女性的立场，力求将阶级、性别和经济因素连接起来，重新考察教育历史的演变过程；在女性主义教育史学兴起的同时，还有一股教育史学力量也在冲击着传统教育史学和马克思主义教育史学、后现代主义教育史学。后现代主义者批判传统和马克思主义教育史学忽视了教育中的个体心理、心态和日常生活以及教育的文化层面的研究，教育史研究应该打破"西方中心论"和"民族中心论"，研究对象从英国等西方国家转移至殖民地和少数种族教育史，从国家的经济和社会因素转移到个体的情感、心态和文化上，重视文化在教育史阐释中的作用，教育史学呈现多元化趋势。在研究方法上，无论马克思主义、女性主义还是后现代主义教育史学，均是采用自下而上的研究视角，重视研究方法的革新，强调扩大教育史研究的对象，重新阐释教育的发展历程。从与其他学科的关系来说，新教育史学努力打破教育史和其他学科之间的藩篱，主张跨学科研究。在这一点上，后现代主义呈现出与马克思主义和女性主义教育史学的不同一面，马克思主义教育史学关注社会学、人口统计学和经济学学科的方法；女性主义教育史学虽借鉴人类学的方法，但是，更多的还是关注经济、社会和性别分析。而后现代主义教育史学主要借鉴心理学、人类学和语言学的方法，认为教育史应该像历史学一样，回归叙事的传统，注重语言的重构。从写作来说，新教育史学反对单纯的描述，强调问题取向。在新教育史学流派内部，尽管从表面上看，后现代主义教育史学有回归传统教育史学的地方，如教育叙事史的复兴，但是，这并不是传统教育史学的复活，后现代主义在提倡叙述的同时，也没有完全拒绝问题取向研究。因此，笔者认为这是新教育史学内部的调整，是新教育史学在反思和总结过去的基础上，继续摸索前进，在范型上，笔者仍旧将其归结为新教育史学。在第五章中，20世纪90年代末，英国教育史学走向碎片化的时候，随着全球化的兴起，宏观的教育史探索，也紧跟而来，形成了新的教育史学范式，是新旧教育史学调整和融合的产物。一方面，尽管所有新教育史学潮流都在挑战自19世纪末建立的支配教育史学家的民族国家的中心地位，但是，民族国家仍然在教育史写作中得以存留，只是以一种新的形式发展，传统教育史学复活。另一方面，新教育史学也发生了变化，在全球化的趋势下，面对后现代主义教育史学带来的碎片化，英国教育史学者加强与国际教育史学者交流和合作，进行跨国和跨文化的比较教育史研究，从宏观上考察教育的发展历程，大写教育史再生。

总而言之，本著作的研究焦点主要集中在教育史学范型的创立和变革上，来展现英国教育史学的历史演变过程。20世纪50年代之前，是英国传统教育史学范型的创立阶段；20世纪60—70年代，英国新教育史学的兴起是英国教育史学传统中的一次范型转向，这次转向可以看作英国教育史学传统的一次断裂与创新。在20世纪70年代至90年代中期，英国新教育史学在自身发展历程中，随着关注的焦点和理论基础的不同，新教育史学范型内部也开始发生转向，形成不同的教育史学流派，流派之间存在着断裂和继承的创新现象。20世纪90年代末至2011年，伴随着全球化的趋势，出现了有别于之前的教育史学范型，大写教育史再生。这次转向，是英国新旧教育史学整合的产物。所以，在著作结语中，笔者将从分析和回顾英国教育史学范型的历史和现实状况入手，说明当代教育史学家如何处理教育史学的传统，探求教育史学的变革之路，最终寻找传统与变革之间的连接点。

四 研究方法

按照此思路展开研究的过程中，笔者主要运用了以下几种方法：

一是文献研究法。这是教育史研究的基础方法。笔者尽可能通过多种渠道搜集各个教育史学范型的代表人物的原著及相关评论，运用相关方法对这些资料进行解读。而且，将这些资料置于相关的知识背景下进行分析，考虑并辨查作者的偏见。同时，笔者还尝试发现资料的言外之意，以便探索资料背后作者的前提假设和信念，这些往往是作者无意识中透露的。

二是历史比较法。历史比较法通过对两种或两种以上的历史现象进行对比，寻找它们之间的共同性和差异性，并对趋同性和趋异性的发展进程进行考察和分析，以便揭示历史共同规律和特殊规律的研究方法。本研究过程中主要有两个比较维度：一是纵向比较，对不同时代教育史学范型进行比较，挖掘出传统教育史学、新教育史学和全球教育史学之间的连续性和断裂性；二是横向比较。横向比较主要包括两方面：一方面是同一时代下，英国教育史学派内部的比较；另一方面是同一时代下，英国教育史学与国际教育史学之间的比较。通过纵向和横向比较，从而凸显英国教育史学历史演变的独特风格。

另外，教育史学和教育学、历史学、社会科学之间存在着密切的联系，教育史学研究是由这些学科相互交叉而促成的跨学科研究活动。因此，本研究会涉及教育学、历史学和社会科学等相关领域，笔者将吸收和借鉴上述学科领域的研究方法，并尝试在本研究的撰述中兼顾问题取向和叙述取向的结合，做到宏观和微观研究的互动。

第一章 英国传统教育史学的创立

教师如果忽视教育史的学习和研究，就不能很好地理解教育的现状和预测教育的未来发展趋势。如果不了解前人取得的进步，要向前迈进是很艰难的，而且往往会重犯前人的错误，结果事倍功半。

——奎克

在英国，7世纪就存在教育史的研究活动。但从性质上来看，并非真正意义上的教育史学。直到1868年，奎克的《教育改革家评论》（Essays on Educational Reformers）一书出版，英国教育史学才得以兴起。笔者认为，英国传统教育史学的发展大致可以划分为以下三个阶段：第一阶段（7世纪至19世纪30年代）是英国教育史学的萌芽阶段；第二阶段是维多利亚时期英国教育史学的兴起阶段；第三阶段（维多利亚时期至20世纪50年代）是英国传统教育史学的创立阶段。

第一节 英国教育史学的萌芽

一般来说，英国教育史学的开端可以追溯至1868年奎克的《教育改革家评论》一书。奎克本人也被誉为"英国教育史学之父"。不过，有资料证明英国教育史学起源问题的探索并未终止于奎克，他们发现并论证英国教育史学的根源存在于更遥远的历史之中。早在公元7世纪，就存在教育历史的研究活动。但从性质上来看，奎克之前，教育史活动多散布在传教士、历史学家和政治家的活动之中。虽然，他们涉及教育历史，但均未作出系统的阐述，也没有专门的概念界定和研究方法或框架。因此，在奎克之前，英国并不存在什么教育史学，这一时期只是英国教育史学的史前期或者萌芽期，但是，这一时期的作品为英国教育史学的兴起和创立奠定了坚实的基础。

一 教会史和英国早期的教育史研究

基督教在英国文化传统中占有重要地位，正如英国永恒主义教育家利文斯通（R. Livingstone）所说："基督教是英国民族文化的基础，触及整个国家并使之带上基督教的色彩。"① 6 世纪，基督教传入英国。之后，基督教便不断渗透到英国社会生活的各个方面，对英国政治、经济、文化、教育等领域产生深远影响。英国教育起源于基督教修道院，并长期由教会控制和管理，教育的实质就是宗教教育，即以传教和培养基督教教徒为目的。因此，在英国，早期的教育史研究散见于教会史研究之中。

476 年，西罗马帝国灭亡，意味着古希腊罗马古典主义和理性主义时代的结束，标志了中世纪基督教世界和信仰时代的开始。从此以后，在欧洲，一种新型的基督教社会形成了。在盎格鲁—撒克逊时代，基督教的传播和修道院的建立推动着英国文化教育的发展。正如我国著名英国史专家钱乘旦教授所说："基督教的传播和异教徒的皈依推动了不列颠教育和艺术的发展……因此，自圣·奥古斯丁（A. Augustinus）时代，英格兰就有了学校。但是，直到 669 年，小亚细亚的西奥多（Theodore）担任英格兰大主教后，才开始在坎特伯雷大教堂系统地教授拉丁文、希腊文和罗马法，同时也教授教会音乐和宗教历法的计算，以及宗教韵文诗的创作方法。"② 伴随着传教士们将基督教和教育引进英格兰，英国开始出现关于教育史方面的介绍，主要包括学校课程、教育和管理方法。这些介绍多是以口头形式进行描述，或者少数书写资料，要么是已经失传，要么就是未经研究证实。因此，关于早期英国教育史学的考察，一般从比德（St Venerable Bede）的《修道院长列传》和《英吉利教会史》（Ecclesiastical History of the English People）开始。

在《修道院长列传》一书中，比德介绍了韦穆修道院和贾罗修道院的诸位院长的生平传记，勾勒了一幅修道院生活的图画。关于图书，比德详细记录修道院图书室的藏书量以及这些图书对僧侣们学习拉丁文、希腊语和希伯来语的影响。同时，比德还对当时西欧的文化发展情况进行了概述。在《英吉利教会史》一书中，比德叙述了传教士奥古斯丁到不列颠

---

① 《西方现代教育论著选》，王承绪、赵祥麟译，人民教育出版社 2001 年版，第 279—280 页。

② 钱乘旦、许洁明：《英国通史》，上海社会科学院出版社 2007 年版，第 34 页。

传教后的英吉利教会发展史，主要依据教会的重大事件为主线来描述隐居修士的清苦、修道院的生活、修士修女们的学习等。在这两本书里，比德记录了大量关于教会组织和修道院生活的情况，成为后世研究基督教和宗教教育的重要文献。正如英国著名传统教育史学家利奇（A. F. Leach）所说："比德的著作，为研究英国早期教育史提供了重要的文献参考。"① 在《教育章程和资料，598—1909》（Educational Charters and Documents, 598 – 1909）和《中世纪的英格兰学校》（The Schools of Mediaeval England）两本书中，我们可以清晰地看到利奇对比德作品的运用。

继比德之后，阿尔琴（Alcuin）开始记录和整理修道院的生活和资料。在《修辞学与美德》一书中，他将拉丁文修辞和美德结合起来，为后世写作提供了一份样本。782 年，阿尔琴任法兰克查理大帝（Charlemagne）宫廷学校的主持教师和查尔曼帝国亚森学院院长，主要教育皇室成员，推动全国文化教育的发展。在任职期间，阿尔琴积极组织逻辑研究和学术讨论，因此，这所宫廷学校成为当时研究和普及教育，抄写和校订手稿的中心。在担任图尔的圣马丁修道院院长后，阿尔琴组织修士们誊写圣经、拉丁教父的著作和拉丁古典书籍。在他的影响下，其他修道院也进行类似的誊写工作，这些都保存了很多古典文本的残存手稿。另外，阿尔琴还以诗歌的形式记录了当时学校的课程、教学计划和教学方法，这些为后来英国教育史的撰写提供了大量有用的丰富史料。

除了上述作品外，对英国教育史研究具有价值的还有编年史和年代纪。在阿尔弗雷德（Alfred）国王的鼓励和支持下，历史学者依据无数年代纪或其他编年史合编了《盎格鲁撒克逊编年史》一书。该书文字朴素，富有诗意，是盎格鲁—撒克逊散文的杰作。书中记录了国王阿尔弗雷德在英国重修被丹麦海盗破坏的修道院和学校，以及发展文化教育等事件。这个巨大的工程为后人留下了许多珍贵的中世纪历史资料，这些历史资料为后来英国教育史研究提供了重要的参考依据，也为以后英国教育史学的兴起和发展奠定了基础。

二　早期大学史研究和外国教育研究

16 世纪，英国史学由中世纪的寺院编年史转向城市编年史，研究者

---

① A. F. Leach, *The Grammar Schools of Medieval England*, London: Methuen and Co. Ltd., 1915, Preface.

也由教士转为世俗人,研究内容由撰写上帝的历史转向世俗生活的历史,其中,教育也成为一个重要的研究领域。在《大不列颠志》一书中,威廉·坎登(W. Camden)采用实地考察的方法,花费多年时间到大不列颠各处考察,记录下各地的教育情况、地理环境、风土人情、建筑形式等。他的工作为后人描绘了一幅大不列颠的生活实景,为后人研究那一时期教育提供了翔实的资料。同时,坎登也让人们看到政治事件以外的历史,了解自己生活的来源。同时,这一时期,与中世纪史学的枯燥相比,坎登的作品可读性也较强,史学世俗化趋势明显。大学史首先作为一个研究领域成为英国近代史学家关注的焦点。

1564 年,伊丽莎白女王访问剑桥大学,引起学者对牛津大学和剑桥大学古老性的争论,涌现一批关于大学校史的研究作品。1566 年,牛津大学教师马斯·凯乌斯(T. Caius)向女王提交两本小册子:《牛津大学古老性的宣言》(*Assertio Antiquitatis Oxoniensis Academiae*)和《追还牛津大学的古老性》(*Vindiciae Antiquitatis Academiac Oxoniensis*),阐述牛津大学的历史。1568 年,剑桥大学约翰·凯伊(J. Key)接过牛津大学的论题,撰写了《古代剑桥大学第二卷》(*De Antiquitate Cantabrigiensis Academiae libri duo*)一书。1573 年,凯伊去世后,留下了《剑桥大学历史》手稿。之后,牛津大学和剑桥大学的教师纷纷撰文论述大学的起源,其中"牛津大学教师大约出版 380 篇作品,剑桥大学约 110 篇,刺激了当时学者对教育历史研究的兴趣"。[1]这次争论产生的作品,其特色是作者带着强烈的主观色彩将特定的材料组织起来说明某些问题,主要还是编年史取向,对于后期研究牛津大学和剑桥大学校史有着一定的参考价值。

16 世纪,在英国,除了早期有关大学校史的研究作品外,伴随着国外访问活动的展开,还出现了早期外国教育研究。早在古希腊时代,就有不少人以各种目的出访别国,他们所作的见闻描述中包含访问国的一些教育状况。但是,在英国,我们很难确定人们究竟从何时开始进行含有教育考察的访问活动。16 世纪,新航路开辟以及贸易、探险、旅游和传教等活动的扩大,使关于国外民族的报道开始丰富。1520 年,博伊莫斯(J. Boemus)对欧洲、亚洲、非洲各民族的民俗、生活等特点进行了详细的描述,其中也涉及教育。伊拉斯莫斯(Erasmus)旅居英国时,对牛津

---

[1] W. W. Brickman, "Revisionism and the Study of the History of Education", *History of Education Quarterly*, Vol. 4, No. 4, Dec., 1964, p. 212.

大学和剑桥大学的教学和教育及英格兰的学术情况与意大利作了比较。到了 17 世纪，国际接触更为频繁，旅行者们通常把考察别国学校并作出报道作为其旅行中一项有益的活动，外国教育和文化研究开始进入正轨。这一时期，主要是英国克伦威尔圆颅党军队指挥官威廉·布拉顿（W. Brereton）访问德国后撰写的牛津大学和莱顿大学比较报告，以及牛津大学解剖学教授、皇家学会缔造者威廉·佩蒂（W. Petty）爵士为推动国外考察报告更专业化和学术化撰写的《调查国家状况的方法》。佩蒂建议考察者应调查访问国的学校和学生数量、学校和课程组织等。随后 18 世纪至 19 世纪初期，国外考察的活动增多，一系列有关外国的教育报告出版，这些报告为后来综合性的英国教育史编写提供了丰富的史料。

教育史学家贝蒂（H. M. Beatty）认为："在弗兰西斯·培根（F. Bacon）的学习史或者智力发展史的论述里，虽未直接进行教育史研究，但是却为后来教育史研究提供了很好的范例及史料基础。17 世纪后期，随着英国考察国外活动的增多，出现了一些关于国外教育著作的译介，其中包括基布尔（S. Keble）翻译出版的法国神父费洛尔（A. C. Fleury）的《论学习的选择和方法》（*Traité des Choix et de la Méthode des Études*）一书。"[1] "在这本书里，作者指出若要深入了解现今的学科设置，就应追溯其本源。这样，我们方可知道它们从何产生并发展至今，了解它们是如何历经时代变迁而归于一统的。"[2] 作者批判地考察了教育原理、方法论和课程，并阐述了希腊人、罗马人、早期基督徒、法兰克人、阿拉伯人的教育，以及经院主义、中世纪大学、文艺复兴直至 17 世纪的教育问题。美国教育史学家布里克曼（W. W. Brickman）认为："一般意义上来说，这本书是最早的一部教育史。"[3]这本书在英国的译介，一定程度上刺激了英国教育史研究。

总体上说来，较早时期的教育史研究相当粗略，仅仅局限于对过去教育现象和教育思想的一般性描述，以及对个别教育机构，尤其是对大学的

---

[1] H. M. Beatty, "The History of Education", in P. Gorder and R., Szreter, *History of Education：the Making of a Discipline*, London：The Woburn Press, 1989, p. 30.

[2] Compayré, G., "History of Education", in Monroe, P. (ed) *A Cyclopedia of Education*, Vol. 3, 1911, p. 294.

[3] W. W. Brickman, "Early Development of Research and Writing of Educational History in the United States", In W. W. Brickman, *Educational Historiography：Tradition, Theory and Technique*, New York：Routledge Taylor & Francis Group, 1982, p. 333.

历史研究。正如亚当森所说，进入 19 世纪后，随着国家政治和社会体制的变化，以及学校和大学的发展，关于学校课程、教育方法、管理方法和学校演化等作品大量涌现，并且这种研究变得相对比较成熟。而这种变化，有权威人士的作用，也有外界环境的刺激。不过，教育的变化总是能在国家生活中找到相对应的部分，是和国家政治和社会生活紧密相连的。换句话说，19 世纪，伴随着国家社会和政治的变化，英国教育史学开始缓慢进入历史舞台。[①]

第二节 维多利亚时期英国教育史学的兴起

教育史学科在英国大学兴起的指导思想是实用主义，意为增加未来教师的数量。19 世纪末期，牛津大学和剑桥大学模仿美国哈佛大学和斯坦福大学设立教育学教授，推动教育史学科在英国大学建立。一方面，历史学家参与教育史教学大纲的制定和教育史研究，致使英国教育史学在建立之初就继承了牛津史学的传统。另一方面，教育学家热衷于师资培训中的教育史课程和教育史研究，以培养英国学生未来从事教育职业的热情和兴趣。尽管此时师资培训课程主要是以班级管理技巧与教学等实际技能为主，但教育史讲座的开设，亦算是英国教育史学的开端。

一 教育史纳入师资培训课程

英国师资培训可以追溯至 17 世纪末的"基督知识促进会"。至 18 世纪末 19 世纪初，主要是"导生制"（Monitorial System）和"见习教师制"（Pupil-teacher Apprenticeship），以培育小学师资为主。1878 年，《初等教育法》的颁布加快了普及义务教育的步伐。伴随着义务教育年限的延长，教学内容也逐渐增多，对师资培训的发展提出新的要求。因此，"导生制""见习教师制"和为数不多的教师训练学院已经不能满足师资培训的需求。家长、社会团体和教师个人对师资培训表现出很大的不满，纷纷指责师资培训课程内容的宗教性和实用性。因受政府考试证书的影响，学生只重视任教学科，而忽略专业科目中的理论专业知识。只有少数师范学

[①] J. W. Adamson, "A Plea for the Historical Study of English Education", in P. Gorder & R., Szreter, *History of Education: the Making of a Discipline*, London: The Woburn Press, 1989, pp. 39-46.

院开设与教育史相关的内容,如白特西师范学校(Battersea Normal School)开设的普通课程中包括裴斯泰洛齐的作品和教学方法。因此,19世纪90年代之前,在小学师资培训的课程中,只简单地涉及教育家的讲解,还没有开设系统的教育史讲座或课程。

在中学师资的培训方面,1846年,创立培训中学师资的教师学院(College of Preceptors)。1871年,设立教育科目的教席(a lectureship in education),由佩恩(J. Panye)担任。该年6月他在技艺学会(The Society of Arts)发表三场演讲,内容涉及教育的理论或科学、教育的实践或技术及教育的方法。1873年,更进一步设立永久性的教育讲座(The Chair of Education),由佩恩担任首任教育学教授,这是英格兰地区的首位。他的课程包括:教育科学、教育技术的应用、教育史。这里的教育史内容包括早期中国、埃及、波斯等地,以及亚里士多德、柏拉图、福禄贝尔、赫尔巴特等许多伟大学者的教育理论和方法。这套教学计划"涵盖日后大学教育系课程的范围:教育原理、教育方法和教育史"。[1]由于缺乏财政支持,1874年被迫停课。1883年,佩恩的儿子出版《佩恩的作品》(*Works of Joseph Payne*)一书。该书包括佩恩的讲座内容。从这本书里,可以看出,佩恩在准备教育史讲座中充分利用了德国教育史学的资源。另外,在佩恩访问德国后,撰写《访问德国学校》(*A Visit to German Schools*)一文,详细介绍了德国幼儿园和小学的情况。1870年,在《评论季刊》(*Quarterly Review*)上,佩恩发表《美国高等教育》(*The Higher Education of The United States*)一文,被认为是英国教育史和比较教育的先驱。

在教师学院开设教育史讲座的同时,在圣安德鲁斯大学(St Andrews University)和爱丁堡大学(Edinburgh University)也开始建立教育学教授职位,这个职位主要教授教育理论、教育史和教育实践。1878年,剑桥大学回应了关于公学校长要求师资培训的会议,并设立"师资训练所",由布朗宁(O. Browning)主持,负责安排教育史、教育理论和教育实践的演讲,以及安排教师证书的考试等。由奎克担任教育史教师,讲授教材是《教育改革家评论》。1883年,奎克因健康原因离职后,布朗宁接任奎克一职,继续讲授教育史课程。

---

[1] R. W. Rich, *The Training of Teachers in England and Wales during the Nineteenth Century*, Cambridge: Cambridge UP, 1933, pp. 255–256.

1878 年,"教师训练与注册学会"(Teacher Training and Registration Society)设立"主教门女子训练学校"(Bishopgate Training College for Women)。1881 年,由布朗德百瑞(Brandesbury)改名为玛利亚·格瑞训练学校(Maria Grey Training College),专收女生,其课程主要是"教育史、心理学、生理学、卫生、逻辑及教学方法等"。①

作为师资培训课程的教育史,其主要内容是关于著名教育家的教育理论和实践,还没有涉及教育史研究。1875 年,教育科学知识发展学会(Society for the Development of Knowledge of the Science of Education)成立,这推动了英国教育成为一门科学。这一时期,教育研究以心理学为重心。但是,米克尔约翰(J. M. D. Meiklejohn)则指出当时研究教育历程的三项要素是:"一是检查不同青年心理的生长与发展;二是教育史;三是方法研究。"② 这也反映出当时教育研究的走向,教育史研究开始进入教育家的视线。正如阿米蒂奇(W. H. G. Armytage)所说,"这一时期,学校代替了修道院,教师代替了牧师,师资训练的需求增加,历史学家的兴趣也由教会史转向教育史"。③

二 英国第一本教育史著作

19 世纪英国教育史学的兴起,是和奎克的名字分不开的,他是英国教育史学的著名先驱。作为一位早期英国教育史学的领袖人物,他通过富有激情的和创造性的活动,为 19 世纪英国教育思想的发展,也为英国教育史学的发展,谱写了重要的篇章。1831 年,奎克出生于伦敦。1854 年,毕业于剑桥大学。他曾访问法国、布鲁塞尔、德国,考察社会和教育,比较英格兰和欧洲其他国家教育方法的不同。尤其对德国的访问,奎克接触到劳默尔(K. Raumer)的《教育学史》(*Geschichte der Pädagogik vom Wiederaufblühen Klassischer Studien bis auf unser Zeit*)和施密特(K. A. Schmidt)的《教育通史》(*Geschichte der Erziehung von Anfang an bis auf*

---

① R. W. Rich, *The Training of Teachers in England and Wales during the Nineteenth Century*, Cambridge: Cambridge UP, 1933, p. 262.

② P. Hirst, "Educational Theory", in J. W. Tibble (ed), *The Study of Education*, London: RKP, 1967, pp. 6 – 7.

③ W. H. G. Armytage, "The Place of the History of Education in Training Courses for Teachers", in P. Gorder and R., Szreter, *History of Education: the Making of a Discipline*, 1989, London: The Woburn Press, pp. 47 – 48.

unsere Zeit），对教育史研究的兴趣倍增。回国后致力于英国的教育事业和教育史研究。1868年，奎克撰写《教育改革家评论》一书，阐述了文艺复兴以来西方教育思想的发展，被誉为英国第一部真正的教育史作品，为此，奎克本人也被誉为"英国教育史学之父"。该书出版时，在英国并未引起重视，反而在美国得到关注。1890年，受巴纳德（H. Barnard）的影响，在原著基础上增添了不少欧洲教育史内容。奎克本人认为自己受巴纳德的影响，书的赠词即是"献给亨利·巴纳德"。自1879年至1883年，在剑桥大学，奎克开设教育史讲座，创立英国教育史编纂学上的一种正宗体裁——历史传记，开始运用历史叙述的方法撰述教育思想史，显示了其对教育史的远见卓识。正是由于他的努力，为英国教育史学的兴起作出了卓越的贡献，在英国教育史学史上影响深远。

奎克的教育史学思想有几个值得注意的方面。一是对于教育史的价值和教育史写作的目的，奎克的见解也有其高于他人之处，他指出："在英格兰，如果我们忽视了任何过去的事件，那么我们就不能很好地理解现在和预测将来。教育同其他事业一样，可以从有影响的历史人物那里汲取有益的东西。如果不了解前人取得的进步，要向前迈进是很艰难的，而且往往会重犯前人的错误，结果事倍功半。"[①] 奎克认为教师应该知道自己所从事职业的历史。奎克感叹道好的教育史著作，不是德文，便是其他外文，故英国要加以弥补。由此，我们可以看到，在奎克的心目中，教育史研究和教育史写作的目的主要是借鉴功能。教育史研究与教育史写作的目的必将直接指向现在和未来，通过教育史研究来实现教师训练的目的，提供给教师从事教育工作的激情和力量，以及他们在教育工作中所需的帮助，追求教化。也就是说教育史和教育史学存在的意义也只能在于未来的实现。只有当通过教育史研究而对未来的估计得到验证，即彼此的未来在此时实现完全符合曾经作出的估计时，我们就获得了教育史的意义——教育史给人以灵感和激励人的价值。二是英雄史观。在这本书里主要以传记的形式记录了从文艺复兴时期以来教育改革家的思想和活动实践。在奎克看来，教育历史上的伟人往往不仅是思想家，也是实际的行动家，是教育历史的真正骨干，他们不畏艰难险阻，奋力前行，具有超乎寻常的历史洞察力。他认为教育改革家所具有的首要特点在于他可以透过事物的表面看

---

① R. H. Quick, *Essays on Educational Reformers*, New York: D. Appleton and Company, 1903, p. 1.

到事物本身，这也可以称为他的英雄主义的最初的和最终的特征。在《教育改革家评论》一书中，我们可以看到，奎克将英雄局限于教育领域，通过这些教育改革者的思想和实践活动，赋予英国人民以力量，促成英国教育的改革，这也从另一角度反映了正是由于对资产阶级教育的软弱无力，奎克呼唤教育改革家的诞生，以便改革当时英国教育中存在的问题。三是文学色彩的传记形式。奎克的作品是一系列的个人传记，采用文学的叙述形式进行编纂，刺激了读者的想象力，具有很强的感召力，使读者很容易接受作者的"布道"。然而，这种感召力与教育历史的真实性之间存在一种张力，奎克在创造鲜活的教育改革家人物形象时，也陷入被批判不关心教育历史事实的困境。后人认为奎克只是为了满足唤起教育者从事教育工作的兴趣。正如亚当森所说："奎克的作品中包含大量作者的理想。因此，在一些方面容易让人混淆，很难区分教育史和教育观念，教育事实和作者的猜测或理想。"[①]另外，奎克虽花了较大篇幅描述教育家的生平及其时代的教育理想，但是从教育史学的严格意义来说，它还没有达到使人牢记基本的历史联系这一目的，当然更说不上描述出完整的教育史发展概貌并揭示其一般的和基本的规律。

三 教育史学科在英国兴起

我国教育学者王建华教授认为学科承认划分存在三种形式："（1）学科共同体内部的同行承认，即学科同行对于本学科的忠诚或者爱；（2）学科共同体之间的局外人承认，即学科共同体之间以尊重为原则，通过互动与交流而达成的权利的承认；（3）学科共同体外部的社会承认，即社会对学科价值的重视的承认。"[②] 参照这种划分，教育史学科在英国的兴起也表现在三个方面：（1）英国第一代教育史学者开始承认教育史存在的价值和意义，一批追随奎克的教育史学者热衷于教育史研究；（2）其他学科的研究者开始关注教育史研究，和教育史研究者进行交流和互动；（3）社会认可教育史课程和研究的价值，师资培训课程中教育史课程的开设已经逐渐被世人接受并认可。

正是在教育史学科英雄奎克的持续努力下，出现了一系列英国教育史

---

① J. W. Adamson, *A Guide to the History of Education*, New York: The Macmillan Company, 1920, p. 4.

② 王建华：《学科承认的方式及其价值》，《中国高教研究》2012 年第 2 期，第 12 页。

学科的经典文本。一部分教育学领域的学者追随奎克的步伐，表现出对教育史研究的热爱，并逐渐产生对教育史学科的认同感。在 1872 年至 1875 年的圣安德鲁斯大学，米克尔约翰（J. M. D. Meiklejohn）任捐赠学校委员会的助理［An Assistant Commissioner for the Endowed Schools (Scotland) Commission］，他对德国哲学很感兴趣，翻译出版了康德（I. Kant）的《纯粹理性批判》。在他的就职报告中，他提出由于受人文主义的影响，应强调教育研究中的历史方法。在爱丁堡大学，劳里（S. S. Laurie）教授对教育史研究的兴起和苏格兰教育发展起着重要的推动作用。他在任捐赠学校委员会秘书时，参与撰写了给议会的三篇关于苏格兰中学教育的报告。劳里还撰写了很多教育史作品，如 1881 年出版的《夸美纽斯生平及著作》（The Life and Writings of Comenius）一书。该书具有重要的史料价值，至 1898 年，已经发行了第六版。此后，他又相继出版了《中世纪教育与大学的兴起》（Mediaeval Education and the Rise and Constitution of Universities）（1886）、《前基督教时期教育的历史考察》（Historical Survey of Pre–Christian Education）（1895）、《文艺复兴以来的教育思想研究》（Studies in the History of Educational Opinions since the Renaissance）（1903）等著作。在这些作品中，劳里列述了古代埃及、闪族、中国、印度、希腊罗马时代直至中世纪的教育，并对文艺复兴以来夸美纽斯、培根、米尔顿、洛克、斯宾塞等教育学家的思想逐一评说。

之后，布朗宁（O. Browning）开始进行教育史的教学和研究工作，使得教育史学科在英国流行起来。布朗宁出生于 1837 年的伦敦，在伊顿公学（Eton College）接受教育，是威廉·约翰逊·科瑞（W. J. Cory）的学生。1860 年，毕业于剑桥大学。之后 15 年，他在伊顿公学工作，后因他的偏见性政治演讲而被辞退。1875 年，他回到剑桥大学。1876 年，任国王学院历史教师，后又任师资训练学院（Teachers' Training Syndicate）的秘书。自 1891 年至 1909 年，他任师资训练学院院长期间主持师资培训工作。他在教育史方面的贡献主要体现在两个方面：一是在师资培训中，他给学生主讲教育史课程；二是他撰写了一些教育史作品，开辟教育理论史研究。如《教育理论史导论》（Introduction to the History of Educational Theories）（1881）、为《大英教育百科全书》（Encyclopaedia Britannica）撰写的教育史词条。

布朗宁认为教育史不应只是奎克笔下的教育家生平和教育实践活动，

而应是教育理论演化的历史，是社会生活史的一部分。在布朗宁那里，教育史的范围等同于人类文化自身，涉及人类文化的时间和地点。在《教育改革家评论》中，奎克将教育史研究的时间上限追溯至文艺复兴时期的教育。而在《教育理论史》中，布朗宁将时间上限推至古希腊时期。在第一章中，他详细阐述了柏拉图和亚里士多德的教育理论思想。之后，他还讨论罗马和人文主义教育，也重复一些奎克的主题。像奎克一样，他充分利用德国的劳默尔的《教育学史》和施密特的《教育通史》。除此之外，对于那个时代早些时期的作品，布朗宁还涉及巴纳德的《德国教师和教育者的回忆录》(Memoirs of German Teachers and Educators)、威尔金斯 (A. S. Wilkins) 的《古希腊民族教育》(National Education in Greece) (1873)、内特尔希普 (R. L. Nettleship) 的《柏拉图理想国中的教育》(Education in the Republic of Plato) (1880) 以及奎克的《教育改革家评论》和《洛克的教育思想》(Locke's Thoughts on Education)。另外，本书也关注当时的扩大师资培训活动，尤其是在培训中学教师方面，给予更多的关注。

在《教育理论史》一书中，布朗宁明确指出教育史是师资培训课程中不可缺少的课程。布朗宁认为教育史对于教师的作用主要体现在两个方面："一是教育史能够给教师提供现存教育实践和教育问题的历史背景；二是教育史能够推动教师完成自己的工作，通过告诉教师过去伟大教育家已经尝试做了什么事情，以及伟大思想家认为教师应该做什么，使得教师能够在较易的条件下执行教育的原则和方法。"[1] 在布朗宁那里，一个合格的教师需要掌握丰富的教育史知识，这样才能使其在教育中作出合乎理性的判断。布朗宁认为教育史的研究方法，应是从纯哲学的角度对伟大教育家的教育理论思想进行概括和评论。从某种角度上来讲，布朗宁的作品也是传记式的，但是，和奎克的传记式研究不同。奎克主要关注的是教育家的生平和教育实践活动，而布朗宁将重心放在哲学视野下教育家的教育理论思想研究。

除了上述提到的教育史学家和作品外，这一时期还有西奥多·德雷恩 (A. T. Drane) 的《基督教学校和学者》(Christian School and Scholars)，这本书中保存了中世纪的教育史料。综上所述，奎克是英国教育史学的奠

---

[1] O. Browning, *Introduction to the History Educational Theories*, London: Kegan Paul, Trench, Trübner & Co. Ltd., Dryden House, 1905, Perface.

基者，由于他的卓越贡献，在英国教育史学上开辟了一个新时代——教育史学家阿米蒂奇称之为"奎克时代"，对后世英国教育史学产生了至为深刻的影响。他开辟英国教育思想史研究之先河，这种传记式编史体裁的教育思想史研究，后经布朗宁撰写的《教育理论史导论》，得到完善和发展，至今仍被英国教育史学界奉为正宗，成为编纂教育史的通用体裁。

在教育史学科之外，历史学家也发现了教育史。19世纪30年代，拿破仑战争激发了英国的民族爱国思想，这种思想推动英国民族和国家对历史做新的研究，甚至是人民群众也对历史产生了兴趣。1859年，达尔文（C. R. Darwin）的《物种起源》（The Origin of Species）出版和牛津学派的形成，促使英国史学界开始关注客观的"科学的"历史研究，英国历史研究开始变得更为科学和客观；并且，史学家开始走出教会史的狭隘范围，史学世俗化的趋势越来越明显，教育史开始引起学者们的兴趣。这一时期，教育史学科知识体系初步形成，关于教育史的知识单元、内容板块、应用领域、教材的编写体例等相关要素逐渐明确化，初步构建了教育史学科结构，为完整的教育史学科知识体系的形成奠定了基础。历史学家和社会学家对教育史学科给予了关注、认可和尊重。

同时，19世纪30年代，随着国家干预教育和人口数量的猛增，致使英国入学儿童人数翻倍。而合格教师人数却严重不足，教学质量下降。为了解决师资力量的匮缺，政府、学校、社会团体和教师个人都在呼吁师资培训，寻求解决问题的各种方案。师资培训需求的不断增加，促使训练学校的快速增加，参加教师证书考试的人数也渐增。伴随着英国对教师的需求量急剧增加，教育史作为师资培训课程的观念已经普遍被接受，社会认可了教育史的学科价值。

综上所述，教育史学科的第一代教育史学家的形成，是教育史学科得以兴起的"能源"，塑造了教育史学科的主体性。教育史学家对教育史学科的概念框架、学科理论、研究方法等方面给予了界定。历史学科、社会学科等相关学科对教育史学科的关注、认可和尊重，有效地区分了教育史学科与其他相邻学科的异同，是教育史学科兴起的助力。社会对教育史学科价值的重视，更有力地推动了教育史学科在英国的兴起。至此，教育史学家群体的兴起、相邻学科学者们对教育史学科的尊重以及社会对教育史学科价值的重视，共同构成了教育史在英国成为一门学科合法性的基础。

第三节　英国教育史学的创立

布朗宁之后，英国教育史学经过短时间的寂静。从 20 世纪初期开始，随着国家干预教育的呼声不断高涨，英国迸发出巨大的教育史写作热情。从教育史学科的形成方面来说，学者们逐渐将教育史学领入职业化阶段。在 20 世纪初至"二战"，政府为了干预教育，需要通过教育著述表达各自的教育改革观点；除此之外，还有两派教育史研究的群体，一是历史学家，他们依据自己的兴趣与爱好，以优美的文采向本国人展示教育历史的魅力和价值；另一派是教育学家，他们为了满足本国师资训练的需求，更加重视运用专业手段进行研究，积极向欧洲大陆教育史研究的先进水平靠拢。

一　英国教育史学专业化摸索

进入 20 世纪，英国加强干预教育的改革力度，颁布了许多法律和政策干预教育，如 1901 年的《教育法》（The Education Act, 1901）、1903 年的《教育（伦敦）法》［The Education (London) Act, 1903］及《教育（提供运作平衡）法》［The Education (The Provision) of Working Balance Act, 1903］、1906 年的《教育（供应）法》（The Education (Provision of Meals) Act, 1906），等等。这些法律政策颁布之前，政府会聘请英国一流的学者对法律政策的可行性进行历史分析，教育史研究的需求不断增加，教育史作品大量涌现，其中尤其以迈克尔·萨德勒（M. Sadler）和利奇（A. F. Leach）的研究较为突出。另一方面，随着普及义务教育的发展，要求师范学校培养更多的合格教师。1902 年后，英国形成了由国家宏观控制，大学、地方教育当局、教会团体三方直接参与的独特的师范教育管理体系，并形成由大学训练学院（系）、地方公立训练学院和地方私立训练学院三种不同性质的机构组成的较为完善的现代师范教育体系。随着师范教育的发展，教育史课程和研究受到越来越多的关注。在现代师范教育体系形成之前，虽然也有不少学者对于教育史进行了卓有成效的研究，但是这种研究是零星的、孤立的，始终未能成为一种大的气候。因此，教育史也就谈不上成为一门独立的学科。教育史要想乘着师范教育和国民教育快速发展的这股东风为自己赢得独立的学科地位，进而与文学和史学划清界限，就必须让教育史朝着专业化的道路发展。教育史学科要专业化,其中一个最重要的条件就是必须使教育史研究形成一种声势。不负后世史学家们所望的是伴随着英国国民教育的形成和师范教育的快速发展,英国教育史学的专业化时期也随之到来,第二代英国教育史学家形成,也称为英国教育史学科的英雄辈出时期。

英国第二代教育史学家的形成是20世纪初期英国职业教育史学家走向成熟的标志。然而,我们不能将这些教育史学家想象成美国、德国的教育史学派或是20世纪60年代后英国出现的教育史学流派那样有辉煌的成就。他们之所以代表教育史学科的英雄辈出时期,更为重要的是因为其中的教育史学家在思想上更接近欧美的教育史研究潮流,教育史研究更为科学和客观,并推动教育史学科在大学教育系的建立,为教育史学科成为一门独立的学科并走向专业化道路做出了突出贡献。教育史学要形成自己的学科体系,它必须有一支强大的研究力量,这种强大的研究力量不能光靠当时的人们自觉对教育史研究产生一定的兴趣并形成一定的气候,它必须有一种推动力来加速教育史学的发展,只有这样才能实现从量的突破达到质的飞跃。关于这一点,并不是每个人都看得很清楚,更没有多少人愿意为教育史学科的制度化付出实际的行动,而萨德勒、利奇、亚当森和沃森,他们用自己的毕生精力来推动教育史成为一门独立的学科。

1. 萨德勒:建立教育史课程大纲

在英国教育史学科建立的过程中,很少有人提到萨德勒的贡献。事实上,他的重要性是不容忽视的。一是在曼彻斯特大学时,他做出了详细的教育史教学大纲,为建立教育史课程做了很大贡献。二是他是英国第一个认可社会学价值的教育史家,不仅从他的作品中可以看出他对社会学研究价值的认可,而且1903年他还成为社会学会早期成员之一。在任曼彻斯特大学兼职教授的就职演讲报告《教育中的国家观念》(*The National Notion of Education*)中,他就明确了教育史研究的社会学方法。

萨德勒出生在英格兰北部的一个激进主义者家庭,毕业于牛津大学,师承格林(T. H. Green)和阿诺德·汤因比(A. Toynbee)等一批著名历史学家。1895年,在萨德勒的极力推动下,英国教育部建立了一个新的调查机构,即特别调查和报告局(Office of Special Inquiries and Reports),并任命萨德勒为第一任主任。该机构的主要任务是搜集欧洲、大英帝国的殖民地和美国教育体系的信息。在1895年至1903年任职期间,他着手撰写了11卷报告和15篇论文,并且组织众多专家进行讨论,搜集大量有关历史和社会的数据。同时，他还采用比较、历史的方法来启发公众对教育问题的关注。1903年至1911年，萨德勒担任曼彻斯特大学教育史和教育管理课程的兼职教授。他的职责是为师范生开设讲座，参与教育系的学生辅导工作。从1903年至1911年，萨德勒共开设24次讲座，主题是"英国教育史，1800—1911"。在讲座过程中，他引用任特别调查和报告局主任时获取的大量背景资料，以欧洲对英国教育的影响为切入点，并且吸收马修·阿诺德（M. Arnold）的一些观点。

萨德勒认为教育史研究应该遵循以下几个原则或方法指导：（1）提醒教育史家研究教育的演化史，不仅要关注学校环境、教师和学生，还应该关注社会的力量，社会因素更是维系学校制度的精神力量。"对教育制度的每一种持续影响，都要求社会的经济结构与它的伦理思想相协调"[1]——教育和社会的能动关系，一个社会之中的学校必须在社会背景中来研究。如在"贫穷法中的教育"和"工厂法和公共卫生法的教育性影响"的讲座中，萨德勒意识到社会力量与学校教育的相互作用在工人阶级学校教育起源中所起的作用。这些讲座中，萨德勒强调社会学方法在教育史研究中的运用，关注教育和社会之间的互动关系。而在当时英国教育史学界，萨德勒关于社会学方法的运用并未引起其他学者的关注。（2）提出教育史中的民族性概念，民族性成为分析教育资料的核心。萨德勒指出："任何出色的真实有效的教育都是民族生活与特点的写照。它根植于民族的历史中，适合于民族的需要。"[2] 萨德勒这一思想的提出，结束了以模仿和移植为特征的英国教育史学的兴起时代，从而为英国教育史学科的形成作出先驱性的贡献，为教育史学科开创了一个新局面。（3）萨德勒明确了教育史研究的目的和方法，就是要以"正确的精神和严谨的治学态度研究教育史，以促使我们更好地理解和研究本国现在的教育制度"。[3] 此外，他在曼彻斯特大学的教育史讲座，为学生开列很详细的教育史阅读书籍，并建立教育史课程大纲，为教育史学科在大学的建立奠定了基础。

通过萨德勒的努力，教育史学科有了自己学科的培养计划、课程大纲

---

[1] J. H. Higginson, *Selections from Michael Sadler*, Liverpool: Dejall & Meyorre, 1980, p. 13.

[2] M. Sadler, "The Unrest in Secondary Education in Germany and Elsewhere", in Board of Education, *Specal Reports on Educational Subjects*, Vol. 9, London: HMSO, 1902, p. 162.

[3] M. Sadler, "How Far Can We Learn Anything of Practical Value From the Study of Foreign System of Education", *Comparative Education Review*, Feb., 1964, p. 307.

和社会学的研究方法,尽管此时的教育史学科研究方法还没有体系化,但这已经为后期教育史学科的创立奠定了基础。

2. 利奇:开拓教育机构史研究

早在 16 世纪,虽然英国历史学家对大学史就有研究,但是,他们的著作中具有更多的感情色彩,是伴随某一事件而起的。之后,机构史逐渐退出史学家的视线,直到历史学家利奇的出现。利奇专治古代学校史,重视文件和记录,将学校史研究和文件记录联系起来。1884 年至 1915 年,利奇是一个慈善专员,由于其工作的特殊性,在这段时间里,利奇对捐赠学校有了很深的了解,并陆续撰写一些教育机构史的作品,如《宗教改革时期的英国学校,1546—1548》(1896)(*English Schools at the Reformation 1546 - 1548*)、《温切斯特学院的历史》(1899)(*History of Winchester College*)、《布拉德菲尔德学院的历史》(1900)(*History of Bradfield College*)、1899 年和 1903 年的《早期的约克郡学校》(*Early Yorkshire Schools*)、《华威学院的历史》(*History of Warwick School*)。除此之外,还有在《维多利亚县史》(*Victoria County Histories of Hampshire*)、《萨里》(*Surrey*)、《林肯》(*Lincoln*)、《北安普敦郡》(*Northamptonshire*)、《伯克郡》(*Berkshire*)、《德比郡》(*Derbyshire*)、《达勒姆》(*Durham*)、《格洛斯特》(*Gloucester*)、《苏塞克斯》(*Sussex*)、《约克郡和萨福克》(*Yorkshire and Surrolk*)、《贝德福德郡》(*Bedfordshire*)、《白金汉郡》(*Buckinghamshire*)、《赫特福德郡》(*Hertfordshire*)、《兰开夏郡和沃里克郡》(*Lancashire and Warwickshire*)、诺丁汉郡(*Nottinghamshire*)和《伍斯特郡》(*Worcestershirc*)等县史中的学校史。1911 年,在《教育章程和资料,598—1909》(*Educational Charters and Documents, 598 - 1909*)一书中,利奇给教育史研究提供了一个重要的资料性文献,如麦克卢尔(J. S. Maclure)在 1965 年出版的《1816—1963 年,英格兰和威尔士教育资料》(*Educational Documents, England and Wales, 1816 - 1963*)一书史料来源于利奇的著作。1914 年,利奇出版《中世纪的英格兰学校》(*The Schools of Mediaeval England*)一书,详细地阐述教育史研究的方法及教育史观念。除此之外,利奇还任孟禄主编的《美国教育百科全书》(*Encyclopedia of the the American Nation Education*)的副主编,为该刊撰写了数篇关于教育史的文章。同时为多卷本的《英格兰维多利亚史》(*The History of England in Victoria*)撰写其中关于学校历史的文章。

利奇对英国教育史学的主要贡献在于：他让英国教育史学家第一次明白教育史研究不仅仅是教育思想的研究，还应包括教育机构研究，扩大了教育史研究的范围。与美国历史学者、教育史学者进行了交流和互动，扩大了英国教育史学科的影响力。但是，利奇将历史的方法简单地移植到教育史研究上，这样得出的结论引起了英国教育史学科内部不少争议和抵制。这一时期，属于英国教育史学科自我意识萌生的初级阶段，即排斥其他学科的声音和否定其他学科的意义，来抬高教育史学科的地位。

3. 亚当森：构建教育史研究方法体系

1890年，亚当森被任命伦敦国王学院日间训练学院院长，职责是给学生做关于教育理论和教育史的讲座，并主管学生在校实习工作——这些为现代大学教育学系的建立提供了一个模板。在任期间，亚当森鼓励学生进行教育学术研究，并介绍了教育学学士学位，推动该专业的设立，鼓励更多的人从事教育史研究。教育学学科和教育学系的建立，使得教育史学家有了归属感，有了自己的家园，为英国教育史学科获得承认奠定了基础。除了发展国王学院的教育系部门外，亚当森还撰写了《17世纪现代教育先驱》（*Pioneers of Modern Education, 1600-1700*）、《教育简史》（*A Short History of Education*）、《1789至1902年的英国教育》（*Education in England, 1789-1902*）、《教育史入门》（*A Guide to the History of Education*）和《英国教育史研究的呼唤》（*A Plea for the Study History of English Education*）等作品。在《17世纪的现代教育先驱》一书中，除了重点介绍培根、夸美纽斯、哈特利普、佩蒂等人的教育思想外，亚当森还讨论了同时代的学校教育实践。同时，还将弗兰克（A. H. Franke）、约翰·杜里（J. Dury）、萨尔（D. Salle）的作品介绍给英国读者。1912年，在亚当森的倡议下，学者们出版了"教育经典作品的注解"系列丛书，其中他撰写关于洛克教育作品的注解。在这套丛书里还包括弗莱彻（S. S. G. Fletcher）关于福禄贝尔的阐释、阿彻（R. L. Archer）关于卢梭的解读、格林（J. A. Green）关于佩斯泰洛奇的作品等，这些为英国教育史学的专业化奠定了基础。

亚当森在国王学院的教育史研究工作很快被剑桥大学认可，并邀请他长期担任剑桥大学教育学会（The Education Syndicate）的理事和剑桥大学出版社的顾问，并且定期去剑桥大学进行教育史讲座。如前面所说，在奎克和布朗宁的推动下，剑桥大学的教育史学已经获得了很好的发展。在继承奎克和布朗宁工作和思想的基础上，亚当森给剑桥大学的教育史研究注入了新的血液。1907年，在为《英国文献历史》（History of English Literature）一书撰写教育的其中一章中，他列出一个综合性的书单——从中世纪到1902年《教育法》颁布前夕的教育作品大纲，为从事教育史研究的学者提供了一份极具价值的文献参考，为教育史研究在大学里谋取了一定的地位和价值。受其影响，"他的后任者认为教育史是一门值得研究的学问"。① 在担任剑桥大学出版社顾问一职期间，在亚当森的鼓励、推动和建议下，在20世纪的前20年里，剑桥大学陆续出版许多英国和欧洲其他国家的教育史方面的作品。除了夸美纽斯、米尔顿和洛克的作品外，还有伍德沃（W. H. Woodward）的《文艺复兴时期的教育》（Education during the Age of the Renaissance），蒙特莫伦西（J. E. G. de Montmorency）的《英国教育中的国家干预》（State of Intervention in English Education），劳里的《文艺复兴以来的教育观念》（Educational Opinion from the Renaissance），亚当森的《17世纪现代教育先驱》和《教育简史》，沃森的《1660年之前的英国文法学校》（English Grammar Schools）、《比维斯论教育》（Vivies on Education）、《老文法学校》（The Old Grammar Schools），杰拉尔丁·霍奇森（Geraldine Hodgson）的《法国教育研究》，利奇的《教育章程和文献》，雷特（R. S. Rait）的《中世纪大学的生活》（Life in the Medieval University），巴纳德的《皇家港口小学校》（The Little Schools of Port - Royal）、《保皇党论教育》（The Port - Royalists on Education）、《法国教育的传统》（The French Tradition in Educaton）以及艾琳·帕克（I. Parker）的《19世纪的初等教育》（Secondary Education in the Nineteenth Century）等作品，这些作品的出版为英国教育史学的繁荣提供了丰富的养料。

亚当森先前受奎克的影响，认为教育史研究应是教育思想的演化史，在这种思想指导下，1905年出版的《17世纪的现代教育先驱》一书即是奎克《教育改革家评论》的模仿版。后在利奇的影响下，他又认为教育史研究应该是教育机构史。正如亚当森本人所说："利奇第一次让我们明白了教育史不是思想史，而是教育机构史。"② 亚当森将教育史研究分为

---

① H. C. Barnard, "The Historiography of Education", in Peter Gordon and Richard Szreter, History of Education: The Making of a Discipline, London: The Woburn Press, 1989, pp. 119 - 120.

② J. W. Adamson, A Guide to the History of Education, New York: The Macmillan Company, 1920, p. 8.

三类：一是为了师资训练而进行的教育史研究，以奎克为代表。亚当森认为这类研究者中没有成功者，这类研究者追求教化，所以他们不关心教育史研究的要求，满足于复述那些古老的故事，是一系列个人传记。这些传记能给职业教师提供激情，也可能给从事教师职业提供某些帮助，他们将教育史理解成教育观念史，只关注观念，或者只关注传记，从来不关注历史。亚当森认为奎克的《教育改革家评论》一书中大部分主题都是为了唤起教育者从事教育工作的兴趣，但是在一些方面容易让人混淆，如教育史和教育观念，教育事实和作者的猜测或理想，这可能也是为何选择"essays"作为题目的原因。第二类是将教育史视为教育理论的演化，认为教育史是人类社会文化史的一个分支，教育史应涉及人类文化的某个时间或者地点。这一类书主要有布朗宁的《教育理论史导论》和亚当斯的《教育理论的演化》。第三类是教育机构史研究，如学校等，这些机构在特定地点、特定时间承担着特殊的职责。这类研究者更多地关注教育的目的，关注已经做了的事情，而不是某个思想家认为应该做什么。他们不关注思想，在思想之前去寻找阐明事实，这些思想也不影响教育实践。他们认为教育史不是传记，也不能用纯哲学的方法研究，而是按照历史线索的引导通过仔细研究获得的。这类研究者的代表是孟禄的《教育史教科书》(Textbook in the History of Education)、利奇的《中世纪英格兰的学校》(The Schools of Medieval England)和沃森的《英国文法学校》(The English Grammar Schools) 和《老文法学校》(The Old Grammar Schools) 等。

  亚当森重新确立教育史研究的范围，将教育史分为狭义和广义两类。广义上说，教育史是指社会生活的观念、原则和习惯的发展历史，这些观念、原则和习惯使得一个国家或大陆逐渐文明化；狭义上说教育史是指学校或其他教育机构的历史。在这些机构里，孩子和青年人为将来的社会生活做准备。教育史家研究教育史是在国家或民族的分类下开始的，因此，他们必须要考虑其他国家的影响。这个分类使教育史讨论的范围很广，既包括英国教育史讨论的主要问题，也包括其他国家教育史讨论的主要问题，由此可见亚当森是在调和英国和其他国家教育史研究的基础上折中提出一个统一的教育史研究的主要问题。之所以说亚当森是重新确立了教育史研究的范围，因为就英国教育史学而言，早在1868年奎克写教育史的时候，已经向后世的教育史学家树立了一个范本，在奎克看来，所有教育改革家的功业都是值得叙述的，而后的布朗宁则注重教育理论演化史。随后的教育史学家基本上都是依据他们两人的标准来进行教育史研究。直到利奇的出现，但是利奇简单地将史学的研究方法移植到教育史研究上，引起了很多的批判声音。因此，教育史研究要成为一门科学，对它的研究范围重新进行规范是很有必要的。而亚当森将教育史研究范围定为广义的社会生活的观念、原则和习惯发展历史和狭义的教育机构史。在对先前教育史学家批判的基础上，亚当森很大程度上将英国教育史学的发展推向专业化和规范化的阶段。除此之外，亚当森还在剑桥大学和国王学院开设教育史讲座，以此来培养教育史研究的专门人才。在亚当森的影响下，英国大学纷纷开设教育史课程。

4. 沃森：确立教育史学科的地位

在亚当森建立系统的教育史学方法体系的同时，沃森进一步确立了教育史学科在大学里的基础地位，因此，也被誉为英国教育史学创立时期的百科全书式教育史学家。他的主要贡献是：

首先，明确教育史研究的重要性，鼓励更多的人从事教育史研究。1914年，在《教育史研究》（The Study of History of Education）一文中，沃森精彩地分析了19世纪后期科学的发展是如何促进人文知识的历史研究。他强调教师不仅要具有科学技术知识，还应具有相关的背景知识，尤其是历史知识。沃森指出教师应该拥有像建筑师的职业热情，学会从古代大师身上获利。因为，任何普通职业行为的实际个人影响力取决于其知识量和所储备的智能，因此，教师对教育史知识的掌握有利于增加其储存能力，能够有助于从事教育这一职业。沃森希望教师能积极和认真地参与教育史的调查和研究中，并呼吁"所有的教育家们——教育部、教育董事会全体官员、董事会总监、教育主任、教育行政者、教师和家长，还有那些对教育持有想法的人们应该学习和研究教育史。只有这样，他们才有可能参与持续进步的全国教育的讨论中。并且，有助于他们获得在工作中所需要的资料，以便对教育问题做出正确的比较和判断"。[①]

其次，推动大学建立教育史专业的学位，提高教育史学科的学术性。1892年，沃森在《教育期刊》（Journal of Education）上撰文，明确指出教师任职证书不能引起普通公众的注意力。而学位是一种荣誉，每一个学

---

① F. Watson, "The Study of the History of Education", in Peter Gordon and Richard Szreter, History of Education: The Making of a Discipline, London: The Woburn Press, 1989, p. 27.

生都对学位有一种向往。如果教育科目能够等同于哲学 MA 的话，那么，教育就是一个值得研究的科目，就能在大学里获得它应有的地位，而教育史理应作为大学学位课程的一门基础科目设立。1893 年，针对伦敦大学决定给予教育一个更高的学位时，沃森指出："教育史应该具有同法律、医药、科学和音乐同等重要的学术地位，应有自己的学科原则和研究方法。"① 1894 年，他应邀担任阿波利斯特维斯（Aberystwyth）师资训练学院的负责人。在他的领导下，这个部门发展较快，每年培训出大批训练有素的教师，提高了大众教育的教育质量。另外，在师资训练学院，他有机会将思想付诸实践——发展和鼓励教育史研究。至此之后，教育史研究成为他的主要兴趣。在阿波利斯特维斯师资训练学院期间，他所进行的第一项改革就是建立全面的剑桥教师文凭课程，提出学术和职业培训应该分开的观点。10 年后，教育委员会（Board of Education）一致认为教师候选人的中级艺术或科学专业的标准是在两年学术训练之后需进行一个学年的职业训练。

最后，撰写教育史作品，明确教育史学科的指导原则。沃森的后继者认为："沃森是现代教育思想和实践的智力支流的制图师，这些投影图仍然被使用，并且其结果仍然是相关的。他将教育史研究引向学校，补充了同时代利奇对教育机构的研究。利奇从一个慈善委员会咨询员的高度来写文法学校，而沃森从一个教师的立场看待所有的学校。他相信通过教育史教师能够为现在确定目标。"② 简言之，就是他用神秘性来激发教师对自己过去的好奇心，以此赋予教师一个新的神圣阶级。除了对教育机构史的研究外，沃森还有一个特殊兴趣，就是研究西班牙文艺复兴时期教育家比维斯的作品，如在《都铎学校男孩的生活：比维斯的对话》（Tudor School – Boy Life: The Dialogues of Juan Luis Vives）一书中能够充分地体现沃森对比维斯的兴趣。1912 年，他又撰写了《比维斯和文艺复兴时期的妇女教育》（Vivies and the Renaissance Education of Women）一书；1913 年，剑桥大学出版社出版了他的"比维斯论教育"（De Tradendis Disciplinis）译稿。另外，沃森还撰写有关欧美教育家的文章，同时还为孟禄主编的《教育百科全书》撰写很多文章。受孟禄影响，他编辑了四卷本的

---

① W. H. G. Armytage, "Foster Watson: 1860 – 1929", British Journal of Educational Studies, Vol. 10, No. 1, Nov. 1961, p. 7.

② Ibid., pp. 5 – 6.

《教育百科全书和词典（1921—1922）》(*Encyclopedia and Dictionary of Education*, 1921 - 1922)。这套书对教育史相关的主题，教育史学科原则、实践和管理以及比较教育都进行了综合性的指导。

在萨德勒、利奇、亚当森和沃森努力下，英国教育史学的专业化逐渐形成，教育史真正成为一门科学。20世纪第一个10年，教育史学者称为英国教育史学科的英雄时代，这足以证明他们在当时的影响。"一战"之后，教育史研究确立了自己独特的研究天地。在专业化的要求下，三馆——图书馆、档案馆和博物馆成为教育史学家的天地。机构史、思想史成为教育史学家的研究模式。在这种模式下，教育史学家以博学多识为基础，以严密的教育史史料批判为手段，以民族国家教育体系发生学的方法为线索，以教育叙事为体例，从而描绘了西方的教育理论和教育机构的演化发展轮廓。同时，他们的作品给准备做教师的学生提供了教育史研究和学习的文献资料，通过鼓励和监督教育史学科高等学位的研究，推进大学教育系的发展。

二 英国传统教育史学的确立

英国传统教育史学的确立主要得益于两个方面：一是英国师资培训的改革；二是教育学的科学化运动。至"二战"前夕，原有的日间师资训练学院已经不能满足社会对师资培训的需求，因此，在一定程度地保留日间师资训练学院的基础上，英国成立大学教师培训部，借助大学学术方面的优势来提高英国教师的质量，以便能满足社会对教师的需求。由于在行政管理和实际教学中，过多地保留了日间师资训练学院的特色，实际上，师资培训和大学的联合是松散的，教师的质量依旧很低，并不能从根本上满足社会的需要。因此，社会对大学教师培训部的指责声不断兴起，将大学培训部视为培养不合格教师的主要地方。为了彻底解决教师质量下降的问题，一方面英国政府颁布《麦克奈尔报告》(*Mcnair Report*)，加大改革英国师范教育的力度，增强英国大学和师资培训机构之间的联系。在同一区域里，统筹规划师范教育机构，提高师资培训的水平。为应对"二战"后特殊时期的教师培训，1944年，英国政府又发表《教师的应急招募与培训》(*The Emergency Recruitment and Training of Teacher Scheme*) 计划，扩充英国教师数量，并提高英国教师质量。另一方面，政府还出台相关支持措施以促进英国师资培训。一是成立大学教育学院，与原有的师范学院一起承担本国师资培训的教材编写、教学计划和培训活动；二是改革师资培训的形式，使师资培训多样化。比如有全日制进修班、两年制的"部分时间制"进修班和一年制的全日制进修班，除此之外，还有一年制和两年制的培训班，培训结束后颁发专门的证书或文凭，推动师资培训发展的同时，也提高了师资培训的专业化水平。

除了师资培训改革的推动外，为了进一步提高教师的质量，切实利用大学的优势条件，教育学者开始掀起教育学科的科学化运动，随之而来的是教育史研究的科学化。相对于欧美其他国家而言，英国率先完成工业革命，但是传统古典主义教育的势力仍然十分强大，科学教育的实施情况并不理想。在牛津大学和剑桥大学，自然科学学科的设立一直比较迟，始终未能冲破古典教育价值观的束缚。牛津大学和剑桥大学顽固地坚持古典教育传统，其原因在于："这种教育，作为一种至高的智力训练，作为目的本身，作为培养真正的绅士的手段，作为所有体面职业的最好的基础训练，被证明是正确的。"[①] "英国大学的目的在于培养有教养的绅士……英国大学不搞职业教育，不鼓励研究工作，仅开设授给普通学位的课程，学位虽对成绩要求严格，但通过的标准较低。"[②] 随着近代科学的确立以及由科学引起的社会变革的胜利，英国学者开始关注科学和科学方法。19世纪60年代至70年代，在内外部压力下，牛津大学和剑桥大学增设一些自然科学教授职位，建立自然科学实验室。"19世纪70年代之后，自然科学的教学使大学获得了极大的声誉"。[③] 在一定程度上，这标志着英国大学对科学和科学技术的接纳和认可。进入20世纪，在英国学校，传统古典课程的霸权地位受到冲击，科学在课程中的地位开始上升，教育的科学主义革命开始。在教育史学界，教育史学家戴维森（D. Davidson）提出科学的重要性。他指出，"康德和孔德已经证实科学和哲学的重要性，如果没有科学和哲学，物理学是无意义的，同样的，对于教育史来说，没有科学史和哲学史，教育史也是没有意义的。教育史的阐释需要以科学理论和哲学理论为基础，并在科学的理论和宗教思想之间相互纠正，最后做出

---

① ［英］R. 奥尔德里奇：《简明英国教育史》，诸惠芳等译，人民教育出版社1987年版，第163页。

② ［英］J. P. T. 伯里著：《新编剑桥世界近代史：第10卷》，中国社会科学院世界历史研究所组译，中国社会科学出版社1999年版，第151页。

③ W. A. C. Stewart, *Higher Education in Postwar Britain*, London: The Macmillan Press Ltd., 1989, p. 30.

正确的阐释"。①1900年，在《教育史》(History of Education)一书中，戴维森清晰地呈现了上述观点。在戴维森看来，教育史是人类文明史的一部分，是人类进化的历史记录。戴维森一反陈旧的研究方法，他说"并不是我不赞同过去的著述及其作者，而是我们的研究目的不相同。这本书是第一部非传记式的教育史，标志着教育史学方法论的根本改变，并打开了这一学科的新局面。因而，它具有划时代的意义。"②继戴维森之后，博伊德对科学给予了回应，运用进化论的思想阐释了古希腊至20世纪教育科学的发展。同时，博伊德还指出教育史研究中应重视理论和实践的结合。

与此同时，大学教育系学者们也明确地声明：伴随着科学的发展，教育史学者的主要任务是以科学方法为指导阐释教育历史的发展。1937年，在《科学代表什么》(What Science Stands For)一书中，收录了兰斯洛特·霍本(L. Hoben)写的"公民教育"(The Education of the Citizen)。在霍本看来，英国大学教育学系应和科学联系起来，成为新人文主义的基础。之后，沃尔特·莫伯利(W. Moberly)在《大学的危机》(The Crisis in the University)一书中，也回应了教育科学化的呼声。莫伯利指出英国教育学者应转变教育研究的观念，其中也包括教育史研究。在研究过程中，以自然科学的方法为指导，探究教育发展历程。至此，在英国教育学者呼唤教育研究科学化过程中，教育史研究也逐渐迈向了科学研究的阶段。

伴随着战后教师队伍的扩充、师资培训专业化水平的提升以及教育研究科学化的呼声，对教育史教材的数量和质量上的要求都在不断提高。这一时期，不仅涌现众多教育史教科书，教育史的编写水平也达到前所未有的高度。除了博伊德的《西方教育史》之外，还出现了柯蒂斯(S. J. Curtis)的《英国教育史》(History of Education in Great Britain)、巴纳德(H. C. Barnard)的《1760年至今的英国教育史》(A History of English Education From 1760)、彼得森(A. D. C. Peterson)的《百年教育》(A Hun-

---

① W. H. G. Armytage, "The Place of the History of Education in Training Courses for Teachers", in P. Gordon and R. Szreter, History of Education: The Making of a Discipline, London: The Woburn Press, 1989, p. 51.

② H. Hutton and P. Kalish, "Davidson's Influence on Educational Historiography", History of Education Quarterly, Vol. 6, No. 4, 1966, p. 79.

dred Years of Education)、阿蒂米奇（W. H. G. Armytage）的《英国教育四百年》(Four Hundred Years of English Education)、麦克鲁（S. Maclure）的《1816年至今，英格兰和威尔士的教育资料》(Educational Documents England and Wales, 1816 to Present) 等作品。这些作品，在继承奎克、亚当森、沃森等老一辈教育史学家写作风格的同时，又关注当时教育改革的实践，形成了具有英国民族特性的教育史学传统，代表着英国传统教育史学的最高水平。

本 章 小 结

英国教育史学萌芽于中世纪基督教教会史研究。进入19世纪后，随着国家政治和社会体制的变化，以及学校和大学的发展，关于学校课程、教育方法、管理方法和学校演化等作品大量涌现，英国教育史学开始缓慢进入历史舞台。1868年，在《教育改革家评论》一书中，奎克开辟了系统的英国教育思想史研究之先河，创建传记式编史体裁。后经布朗宁的完善和发展，成为英国教育史学界正宗的编史体裁，而这一时期也被称为"奎克时代"。

20世纪初期，在萨德勒、利奇、亚当森和沃森的推动下，英国教育史学开始进入专业化的摸索阶段。人们将20世纪第一个10年，称为英国教育史学科的"英雄时代"，这足以证明他们在当时的影响。"一战"之后，教育史研究确立了自己独特的研究天地。在专业化的要求下，"三馆"——图书馆、档案馆和博物馆成了教育史学家的天地。机构史和制度史、思想史、政策史成为教育史学家的研究模式。在这种模式下，教育史学家以博学多识为基础，以严密的教育史史料批判为手段，以教育发生学的方法为线索，以教育叙事为体例，从而描绘西方尤其英国的教育理论、教育政策、教育制度、教育机构的演化发展轮廓。这种模式至20世纪50年代，一直是英国教育史学的主流。虽然，在20世纪50年代之后，这种模式遭受冲击和批判，但是，他们的作品却给当时准备做教师的学生提供了教育史研究和学习的文献资料。

第二章 辉格特色：英国传统教育史学的范型

在辉格史观的影响下，传统教育史学家将教育史描绘成由国家精英所引领的国家干预教育的逐渐进步的历史。

——麦卡洛克

如前所述，至 20 世纪 50 年代，英国传统教育史学的范型已基本确立，形成了具有鲜明辉格特色的教育史学，主要体现在以下几方面：在教育史观方面，传统教育史学主要呈现以今论古观、进步史观和精英史观的特征，突出教育史的宣传功能及对教育逐渐进步的颂扬。从研究对象上来说，主要是精英主义的研究，包括伟大教育家和改革家的教育思想史、培养贵族子弟的教育机构史、教育制度史和教育政策史。从研究方法上来说，传统教育史学主要是挖掘调查报告、国会纪要报告、官僚机构档案和教会档案史料，以史实来告诉人们教育历史是什么；从写作上来说，主要是事件和人物的教育叙事史；从教育史与其他相邻学科的关系上来说，传统教育史学强调教育史学科自身的自主性，描述教育历史采取"艺术式""个别描述式"的历史叙述方法，而拒绝运用"法则归纳式"和"科学式"的分析方法，很少运用社会科学的方法，对历史学、社会学等学科很排斥。

第一节 辉格教育史观

教育史观是人们对于已经发生的教育历史的总的观点和看法，是教育史领域中的世界观，反映的是理解教育历史的眼光与视野，在教育史学家主体意识和知识结构中始终居于核心地位，决定着教育史学家进行教育史研究的思维方式。因此，教育史学家在教育史研究和教育史阐释过程中所表现出来的教育史视域和教育史学思想都是根源于自己特定的教育史观。教育史学家的教育史观一般关心的问题：教育历史的发展过程是否是一种客观存在的进步发展过程？推动人类教育进步与发展的根本动力从哪里获得？政治、经济、文化等社会因素在教育历史发展的过程中到底起着什么作用？这些作用之间又存在着什么样的关系？基于特定的教育史观，英国传统教育史学家在自己的教育史研究领域中，对这些问题都给予了关注和研究。传统教育史学家正是用其特定的辉格教育史观来考察人类教育历史现象，从而构建起特有的教育史研究方法和框架。这种史观是传统教育史学思想的核心内容和理论基础，同时，又反过来指导他们的具体教育史研究实践。根据这样的思路，本节选择从以今论古观、进步史观和精英史观三个方面考察英国传统教育史学的辉格教育史观。

一　英国辉格史观的历史变迁

辉格党（Whig）和托利党（Tory）是英国历史上两个相对立的政党。辉格党拥护英国君主立宪制，限制皇家权力，致力于增强国会力量，政治上较为激进。19世纪初期，一群历史学家以维护辉格党的利益为出发点，将历史作为宣传辉格党政见的工具。1827年，英国著名辉格党人及历史学家哈兰（H. Hollom）的代表作《英国政宪史》出版。这部著作"虽然完全避免了党派热情，却自始至终地充满着辉格党的原则"，[①]开创了英国辉格史学。其后，另一位有代表性的辉格党历史学家马考莱（T. B. Macaulay）明确指出，在很长的时间中，"所有辉格党的历史学家都渴望要证明，过去的英国政府几乎就是共和政体的；而所有托利党的历史学家都要证明，过去的英国政府几乎就是专制的"。[②] 至20世纪，英国历史学主要呈现着辉格党人的史学传统，如屈维廉（G. M. Trevelyan）等这样的自由主义历史学家，其著作都继承了辉格史学的传统。[③]

1931年，英国史学家巴特菲尔德（H. Butterfield）认为辉格史学不仅仅是辉格党人所专有的，而是许多史学家无意识或有意识都存在的一种倾向。在《历史的辉格解释》（*The Whig Interpretation of History*）一书中，

[①] H. A. L. Fishor, *The Whig Historians*, London: Humphrey Milford Amen House, 1928, p. 12.
[②] Ibid., p. 6.
[③] 刘兵：《历史的辉格解释和科学史》，《自然辩证法》1991年第1期，第44页。

巴特菲尔德将辉格史从狭窄的英国政治史范围扩展至史学编纂学，成为史学编纂学的一个重要概念。在巴特菲尔德看来，"辉格式历史"或"历史的辉格解释"主要呈现以下几方面的特征："历史的解释方向是朝着英国宪政政治安排的，也就是朝向现代进步的故事；英国国会和君主立宪政体是人类政治发展的顶峰；前提假设是君主立宪政体是过去历代的理想，却忽视英国历史上君主和国会之间的多次权力斗争；假设过去的政治人物，以支持当前的政治信仰；假设英国史是迈向进步的历史，君主立宪政体是不可避免的结果；将过去的政治人物视为英雄，他们是促成政治进步的原因。"① 总之，"辉格式历史"主要包括三层含义：一是指以现在的观点探讨过去——以今论古观；二是指历史是逐渐进步的——进步史观；三是以自上而下视角研究历史——精英史观。

在巴特菲尔德看来，以今论古观是指历史学家站在新教徒和辉格党人的立场上进行历史研究，赞扬新教徒和辉格党人革命的成功，强调过去的进步原则，并颂扬当下及被当下认可的历史。这种史观代表一种谬误，史学家从历史脉络中抽象出历史事件，然后，跳出历史脉络作出有利于当今的判断结果，也就是直接参照现在的评价系统，评估历史事件并由此组织成历史故事。这种以今论古的观点，起源于时代的错乱，是所有历史诡辩的起源。从实质上来说，在辉格史学家那里是"无历史的"（unhistorical）。在"以今论古"的观点下，形成了历史研究中的另一个错误，即追寻现在事物的历史根源。正如巴特菲尔德所说："历史的辉格解释的重要组成部分就是，它参照今日来研究过去……通过这种直接参照今日的方式，会很容易而且不可抗拒地把历史上的人物分成推进进步的人和试图阻碍进步的人，从而存在一种比较粗糙的、方便的方法，利用这种方法，历史学家可以进行选择和剔除，可以强调其论点。"② "为了简化的理由，史家注意古今事件相似的部分，又在历史脉络中抽取出相似的部分，让它们成为强调的重点。"③ 因此，历史研究也就成为史学家进行的编剧工作，即历史学家选择符合今日主流话语的进步事物和事件进行历史的重组。

进步史观是指历史发展的过程是直线进步的，历史研究也就是在叙述进步的故事。在巴特菲尔德看来，历史作品的编写就是历史学家依据进步

---

① 周愚文：《辉格史学和教育史》，《教育研究集刊》2007年第1期，第4页。
② H. Butterfield, *The Whig Interpretation of History*, London: G. Bell and Son, 1931, p. 11.
③ Ibid., 32.

的原则，将关注点放在特定的人，将他们视为推动社会进步的主要力量，这也是辉格式历史的第三层含义——精英历史。因此，辉格史学家忽视了历史发展中其他因素的作用。例如，辉格史学家认为现在的英国是靠辉格党人数代的努力，而忽略了暴君与托利党的阻碍。事实上，它是两者不断互动与持久冲突的结果，它是彼此互动后，平衡、妥协与调适的具体化。辉格史学家倾向于认为英国宪法安全地传给后人，却忽视其中的变化，但事实上它是各派势力较量的结果。由于此种错误的观念，导致辉格史学家追求事物的根源。[①] 巴特菲尔德认为："历史发展的过程，不像辉格史家所认为的逻辑论证过程，而是由不断斡旋过程的分析，借此过去转变为现在，应该重历史过程而非历史中的人。"[②]

巴特菲尔德的观点受到历史学者和教育学者的关注，如在《方塔纳现代思想词典》（*The Fontana Dictionary of Modern Thoughts*）中，作者认为巴特菲尔德制造了"民族中心"（ethnocenter）一词，指出史学家将过去看成进步者（Progressives）与反动主义者（Reactionaries）之间的冲突故事，故事以辉格党的胜利结束，并由此带来了现代世界。史学家高估了当今与昨日之间的相似性，并错误地认为人们总是满意于行动的结果。事实上，结果可能并非过去的人所向往的或者真正想要的。而英国教育史学者麦卡洛克将"辉格史观解释为一种名词，现在主要是贬义，它描述历史研究的形式，此形式预设历史的发展历程是直线的、进步的。尽管巴特菲尔德对辉格史学的描述不是很精确，但是对于学术史家的影响渐增，20世纪70年代早期历史学者已经用辉格史观一词来批评教育学者所做的教育史研究成果。随后，巴特菲尔德的'辉格式历史'对教育史学界影响逐渐强烈"。[③]

二 以今论古观和教育史研究

英国传统教育史学正是在辉格史学盛行的时期兴起和繁荣的，深受辉格史学的影响。英国教育史学家劳（R. Lowe）将英国早期教育史著作，

[①] H. Butterfield, *The Whig Interpretation of History*, London: G. Bell and Son, 1931, pp. 36 - 37.

[②] Ibid., 42.

[③] G. Mcculloch, *Historical Research in Educational Settings*, Buckingham, UK: Open University Press, 2000, p. 31.

统称为英国辉格史派（Whig School）作品。依据其呈现的辉格特色，英国传统教育史学家可以分为三类：一是由奎克、劳里、布朗宁、亚当森和沃森为代表的师资培训者；二是以利奇、萨德勒、菲茨吉本·杨（R. F. Young）、朗兹（G. A. N. Lowndes）为代表的行政和立法的权威人士；三是以艾伯特·曼斯布里奇（A. Mansbridge）、玛丽·斯托克（M. Stock）和克雷克（W. W. Craik）为代表的教育改革的"参与者"。[1] 依据劳的观点，这三类教育史学家均是以今论古的教育史观，教育史研究的功能主要是历史宣传功能。正如麦卡洛克所说："20世纪60年代之前，英国的教育史研究受辉格史观的影响，传统教育史学家将教育史描绘成由国家精英所引领的国家干预教育的逐渐进步的历史。"[2]

教师培训者强调教师在人类文化传播中的重要作用，通过教师来实现教育传统的延续。通过对教育史课程的学习和研究，传播伟大教育家的教育思想和理念，解决教师在教学工作中遇到的问题，激发教师从教的激情。在他们看来，教育史研究与教育史写作的目的必将直接指向现在和未来。在《教育史理论导论》一书中，布朗宁强调研究历史对教师的实践功用，"教育史通过告诉我们一些名师已经付出的尝试，一些思想家的伟大设想，刺激教师们去努力完成教育家或思想家未完成的事业"。[3]

除了教师培训者外，还有以利奇为代表的教育立法或行政方面的权威人士，他们通过教育史研究来高歌自己所从事的教育改革。利奇参与城市文法学校改革，其作品均是以宣扬文法学校的重要性，宣传改革的重要意义为主，教育史的宣传功能尽显。他一生致力于探究文法学校的起源，却并未试图在一个时代的总体构成中——社会的、文化的乃至政治的构成中去理解这个时代的学校教育。更令人惊讶的是，他预先便知道文法学校起源在何处——源于中世纪，所以他描述的只是能够表明在中世纪的学校中带有对文法学校看法的那些成分。对于教育行政和立法的权威人士来说，他们需要通过教育史研究来宣传教育改革、教育立法的正确性和有效性，

---

[1] R. Lowe, *"History as Propaganda: the Strange Use of the History of Education"*, in R. Lowe, *History of Education: Major Themes, Volume I: Debates in the History of Education*, London and New York: Taylor & Francis Group, Routledge Falmer, 2000, pp. 238-254.

[2] G. Mcculloch, Historical Research in Educational Settings, Buckingham, UK: Open University Press, 2000, p.37.

[3] O. Browning, *Introduction to the History of Educational Theories*, London: Kegan Paul, Trench Trubner & Co. Ltd., 1881, Preface.

以此来宣传政府干预教育的可行性。例如菲茨吉本·杨在《青少年教育》(*The Education of the Adolescent*)、《哈多报告》(*Hadow Report*)、《斯彭斯报告》(*Spens Report*)等作品中,都一再用教育史证明教育变革的重要性,教育政策的可行性。这些作品多辅以详细的数据,有一定权威性。对于参与教育改革实践的一些人,多半在晚年时采用传记式体裁,以歌颂自己的业绩为目的来撰写教育史,以今论古观和宣传功能表现得更为淋漓透彻。如在艾伯特·曼斯布里奇的《劳工阶级教育的冒进》(*An Adventure in Working Class Education*)一书中,就歌颂了工人教育协会(Workers' Educational Association, W. E. A.)给成人教育带来的福音。这些传记以回忆和故事来支撑,有一定程度的主观性。

在教育历史的发展过程中,时间不是抽象的,人们普遍相信时间是一种客观存在物,时间因为作为构成教育史事件乃至教育历史的基本要素而成为教育史的一部分。"时间与历史之间的关系是:过去的事件已经成为历史,现在的事件正成为历史,将来的事件也将成为历史,过去、现在、将来这时间的三维组成以已经静止的过去为核心构成的历史显现的形式。作为历史内容的事件,随着这种形式由动态转为静态,二者结合于一体组成不变的历史存在。历史研究的过程即是在过去、现在和未来之间对连续发展的历史现象进行考察,从而进行历史的再创造,最后,完成历史的撰写"。[①] 教育史亦是如此。在传统教育史学家看来,教育史是呈现连续性的,任何时期和任何个人的教育历史都是具有连续性的。这种连续性是通过"过去"对"现在"的塑造与影响这一途径来实现的。教育史学家的任务就是寻找现实教育中"过去教育"的源头。"过去教育"已经为"现在教育"种下了种子,而"现在教育"只是"过去教育"的一种复制或延续。上述三类传统教育史学家,他们的作品大都呈现以今论古的观点,带有浓厚的辉格宣传特色,这也为后来新教育史学的兴起提供了契机。

三 历史进步观和教育史研究

历史进步观作为一种理论体系主要包括:"一是社会演化受规律支配;二是理性和科学是推动社会进步的动力;三是世界历史是一个统一和有目的的过程。历史运动的方向是前进的,各地的人类为进步作出贡献,

---

① 陈新:《西方历史叙述学》,社会科学文献出版社2005年版,第129页。

同时又继承、分享和继续创造文明成果。"① 英国著名历史学家柯林伍德（R. G. Collingwood）在《历史的观念》（*The Idea of History*）一书"科学的历史"一章中曾指出："19 世纪末从事历史研究的人，对于理论的东西毫无兴趣，他们反对哲学及历史哲学；虽然英国史学家回避哲学的思考，他们却深受当时思潮的影响。19 世纪末，进步的观念，被奉为天经地义，此观念来自天演论的自然主义思想，而强加于历史之上，其根源可追溯至 18 世纪时，历史学家认为历史是人类朝向理性的发展，但到了 19 世纪，理论的理性代表征服自然，实践的理性代表享乐的追求。根据 19 世纪的观点，人类的进步，等于越来越富有、愈来愈享受。"② 辉格派史学大师麦考莱写道："英国的历史虽有偶尔的停顿或短暂的倒退，但潮流的总趋向明显地是进步的。特别是近 160 年，即 1688 年以来的历史，是物质、道德、知识空前进步的历史，可以说一部英国史显然是进步的历史。"③ 埃克顿（L. Acton）更把历史进步观提到近现代历史写作基本范畴的地位，"我们必须承认人类事物中存在着一种进步，是历史据以写作的科学假设"。④ 麦卡洛克认为 20 世纪 60 年代之前，英国传统教育史学家采用进步史观的观点，认为人类社会的教育总体演变、阶段性发展是逐渐向前递进的。笔者根据传统教育史学家所认同的推动教育发展的动力，将其分为两种类型，一是以奎克为代表的自由—人文主义的进步教育史观；二是以沃森和博伊德为代表的科学主义进步教育史观。

第一，自由—人文主义的进步教育史观。

英国史学家阿伦·布洛克（A. Bullock）将西方人看待人和宇宙自然的思想体系分为三种模式："第一种模式是超自然的，即超越宇宙的模式，集焦点于上帝，把人看成是神创造的一部分。第二种模式是自然的，即科学的模式，集焦点于自然，把人看成是自然秩序的一部分，像其他有机体一样。第三种模式是人文主义的模式，集焦点于人，以人的经验作为

---

① 何平：《历史进步观与 18、19 世纪西方史学》，《学术研究》2002 年第 1 期，第 82 页。
② ［英］柯林伍德著：《历史的理念》（*The Idea of History*），黄宣范译，台北出版社 1981 年版，第 151 页。
③ 谭英华：《试论麦考莱的史学》，《世界历史》1983 年第 1 期，第 43—44 页。
④ L. Acton, "A Lecture on the Study of History", in *Cambridge Modern History*, Vol. Ⅰ, Cambridge, 1902, p. 4.

人对自己、对上帝、对自然了解的出发点。"① 因此，人文主义也即指人看待人和宇宙的一种独特的方式。根据意大利学者德·拉吉罗（G. Ruggiero）的观点，自由主义的灵魂诞生于资本主义现代文明，滋润了资本主义社会中政治、经济、文化、法律、教育、道德、思想和艺术等各个领域。从杰里米·边沁（J. Bentham）、爱德蒙·伯克（E. Burke）、约翰·斯图尔特·穆勒（J. S. Mill）、詹姆斯·穆勒（J. Mill）、亚当·斯密（A. Smith）到托马斯·阿诺德（T. Arnold），自由主义所倡导的自由、平等、完美成了文化思想交锋的主旋律，也是反观资本主义工业化社会现实的一面镜子。如果说人文主义是推动早期资本主义现代性一往无前的精神动力，自由主义则唤醒了资本主义社会中人对自我的了解和自我所拥有的精神价值的肯定。在18世纪末至19世纪初，英国人文思潮和理性主义交融在一起，形成了中产阶级文化精英的自由—人文主义思想。

作为19世纪自由—人文主义思想家的英国第一代教育史学家奎克自然对英国教育的前途充满信心，对自由主义深信不疑，坚定的自由主义信念深刻影响着奎克的教育史观念。奎克站在自由—人文主义的立场，批判英国教育界对教育史的忽视，指出："如果不能很好地了解我们教育的过去，那我们就不能很好地认识现在的教育，并预示未来教育的发展趋势。"② 在揭露了英国教育的弊端后，奎克提醒学者们注意国民教育观念危机，这是呼唤拯救力量的第一步，"改革目前教育状况，需要从以前的教育改革家那里吸取经验"③，奎克认为从以前伟大的教育改革家的思想中寻找精神的佑护，因为正是这些伟大的教育改革家改变着教育，推动着教育的不断进步。奎克注重的是人类个体在教育发展中的作用，他没有能够去研究教育思想家所处时代的社会、政治、经济等背景，他所看到的只是一部英雄史，把教育改革家视为教育历史的推动者。

约翰·麦肯齐氏（J. S. Mackenzie）在评论奎克的《教育改革家评论》中指出："奎克先生在这本书中深受托马斯·卡莱尔和托马斯·阿诺德影响，吸收人文主义和自由主义的思想，并在多处引用卡莱尔和阿诺德

---

① ［英］阿伦·布洛克著：《西方人文主义传统》，董乐山译，生活·读书·新知三联书店1997年版，第12页。

② R. H. Quick, *Essays on Educational Reformers*, New York: D. Appleton and Company, 1903, p. 1.

③ Ibid., p. 1.

的话来论证。"① 斯托尔（F. Storr）在《奎克的生平及作品》（Life and Remains of The Rev. R. H. Quick）一书中，系统地分析了奎克在创作《教育改革家评论》一书的背景及其思想精髓。斯托尔认为，《教育改革家》一书是奎克对英国教育方法不满的结果，在对欧洲大陆教育方法比较之后，奎克认为应该通过阅读一些教育改革家的思想来实现对英国教育的改革。从社会思想上来说，奎克的思想符合维多利亚时期的主流文化价值取向，即保守的稳健和进步的风潮时尚，其教育史评价的标准，也符合教育制度的一贯性和观念的可行性。在英国官方，这一时期，主要歌颂的是凯·肖特沃斯（K. Shuttleworth）、斯宾塞（H. Spencer）和阿诺德（M. Arnold）等对英国教育的贡献，对于较为激进的欧文（R. Owen）则略过不提。在《教育改革家评论》一书中，奎克以保守的观点为基础，认为教育改革需从理性、务实、稳健的角度，注意教育制度的渐进改革。

第二，科学主义的进步教育史观。

19世纪科学的迅猛发展以及随之而来社会对科学所持有的乐观情绪，为实证主义教育史学提供了良好的土壤。他们不但将教育知识描绘成最具客观性的知识，将教育事业描绘成最具价值中立性的事业，还将教育的历史视为科学教育知识或教育思想不断发展和进步的历史，科学、科学事业、科学的历史成为教育进步的最佳表征。正如我国著名历史学家张广智先生所言："在实证主义史学的确立时期，科学一词的观念在本体上意味着客观，在认识上意味着规律，在心理上意味着确定，在价值上意味着进步。实证主义史学得以确立并非由于它与自然科学的同构性，而是借助于人们普遍对科学本身认识的肤浅，以及洋溢于社会中的对科学成就的盲目乐观。"② 1914年，沃森抛出科学在教育史研究中的重要性的观点，认为科学不仅推动历史的发展，同样推动着教育的进步。对于沃森来说，科学意味着一种信念，即通过科学能够克服获取知识的局限性，使人的认识能力提高到一个新的高度。科学同时也是一种研究方法。自然科学的发展推动了教育理论的发展，培根让教育家们学会了在教育中运用观察法、试验法及归纳法，这也就意味着分析的严格性，以及谨慎地对待事物的组成要素，以便在把知识组合成体系时，使各种知识保持一致。科学的发展，促

---

① S. J. Mackenzie, "Essays on Educational Reformers", in R. Herbert Quick, *International Journal of Ethics*, Vol. 1, No. 2, Jan., 1891, p. 258.

② 张广智著：《西方史学史》，复旦大学出版社2000年版，第228页。

进了人文学科研究方法的改变，在教育史研究领域中也发生了类似的变化。沃森用建筑的方法来比喻教育史研究的方法，指出教育史研究应该借鉴自然科学的方法，在教育史研究中必须遵循科学发展的一定程序。在《比维斯论教育》中，沃森强调数学科学和历史的重要性，并且尝试探寻数学科学和历史在教育发展进程中的作用。

在《西方教育史》一书中，博伊德更是将科学主义的教育史观阐释得淋漓尽致。博伊德的进步史观直接受达尔文和马克思进步史观的影响。他十分赞同卡尔文在《物种起源》（The Origin of Species）一书中提出的观点——"生物正是通过遗传、变异和自然选择，从低级到高级，从简单到复杂，种类由少到多地进化着、发展着"①。他极力反对依然存在于英国教育中的保守主义思想。他写道："在英国，达尔文的观点被片面地理解为竞争和为优等民族提供论据的理论。但是，最终，英国人接受了达尔文观点中的一小部分——科学，达尔文最大的功绩就是充分意识到人类正在经历着进步，理性和科学的进步就是人类的进步。"②他强调"不管我们自己或其他民族，在特殊的促进作用的环境中，都能进化得很快……因此，我们以反对各种主要的教条主义的姿态加入到达尔文的行列，并信仰进步的观点"③，但是，在博伊德那里，从长时段来看，教育史学家必须要研究历史上的基本的动态因素——社会生产的进步。博伊德认为："关于马克思的教育思想，虽然读者可以在其他作品中看到详细的论述。但是，在教育史的作品中，我们不能忽视马克思著作中具有革新的历史观点。"④他认为，"马克思在1859年发表的著名《政治经济学批判》序言里，就试图回答人类历史的进步是否可能的问题，是迄今为止有关这个问题最系统和严肃的反思成果，马克思关于此历史基本问题的概括和普遍观点在同期的其他著作中也得到详细论述。博伊德坚信马克思明确深言历史是进步的正确性，深信以技术发展基础的社会进步。因此，博伊德认为英国教育史的发展就是一个不断进步的过程"⑤。

除了以今论古观和进步史观之外，英国传统教育史学的辉格特色还表

---

① [英]博伊德·金:《西方教育史》,任宝祥、吴元训译,人民教育出版社1985年版,第381页。
② 同上书,第381—382页。
③ 同上书,第382页。
④ 同上书,第383页。
⑤ 同上书,第383—384页。

现在精英史观。以上论述中,笔者已经涉及传统教育史学的精英史观,在接下来的一节里,将继续深层次探讨传统教育史学研究对象的精英选择。

第二节 国家干预教育的历史赞歌

如前所述,传统教育史学的兴起、发展和全盛时期几乎和英国国民教育体系兴起、建立的时间相吻合,换句话说,传统教育史学随着国民教育体系的兴起和建立而发展。依据传统教育史学的教育史观,国家干预教育的历史最能体现社会发言人的意志,因此,成为教育史著作的主要内容。从英国传统教育史学庞大的教育史学著作来看,基本上都是以国家干预教育为主题的。可以说,英国传统教育史学是在书写一部国家干预教育的历史,其教育史学与民族国家的形成有着密切联系,这是英国传统教育史学著作的特点之一。通过国家干预教育史著作,不仅可以窥见传统教育史学家对国民教育、国民教育和历史的关系的看法,还可以从中悟出传统教育史学著作是如何受其政治观念、政治主张影响的。笔者认为,传统教育史学的以今论古、进步史观和精英历史观三个方面的内容,都蕴于传统教育史学思想的深处,而传统教育史学与国家干预教育以及由之而来的种种问题,将这三个方面一一呈现出来,这是传统教育史学思想的全面体现。笔者认为,传统教育史学的研究对象经历了从"西方教育史"到"英国教育史"的一个流变,在整个过程中主要以教育思想史、教育制度史和教育机构史、教育政策史研究为主,但是,从特点上看,无论是对西方教育史的研究,还是一战后,对英国本土教育史研究的呼唤,都是建立在"西方中心论"基础上的,主要是阐释国家在教育发展过程中的作用。

一 西方中心论:教育史研究的立足点

在探讨英国传统教育史学的研究对象之前,我们先简单地阐述"西方中心论"的来源及其与英国传统教育史学的关系。

"西方中心论"可以追溯至18世纪末的德意志哥廷根学派,后经黑格尔(G. W. F. Hegel)的阐释,在西方开始盛行起来。在黑格尔看来,虽然历史是从东方升起的,但是,历史运动却在普鲁士的君主立宪制度上结束,即黑格尔认为西欧是世界历史的中心。之后,兰克(Leopold von Ranke)明确指出有些民族不具备谈及文化和思想的基础和条件,只有伟大的拉丁民族和条顿民族才能孕育出人类的思想和文化。因此，自古希腊罗马时代，拉丁民族和条顿民族就一直是人类历史的主角。至19世纪上半期，由于英国率先完成了工业革命和西欧社会经济获得快速的发展，因此，"西方文明优越"的观点长期流行于西方。在此影响下，在历史编纂中，"西欧中心论"逐渐演化成"欧洲中心论"，最后，形成"西方中心论"的完整形态。"对于教育史研究而言，西方中心论的形成是历史、社会和宗教发展的产物。在历史上，制度化的学校教育和系统的教育史编写都起源于欧洲。教育史学者总是从欧洲视角和心态看教育，以西方文明为中心是合乎逻辑的结论。古代史上，亚历山大之后几百年被称为'希腊化'时代，就是从西方人眼中看历史，完全忽视了东方文明对西方的影响。19世纪末，西方中心论又因社会进化论的流行得到强化。社会进化论暗含着欧洲种族中心主义——把欧洲文明当作全人类最先进的楷模，将西方价值凌驾于其他民族之上，为欧洲人向海外扩张提出辩护。殖民者成为全世界传播文明，指导落后民族迈向进步的使者。欧洲人心目中的文明世界即是白种人统治的基督教文明世界。"①

在英国教育史学的兴起和传统教育史学兴盛时期，正是"西方中心论"在欧洲盛行阶段。这种基督教普世主义逐渐被世俗化、政治化，这一意识形态必然反映在教育史的研究工作中。在英国第一代和第二代的教育史学家的著作中，能够清晰地看到"西方中心论"的痕迹，至威廉·博伊德时期，这种观念到达极点。在奎克的《教育改革家评论》一书中，明确地声明："最好的教育在德国、法国、美国，而最好的教育史作品在德国。"② 在这本书中，奎克对西方数十位教育改革家的教育实践和生平进行了记录和考察，对美国教育的关注也很少。在1890年第二版中，奎克受巴纳德的影响，才加入对美国教育的分析，不难看出，奎克作品中的欧洲中心论的情结。在亚当森的《现代教育先驱：1600—1700》（*Pioneers of Modern Education, 1600 - 1700*）一书中，阐释了17世纪至18世纪西方伟大教育家思想的形成，以及对当时教育有何影响。在博伊德的按时间顺序进行叙述的《西方教育史》一书中，西方教育是考察的中心，足以看出博伊德的西方情结。博伊德立足于对西方教育的发展作系统的阐述，而

---

① 杜成宪、邓明言：《教育史学》，人民教育出版社2004年版，第426—427页。
② R. H. Quick, *Essays on Educational Reformers*, New York: D. Appleton and Company, 1903, pp. 1 - 2.

其前提假设就是西方教育的优越性和例外性。正如博伊德在序言中所说："西方教育史是从希腊人在纪元前几百年对教育的探索开始,一直到20世纪科学教育学创始为止……在国别上,我的重点放在理论方面取得领导地位的国家——英、法、美、德,同时,还兼顾英格兰、苏格兰、爱尔兰和美国的比较。"① 不难看出,博伊德成为欧洲人,甚至英国人的教育和文明独创性热情的讴歌者和赞美者。博伊德认识到人类教育历史是关于人类进化的记录。为了更好地强调教育的进化并阐明现在对过去的依存性,博伊德试图通过社会发展的前后关系来阐述教育制度和教育原理,并且力图将西方式教育（Western-Style Education）推行到更多的地方。"尽管西方教育中存在一些不合时宜的东西,但是,这些都不足以影响西方教育的优越性。三十多亿人要求加速度的、比较经济的、不太外行的方式推行西方教育,把它吸收到不同结构的人口的各种学习机会中去,并抱着不同的希望。因此,以优先权来安排西方教育。"② 传统教育史学家认为,正是欧洲自第一次工业革命以来奠定的发展优势,使欧洲理所应当地成为世界教育发展的中心,成就了欧洲教育史的特殊性,因此,传统教育史学家习惯于在欧洲中心的思维定式中思考教育问题。

　　第一次世界大战的爆发到1950年,是世界历史的大灾难时期。英国在两次世界大战中,国际地位不断下降,而美苏两国的国际地位的提高,这些因素都迫使传统教育史学家的视线从西方国家即德、法、美转移到英国本民族的国家教育史的研究上。1946年,在《英国教育史研究的呼唤》（A Plea for the Historical Study of English Education）一文中,亚当森指出英国教育家一直从事着外国教育理论和作品的研究实践,使得外国的教育理念或作品在英国得以流行,如德国、美国、法国的教育作品。但是,英国国家已经在教育的发展过程中发挥了重要的作用,教育在民族国家的政治和生活中扮演着重要角色。并且,英国教育有自己的原则,以及本国有很多有重要影响的教育理论,而英国教育史学家却忽视了本民族教育的传统,忽视了本民族教育史的研究。亚当森提醒英国教育史学家,在他们传播外国教育理论和观念时,事实上,在英国,这些思想已经萌发。如当英国教育家沉迷于福禄贝尔的理论和方法时,在狄更斯的《家常话》

---

　　① [英]博伊德·金著:《西方教育史》,任宝祥、吴元训译,人民教育出版社1985年版,1921年版序言。

　　② 同上书,第3页。

(*Household Words*）刊物上就已经出现了介绍幼儿园的文章；并且英国幼儿园已经出现了比福禄贝尔的思想更有指导意义的基本原则和教学方法。亚当森还指出对英国本民族教育史的研究，可以给英国当时教育改革和教育发展提供一些借鉴意义。如果英国政府缺乏对英国教育的整体历史把握，就会把谬误当成真理，就会错误地将从单个思想家那里得出的特殊原则、方针、实践和系统，适用于任何时代任何地方的教育实践，这样就会导致教育改革的失败。事实上，教育必须符合本国的民族性，是某个时代国家的反应。因此，那些声称教育是属于德国、美国系统的，这些观念是错误的，也必将会消失。因为，这些依靠翻译的教育理论而进行的教育实践，远远隐藏了国家教育的自然发展结果。对英国人最重要的教育理论是本民族的教育理论，这是英国教育发展的基础。① 亚当森唤醒英国教育家对本民族教育历史的重视，教育史研究的中心从德国、法国、美国转移到英国。因此，我们毫不怀疑亚当森教育史学思想中具有明显的英国本民族倾向，他极力渲染英国传统教育的优越性。除了亚当森之外，还有沃森和贝蒂也在呼唤英国本民族教育史研究。在《教育史研究》中，沃森认为只有教师掌握了本民族教育史知识，才能成为民族精神的传递者和代言者。② 贝蒂则指出英国没有出现教育史作品的原因是英国人对传统的妥协和回避，并且，缺乏德国人的抽象思辨的思维模式。因此，大部分作品都是翻译国外的教育史作品。但是，伴随着对教育史研究需求的增加，仅仅译介已经不能满足本国师资培训的需要。③ 因此，贝蒂呼吁教育学者应对本国教育史进行研究。1948年，柯蒂斯的《英国教育史》和巴纳德的《1760年至今的英国教育史》可以看成是亚当森、沃森和贝蒂的民族国家教育史呼声的成果。

正如英国教育史学家贾曼（T. L. Jarman）所说："从奎克的《教育改革家评论》到二战后的柯蒂斯的《英国教育史》、巴纳德的《1760年至今的英国教育史》以及我的《教育史中的大事件》（*Landmarks in the His-*

---

① J. W. Adamson, "A Plea for the Historical Study of English Education", in Peter Gordon and Richard Szreter, *History of Education: The Making of a Discipline*, London: the Woburn Press, 1989, pp. 39 – 41.

② F. Watson, "*The Study of the History of Education*", in Peter Gordon and Richard Szreter, *History of Education: The Making of a Discipline*, London: the Woburn Press, 1989, p. 28.

③ H. M. Beaty, "*The History of Education*", in Peter Gordon and Richard Szreter, *History of Education: The Making of a Discipline*, London: the Woburn Press, 1989, p. 32.

tory of Education）等作品，都明显地呈现出欧洲传统和教育史学家的欧洲情结。"① 笔者认为无论是对西方教育史的研究，还是对英国教育史研究，传统教育史学家均是建立在"西方文明中心论"的观点上进行教育史编写工作。

二 民族国家：教育史研究对象的焦点

在传统教育史学家的观念里，教育史著作是翔实地探讨国家、政权以及国家发言人在教育发展中所起的作用。因为国家、政权及国家的发言人的存在是不可忽视的，教育史研究者通过探讨他们在教育中的作用，能够更好地把握教育发展的主要脉络、教育的发展方向以及决定教育发展的思想观念，最终能够理解整个教育历史。因此，无论是国家、政权还是发言人，英国传统教育史学研究对象的焦点都是集中在民族国家的层面上，教育史研究呈现出明显的"政治性"，正如西尔弗所说："传统教育史学的兴趣重点，无疑是政府对教育的干预，集中于学校和学生数量、财政、学校董事会的政治层面、教育政策、选举以及教育在民主历史的意义，教育行政机构的发展、督学和教师会制度的发展……传统教育史学家主要要弄明白政府和国家在过去教育发展中所扮演的角色，他们用现代工业的民族国家做相关性的试金石。"②

（一）推动国家干预教育的思想史研究

在英国，教育思想史研究最早出现在克劳德·马塞尔（C. Marcel）的《语言作为智力文化的一种方式》（*Language as Means of Mental Culture*）一书中。后来在奥古斯塔·西奥多·西娅德雷恩（A. T. Drane）的《基督教学校和学者》（*Christian Schools and Scholars*）一书中，将教育家的思想作为专门一章来论述。在这本书中包括两个部分，第一部分是基督教学校的兴起，第二部分是经院主义哲学群体的兴起。整本书主要详细论述了圣博尼费斯（St Boniface）和他的同事们在基督教学校和经院主义哲学群体形成中的作用。1868 年，在借鉴马塞尔和西娅德雷恩作品的基础上，奎

---

① T. L. Jarman, *Studies in the History of Education*, British Journal of Educational Studies, Vol. 1, No. 1, 1952, p. 64.

② H. Silver, "Nothing But the Present, or Nothing But the Past?", in Roy Lowe, *History of Education Major Themes*, Volume Ⅰ, *Debates in the History of Education*, London and New York, 2000, p. 181.

克首次提出教育思想史研究的重要性,并把教育思想和进步联系起来,给英国教育史学界树立了一个范型——教育思想史研究。后经布朗宁的《教育理论史》和亚当森的《现代教育的先驱,1600—1700年》奠定了英国教育史学的思想史研究的传统。在他们看来,要理解教育历史,就是要洞察和把握隐藏在教育历史背后的思想。教育思想有着自己的传统,从古至今教育思想以它们自己的方式发展,在这一演进中,教育思想远远超过教育法律和教育政策的地位,扮演着教父和教母的角色,传递给后代一种教育信仰。在奎克成为剑桥大学的教育史讲座教师时,他所作的首次演讲中就指出:我们的任务就是把握教育思想的演进,这些思想不是教育事件的结果,而且是教育事件发生的原因。布朗宁接任奎克之后,他努力将教育思想史确立成教育史讲座的主要内容和教育史研究的重要领域,并建立了教育理论思想研究的方法论体系。在他看来,教育思想史不只是奎克笔下的教育家的教育实践,而且是教育家的理论思想,是理性的思想。除了理性的一面以外,布朗宁还关注到非理性的一面,如意志、想象等。之后,教育思想史被英国学者普遍接受,并成为英国教育史学的一个重要研究领域。

在英国,教育思想史包含了教育哲学史的部分,特别强调柏拉图和欧洲文艺复兴时期的教育思想家。如夸美纽斯和洛克的教育思想的影响、詹姆斯·穆勒(J. Mill)和功利主义者、卢梭(Jean Jacques Rousseau)、爱尔维修(Claude Adren Helvetius)和法国大革命时期的教育思想家以及19世纪20年代的国际进步运动——福禄贝尔(Fridrih Wilhelm August Fr-bel)、蒙台梭利(Maria Montessori)、裴斯泰洛齐(Johan Heinrich Pesta-lozzi)和杜威(J. Dewey)的思想。传统教育史学家挖掘这些教育思想为现在教育提供传统的基础,寻找现在教育的根,以及探寻对现在国家干预教育的影响。这种撰写方式,后来被新教育史学家认为是"发明传统",以支持现在国家干预教育的改革和政策的颁布。传统教育史学家一直认为传统是罗马和基督教、自由、保守、知识为本等,教育史著作一般按照这几个主线进行撰写和分析,如:奎克的《教育改革家评论》、布朗宁的《教育理论史》、亚当森的《现代教育的先驱,1600—1700年》、劳里(S. S. Laurie)的《自文艺复兴以来教育观念史研究》(*Studies in the History of Educational Opinion from the Renaissance*)、威尔金斯(A. Wilkins)的《罗马教育》(*Roman Education*)、内特尔希普(R. L. Nettleship)的《柏拉图理想国中的教育理论》（*The Theory of Education in Plato's Republic*）、格温（A. Gwynn）的《从西塞罗到昆体良：罗马教育》（*Roman Education from Cicero to Quintilian*）、杰拉尔丁·雷奇森（G. Hodgson）的《早期基督教教育》（*Primitive Christian Education*）、博伊德（W. Boyd）的《卢梭的教育理论》（*Educational Theory of Rousseau*）和麦卡利斯特（W. J. McCallister）的《教育中自由主义的增长：历史角度的批判》（*Growth of Freedom in Education—A Critical Interpretation of Some Historical Views*），等等。

除了这些教育哲学家和理论家的思想被关注外，推动教育实践变革的著名人物——教育改革家和实践家的思想也被记录。如在欧洲和美国尝试将教育理论和实践联系起来的伟大人物，这些人物一般推动了当地学校的建立，推行一套行之有效的管理方法或者是推动了学校改革等。如阿斯科姆（Ascham）被描述成教育导师；马尔卡斯特（Mulcaster）被誉为学校的主人；詹姆斯·穆勒（J. Mill）和罗伯特·欧文（R. Owen）被描述成教育实践者；马萨诸塞州的贺瑞斯·曼恩（H. Mann）和英国的詹姆斯·凯（J. Kay）爵士则被誉为教育管理者和开拓者；蒙台梭利和进步的教育工作者们被誉为关心学校、教室、儿童的教育改革者；等等。这类作品多采用传记的形式来书写，如康奈尔（W. F. Connell）的《马修·阿诺德的教育思想和影响》（*The Educational Thought and Influence of Matthew Arnold*）、阿蒂米奇的《芒代拉，1825—1897 年：劳工运动的自由主义背景》（*A. J. Mundella, 1825 – 1897: the Liberal Background to the Labour Movement*）、约翰·利斯（J. Leese）《英国教育的名人和影响力》（*Personalities and Power in English Education*），等等。除了人物传记的记录外，还有拉斯科（R. R. Rusk）的《幼儿教育史》（*A History of Infant Education*），在这本书里，拉斯科描述了幼儿教育思想者的思想历程以及对幼儿教育发展的影响。

在学校的教育史课程和推荐阅读的书目中，大部分是关于著名教育家的相关书籍，如赫尔巴特（J. F. Herbart）、马卡连柯（Makarenko, Anton Semiohovich）和杜威等。正如博伊德所说："参照公认的伟大教育家的经验和思想来加以说明丰富多彩和变化万端的教育发展。因为伟大教育家最完善地体现了时代的精神，并且他们在理论或实践方面对各类学校的传统都做出了新贡献。"① 在贾曼的《教育史中的大事件》一书中，纵览了希腊和罗马哲学家，早期基督教和人文主义教育家和思想家，从培根到洛克的哲学家，从卢梭和早期的美国民主哲学家到福禄贝尔、爱默生（Ralph Waldo Emerson）和杜威。在贾曼看来，我们需要使用这些"伟大的教育先知"②，因为他们有勇气反抗错误的传统和自满的人。他们向年轻人展示了本民族教育传统，并告诉年轻人下一步该怎么做。在贾曼那里，面对"二战"后英国教育出现的问题和面临的困境，需要通过梳理教育思想和理论的历史，向英国人民传播一种信念，一种民族主义的美德和传统。为了反对战争、反对法西斯主义，教育思想史需要展现关于自由主义、民主和自由传统。

英国教育史学者对教育思想的研究，为英国教育学术界提供了丰富的"公共知识"。但是，由于传统教育史学家热衷于对伟大教育家和教育改革者思想的追溯，所以，缺乏对教育思想史研究的系统和整体的梳理和研究，并且没有对各教育思想家之间的异同、联系和发展进行真正的研究。因此，我们只看见一个个伟大教育思想家和教育改革者的个体，而对整个总体没有把握。在研究方法上，主要是对伟大教育思想家的经典文本解读。正如沃森所说："一些主要的经典文本被广泛地视为教育思想史唯一的研究对象。"③ 按照这样的研究方法，教育史学家的任务就是把每个人的教育思想系统化，并从中推演出一些结论。这样的解释中隐含着：教育理论思想仅仅充任着在事后教育改革行为合理性的作用。因此，对经典文本的研究就能够解答教育改革和教育实践中的诸多问题。并且，伟大的经典文本是在所处时代影响最大，并且是人类教育思想史演进过程中具有标志性的文本，只有理解了它，才能够很好地理解教育历史上的思想和理论。这种基于精英史观下的教育思想史研究及经典文本的解读方法，对民间文献和一个时代"二流""三流"……甚至小人物教育思想的忽视，在20世纪60年代之后，受到了新教育史学家的批判。正如西尔弗（H. Silver）所说："传统教育史学用狭隘的眼光专注于对教育系统和教育

---

① 博伊德·金：《西方教育史》，任宝祥、吴元训主译，人民教育出版社1985年版，序言。
② T. L. Jarman, "Studies in the History of Education", *British Journal of Educational Studies*, Vol. 1, No. 1, 1952, p. 64.
③ F. Watson, "The State and Education during the Commonwealth", *The English Historical Review*, Vol. 57, No. 15, 1900, pp. 60–61.

管理产生重要影响的教育家，而对于在他们所处时代的教育争论中起着重要作用的普通男人和女人思想，却无视他们的存在，因为，他们没有留下可以让20世纪的教育机构承认的教育'纪念碑'。"[1] 如乔治·库姆（G. Combe）和詹姆斯·辛普森（J. Simpson）所领导的19世纪20年代的学术讨论运动以及他们所倡导的颅相学和宗教教育，埃德温·查德威克（E. Chadwick）、玛丽·卡彭特（M. Carpenter）和路易斯·特威宁（L. Twining）及他们感兴趣的济贫法学校、教养院学校和贫民学校，威廉·埃利斯（W. Ellis）和威廉·巴兰特恩·霍奇森（W. B. Hodgson）及他们关注的博肯黑德学校（Birkbeck Schools）和社会科学的教学等，这些都被传统教育史学家忽略了。

（二）体现国家作用的教育制度史和机构史研究

教育制度史和教育机构史是19世纪国家教育体系和师资培训制度发展的产物。20世纪早期，在英国，伴随着教育世俗化，国家在教育体制形成中的贡献，被教育史学家作为神圣的故事来赞扬。

在关于民族国家教育体系的形成和发展的著作中，主要涉及国家在教育发展中扮演的角色。早在1906年，伍德沃（W. H. Woodward）撰写了《1400—1606年，文艺复兴时期的教育研究》（Studies in Education during the Age of the Renaissance 1400 - 1606）一书，就详细地论述了教育的人文主义传统。之后，沃森、科科伦（T. Corcoran）、艾伦（P. S. Allen）、坎帕尼亚克（E. T. Campagnac）、基廷（M. W. Keating）和艾琳·帕克（I. Parker）的作品中都是在追溯现代教育体制的起源及其国家在教育发展中扮演的角色。如在《英格兰现代教学科目的开端》（The Beginnings of the Teaching of Modern Subjects in England）一书中，沃森探讨了历史、地理、英语、绘画、哲学、数学、拉丁文、法文等科目在英国的发端。而在《联合王国的国家和教育》（The State and Education during the Commonwealth）一文中，沃森对利奇认为英国初等教育体制起源的观点提出了质疑，沃森详细地论述了亨利八世、爱德华八世和伊丽莎白时期国家和教育的关系，以及这三个时期的英国初等教育的发展情况。在《1640—1660年，英格兰和威尔士的国家和学校教育——一份基于印刷资料的调查》

---

[1] H. Silver, "Aspects of Neglect: The Strange Case of Victorian Popular Education", in Peter Gordon and Richard Szreter, History of Education: The Making of a Discipline, London: The Woburn Press, 1989, pp. 199 - 200.

(*The State and School Education 1640 – 1660, in England and Wales: a Survey based on Printed Sources*) 一书中, 文森特 (W. H. L. Vincent) 更是在官方资料的基础上, 对 1640—1660 年间英格兰和威尔士国家在学校教育发展过程中所起到的作用进行了详细的阐述。类似的作品还有: 汉斯的《18 世纪教育的新趋势》(*New Trends in Education in the Eighteenth Century*)、琼斯 (M. G. Jones) 的《慈善学校运动》(*Charity School Movement*)、格拉迪斯·戴维斯 (G. Davies) 的《英格兰 16 世纪教育作品的代表是修辞学的研究》(*Study of Rhetoric in England as Represented in Educational Writings of the Sixteenth Century*)、哈里斯 (D. G. T. Harris) 的《英国都铎王朝的音乐教育》(*Musical Education in Tudor Times*)、里格比 (F. F. Rigby) 的《宗教改革对英格兰学校供给的影响》(*Effects of the Reformation on the Supply of Schools in England*), 等等。

另一方面伴随着师资培训课程中教育史课程的开设, 需要教育史家从"民主"和"国家"的角度来阐释教育历史, 试图加强教师职业的统一性。这一类型的体裁, 基本上是为了歌颂国家及其教育机构和体制的优越性。比如, 关于维多利亚时期的教育状况和大众教育研究中, 传统教育史学家的关注点是教育政策制定和立法的机制、教育委员会、教育管理部门、教育机构、学校董事会、义务学校体制和国家管理体制的发展。主要作品有: 有特罗特 (A. L. Trott) 的《19 世纪初等教育的调查》(*Survey of Elementary Education in the Nineteenth Century*)、斯特曼 (R. H. Sturman) 的《19 世纪中期国内男孩初等学校的组织》(*Internal Organization of Boys'Secondary Schools during the Middle Decades of the Nineteenth Century*)、利奇的《中世纪英格兰的学校》、沃森的《文法学校》、黑斯廷斯·拉什达 (H. Rashdall) 的《欧洲中世纪时期的大学》(*Universities of Europe in the Middle Age*)、霍姆娅德 (E. J. Holmyard) 的《中世纪伊斯兰教的初等化学史》(*History of Elementary Chemistry in Medieval Islam*)、弗里曼 (K. J. Freeman) 的《希腊文学校》(*Schools of Hellas*)、塔克 (J. P. Tuck) 的《莉莉的拉丁文法》(*Lily's Latin Grammar*)、麦克 (E. G. Mack) 的《公立学校和英国思想》(*Public Schools and British Opinion*)、西奥多·约翰尼斯·哈雾霍夫 (T. J. Haarhoff) 的《高卢人的学校——西部帝国时期的基督教教育和异教徒研究》(*Schools of Gaul— A Study of Pagan and Christian Education in the Last Century of the Western Empire*), 等等。

在《自 1789 年以来的民族主义和教育：现代教育的社会和政治史》（*Nationalism and Education Since 1789：A Social and Political History of Modern Education*）一书中，赖斯纳（E. H. Reisner）认为国家对教育的干预是贵族的仁慈之举，是政治民主主义的表现，并通过与德国、法国、美国的国家教育体系的比较，得出英国国家教育体制的民族特色。之后，在《初等教育史：自由教育发展的研究》（*History of Secondary Education：A Study in the Development of Liberal Education*）一书中，坎德尔（I. LKandel）通过比较欧洲和美国初等教育体制，认为英国初等教育代表着英国的主导文化。在推进国家发展的因素中，学校的作用居于首先地位。坎德尔要做的不只是要突出英国初等教育体制的具体特点，而且要突出初等教育的英国民族特色。

传统教育史学家歌颂国家教育体制和教育机构的功绩，将教育看成一个不断进步的历程，国家干预教育被看成统治阶级的慈善活动，但是，在这一过程中，也忽略了"不利于教育进步的人和事，19 世纪早期至 20 世纪中叶的学生纠察体制、工厂法案、济贫学校、工人阶级运动等就很少被提到。因为，这些通常不被看做教育进步故事的一部分，它们和师资培训、学校系统、成人教育、技术等没有直接的关系。20 世纪中期之前的教育史学家主要是对国家的关注——关注国家在教育中不断增大的作用，这是传统教育史学的主流"。①

（三）保障国家干预教育的政策史研究

20 世纪初期，英国史学家以宪政史和政治史为主要研究对象，认为历史和政治之间有着紧密的联系，并且这种联系是与两者的科学性紧密相连的。因此，历史学家对国家干预教育的一系列法律表现出高度的兴趣。哈勒维（E. Halevy）的一系列作品论述了教育对社会和政治的影响，将教育史研究的下线扩至作者生活的年代。继哈勒维之后，教育史学对教育政策关注增多，主要集中在维多利亚时期和 20 世纪上半期的教育法——国家如何介入教育的政策和立法过程。

1903 年，在《1902 年教育法的国会史》（*The Parliament History of the Education Act* 1902）一书中，布赖斯（J. Bryce）详细地阐述了 1902 年

---

① H. Silver, "Historiography of Education", in Roy Lowe, *History of Education Major Themes*, Volume Ⅰ, Debates in the History of Education, London and New York, 2000, p. 216.

《教育法》的立法步骤并分析了该法案的主要内容:"1. 撤销各地学校董事会(School Boards),改地方教育当局(Local Education Authorities); 2. 授予地方教育当局征收不超过2便士的地方税或者借款办学的权力; 3. 给予自愿学校适当的地位; 4. 将所有学校重新分类; 5. 1870年的《初等教育法》部分地适合提供学校的宗教教学上"。① 布莱斯认为该法案是建立国家教育制度的基础。艾金(A. E. Ikin)则认为1902年《教育法》是英国建立国家教育制度的开始,也是《1921年教育法》(Education Act, 1921)的雏形。之后,塞尔比·布瑞格(L. A. Selby Brigge)在《教育委员会》(The Board of Education)中给出了关于《1902年教育法》成效的评价。布瑞格指出:该法实施后在行政机关上新设了318个地方教育当局,788个强迫入学小组(School Attendance Committees),该法最重要的结果就是改变了教育事务的属性,教育成为地方政府所提供的一项社会服务。②

1904年,在《英格兰教育的进步:从早期至1904年英国教育组织发展梗概》(The Progress of Education in England: The Sketch of the Development of English Educational Organization From Early Times to the Year 1904)一书中,蒙特莫伦西(J. E. G. Montmorency)首次将英国国家干预教育的立法追溯至1802年的《学徒健康与道德法案》(The Health and Morals of Apprentices Bill),该法案规定在担任学徒的7年时间里,前4年部分时间要教学徒读写算。蒙特莫伦西指出:"虽然由于受到制造商和童工家长的反对,该法并未落实,但是,却代表着一波强大的民意诞生了。"③ 1931年,在《1760—1902年英国初等教育史》(A History of English Elementary Education 1760 - 1902)一书中,史密斯(F. Smith)认为自1800年至1830年期间是教育立法的沉寂期,但是,《学徒健康和道德法案》却一定程度上代表着政府对教育的关切及国家行动的开始,也是对于过去放任政策的首次攻击。并且,斯密斯认为继《学徒健康与道德法案》之后,辉格党首相怀布瑞德(S. Whitbread)提出了《教区学校法案》(Pa-

---

① J. Bryce, *The Parliament Hisotory of the Education Act 1902*, London: The Liberal Publication Department, 1903, pp. 107 – 113.

② L. A. Selby Brigge, *The Board of Education*, London: G. P. Putman's Sons, 1927, p. 182.

③ J. E. G. Montmorency, "The Progress of Education in England: The Sketch of the Development of English Educational Organization From Early Times to the Year *1904*", London: LKnight, 1904, p. 70.

rochial Schools Bill）可以视为国家教育制度建立的首次真正尝试。该法案规定以建立教区学校来形成国家教育制度，尽管不是强迫贫民入学，而是建立在自愿的基础之上，但是，该法案首次提出教育是解决国家病症的万灵丹。① 1834年的《济贫修正法》（The Poor Law Amendment Act）则显示了政府对民众教育的兴趣日渐增长，虽然，该法案被驳回，但是政府却拨款2万英镑补助贫民教育，斯密斯将这视为"国家首次介入公共教育"。②之后，斯密斯对1870年《初等教育法》的立法过程给予了详细的介绍，并评价了该法案。斯密斯认为该法案通过提供教师和学生的数据来论证法案的教育成效，认为该法案是促进19世纪末期和20世纪初期初等教育发展的主要原因。例如，"自1860年至1885年，接受督学学年度视导的学校数，由5141所增至19063所，学生数由1094329名增加至5061503名，无论学校数，还是学生数，增加的幅度都很大。1886年时，总学生数是5200685名，其中自愿学校占66.77%，董事会学校占33.23%。而国家补助学校学生占英格兰和威尔士总学生数的比例是，从1860年的4.81%，到1870年的7.66%，到1875年的11.46%，到1886年的16.34%，由此可见，比例是逐步提高。学生的平均在校年限由1870年的2.55年增加至1897年的7.05年"。③ 斯密斯认为这些数据体现了19世纪末期国家干预教育政策在实践中的功效，由此来论证国家干预教育政策的正确性。

综上所述，不难看出，传统教育史学家忙于追踪立法的步骤、教育体制的制定过程、教育立法的执行、师资培训的服务，从城市、政府、国家管理到其他公共教育政策，再到有影响力的立法者、国会议员、部长、高级官员等，来论证国家干预教育必然性的意义，表明国家教育体制产生的必要性。一般情况下，这类研究也会涉及教育政策及其教育体制对国外的影响，如英国如何从爱尔兰和马萨诸塞州学习了大众教育；美国如何从苏格兰和德国引进了高等教育；以及英国教育模式如何影响殖民地加拿大和澳大利亚。这些研究主要突出课程和实践之间的冲突，如何建立协调一致的国家教育体制，以此来强调个别立法会议员为建立国家教育体制的奉献精神和国家提供教育的良好用途，教育政策以及立法的官员和执行政策的

---

① F. Smith, *A History of English Elementary Education 1760 – 1902*, London: University of London, 1931, p. 109.

② Ibid., 139.

③ Ibid., 335.

教师被描述成与过去斗争的英雄主义形象。正如西尔弗所说："英国传统教育史学家之所以执着于国家干预教育的必然性的历史追溯，主要是因为他们发现国家在国民教育中的作用和相关法律政策有助于解释 20 世纪福利国家民主的发展。"[①]

第三节　教育史史料和编纂方法

传统教育史学的辉格史观表现在教育史著作的成果内容上是国家干预教育的赞歌，而成果的呈现方式就是传统教育史学的方法论。通常意义上，对教育史方法论存在两种理解。其一，所谓的教育史方法论指教育史研究和编纂方法，即教育史学方法，它指在通过批判地鉴定教育史史料基础上，教育史学家对如何编纂教育史著作，思考用什么样的方式呈现自己的研究成果，借助一定的文本或载体来呈现自己的教育史学观。按照此观点，传统教育史学较少有专文或专著论述教育史学方法，但从他们丰富的教育史著作中，也能管窥到教育史学方法论之一斑；其二，从更广泛意义上理解教育史学方法论，指包括以认识教育史客观存在的史料、解释教育史的普遍哲学观念或理论方法以及用以阐明和叙述教育史的基本原则等方面的分析，也涉及教育史学科与其他相关学科关系问题的看法。在这个角度上来看，在传统教育史学家的思想中，包含了丰富的教育史方法论因素。

一　经验主义：教育史研究的文化传统

传统教育史学方法论的基础是经验主义（Empiricism）。经验主义是建立在以经验为知识来源基础上的哲学思维和方法。亚里士多德认为人类认识的对象是客观世界的具体事物，因此，人类认识客观世界需要依靠感觉与经验。但是，直到 13 世纪，亚里士多德的经验主义认知方式才被发现。之后，英国逐渐经历从封建主义向资本主义的社会转型。经验主义成为英国走向现代化的基本思想范式，形成了培根、洛克、贝克莱、休谟、F. 培根、霍布斯等英国经验主义学派。培根以经验科学为依据，强调感

[①] H. Silver, "Aspects of Neglect: The Strange Case of Victorian Popular Education", P. Gordon and R. Szreter, *History of Education: The Making of a Discipline*, London: The Woburn Press, 1989, p. 201.

性经验在人类认识中的作用。后经由洛克、斯密、密尔等的发展与扩大，影响日渐显要。对于教育问题，经验主义主张以客观教育现实与历史教育经验为出发点渐行渐近，一寸一寸地前进。在英国，由于深受经验主义的影响，学者们普遍注重传统，尊重经验，关注行为的结果，偏重实用主义的道路。

一般来说，经验主义主要是关于知识和知识获得的问题。经验主义者认为人类知识都来自于感觉经验，只有在经验的基础上普遍的知识才能形成。他们反对理性主义者的天赋观念，认为人生来是一块白板，一切材料均是由经验而来。在认识方法上，经验主义以经验归纳法著称，与自然科学中的观察实验法很相似。在历史研究中，尼布尔（B. G. Niebuhr）首次运用经验归纳法。之后，兰克则将这种史学思想系统化并广为传播。19世纪30年代至20世纪30年代，经验归纳法成为史学方法的主流。在英国，经验归纳法在史学应用的倡导者是阿克顿（L. Acton）。他认为"不偏不倚、客观中立"是历史研究者在历史研究中必须遵循的职业道德原则。在历史研究中，该原则具体体现在陈述历史事实和价值上。也就是说，在历史研究中，历史学者应客观地分析和评价史料；在撰写历史作品时，历史学者应尽量做到客观公正地叙述。在编写《剑桥近代史》时，阿克顿实施了这一原则，并给予了明确的界定："我们的计划要求无论如何不要显示编撰者所属的国家、宗教和党派。因为不偏不倚是合法性历史的特征，我们的目的仅仅是由众多学者来提供更多的准确的知识。"① 因此，"我们要力图避免发表不必要的议论和服务某种立场。编撰者应该懂得我们不是生活在格林威治子午线而是在西经30度线，应该懂得我们撰写的滑铁卢战役必须要使得法国人、英国人、德国人和荷兰人都能满意"。② 阿克顿将历史研究中的这种不偏不倚称为"教诫"。1886年，英国史学的权威刊物《英国历史评论》创刊，在创刊词中明确指出："历史的任务是发现和陈述事实。"③ 之后，经验归纳法在英国史学得到广泛应用，不偏不倚，客观中立，成为历史学家研究历史的根本原则。

---

① L. Acton, *Lectures on Modern History*, edited by J. N. Figgis & R. V. Laurence, Macmillan and Co. Limited, 1952, p. 316.

② Ibid., 318.

③ 张广智、张广勇：《史学：文化中的文化》，上海社会科学院出版社2004年版，第100页。

从英国教育史学兴起之时,经验主义就成为英国教育史研究的主要认识路线。在奎克那里,他以"教育改革家"作为教育思想的核心,以经验主义为基本认识论原则,重视对教育经验的考察及教育史特殊性的认识。例如,在《教育改革家评论》一书中,奎克认为:"教育史家的任务就是搜集过去教育历史的经验,然后保存下来,以便为将来准备更好的东西。"[①] 在本书的后记中,奎克明确指出自己在撰写《教育改革家评论》时采用不言自明的方法,认可知识是一个积累的过程,重视经验的积累和观察的方法。因此,为探寻理想教育之所在,奎克对教育史上数十位教育家的教育思想进行了详尽的记录,开实证研究之先河。之后,布朗宁将教育经验抽象成教育理论,但是,他认为这些教育理论是伟大教育者们已经实施的,并取得了一定成效的教育原则和方法,也就是说,教育理论已经在实践中证实了可用性,有助于教师完成教育工作。在利奇、亚当森等后续传统教育史学家那里,均能看到对经验归纳法的建议和运用。在传统教育史学家看来,教育知识都是有其经验来源的,进入教育史研究视野的问题必须是在现实世界中可以观察的教育问题,教育理论假设也必须是在经验观察中能够证实的或者证伪的命题。传统教育史学家维护的经验传统是英国教育史学发展的经验传统。这种经验传统是经过点点滴滴堆积而成的,是后浪逐前浪的推演过程。传统教育史学家坚信,英国教育是世代相传的、久远年代里所形成的教育思想、教育条文和惯例,是英国的宝贵财富。它就这样一直不断成长和变化,而且在传统教育史学家看来,总是越变越好。

在经验主义的文化氛围内,一方面,传统教育史学家坚信教育史研究是一种寻求教育史事实的科学,是研究教育知识积累和发展过程的科学,是追寻人类教育经验的历史演变过程,因此,应以如实地叙述人类教育历史为基础。另一方面,传统教育史学家坚持教育史学家的首要任务是挖掘新的教育史史料,以教育事实来告诉人们教育经验的历史是什么。换句话说,经验主义的文化传统,使得英国传统教育史学家注重调查报告、国会纪要报告、官僚机构档案和教会档案等官方史料的挖掘和运用,在描述教育历史时,采取"个别描述式"、"艺术式"的教育史叙述方法,拒绝运用"法则归纳式"、"科学式"的分析问题方法,很少运用社会科学的方

---

① R. H. Quick, *Essays on Educational Reformers*, New York: D. Appleton and Company, 1903, p. 547.

法，对历史学、社会学等学科很排斥。

二 官方史料：教育史研究的取材来源

史料取材讲究一定的规矩，这也是教育史编纂方法的一部分。沃森认为"历来关于教育起源的记载取材于古希腊和古罗马"[①]，如伊拉斯谟（Desiderius Erasmus）在亚里士多德（Aristotélês）的《政治学》和昆体良（Marcus Fabius Quintilianus）的《雄辩术原理》中寻求教育的帮助；英国作家托马斯·埃利奥特（T. Elyot）以昆体良和柏拉图（Plato）的思想为他的教育研究的基础，他要求他的学生理解这些作家的作品，并相信这些书籍足以造就一个完美优秀的统治者；英国人文主义者阿谢姆（R. Ascham）认为培养年轻的贵族和绅士，必须精读西塞罗（Marcus Tullius Cicero）和昆体良的教育方法。这些可以视为传统教育史学关于材料取舍的体例。通过对传统教育史学作品分析，笔者发现英国传统教育史学家选择的史料主要是记载的文字史料，这些史料主要可以分为以下两类：

（一）调查报告和国会纪要报告

15世纪，印刷术的发明和民众文化水平的提升，一定程度上推动了官方文件的发行。至19世纪，英国官方印刷厂已经出版了大量的政策声明、宣传资料以及关于教育、贸易、文化等信息汇编史料。在这一时期兴起的英国传统教育史学，在编写教育史作品时，取材首先求助于官方文件中的调查报告和国会纪要报告。

调查报告是指皇家专门调查委员会（Royal Commissions）为调查一个问题成立的调查小组，从相关证人那里取证，记录整个调查过程，然后做出详细的分析报告。该报告自1801年开始，每十年出版一期。自19世纪30年代以来，伴随着国家和教会争夺教育权利的斗争不断升级，国家需要论证干预教育的可行性分析。于是，皇家专门调查委员会经常提出议案，围绕教育、公共设施和教师工作条件等重大问题进行搜集相关证据并提出相应的改革建议。19世纪中期以后，牛津大学、剑桥大学等相继成立地方调查委员会，就社会、教育、经济等问题进行调查，这些调查委员会的调查报告包括详细的说明和统计表，使它们对于教育史家而言特别重

[①] F. Watson, "The Study of the History of Education", in Peter Gordon and Richard Szreter, *History of Education: The Making of a Discipline*, London: The Woburn Press, 1989, p. 27.

要。以英国初等教育研究为例，主要运用了《皇家委员会专员关于初等教育报告》(Royal Commission on Secondary Education Vol. 1 Report of Commissioners)、《皇家委员会关于威尔士和英格兰初等教育法实行的最终报道的证据和附录的分类》(Final Report of the Royal Commission on the Working of the Elementary Education Acts England and Wales with Digest of Evidence and Appendix)、《皇家专门调查委员会关于学校咨询调查报告》(Report of Royal Commission Know as the Schools Inquiry Commission)、《皇家专门调查委员会关于国家的调查报告：牛津学院和大学的财政、研究和学科的证据和目录》(Report of Her Majesty's Commissioners Appointed to Inquire into the State, Discipline, Studies, and Revenues of the University and College of Oxford: Together with the Evidences and Appendix)、《英格兰国民教育情况的专员报告》(Report of the Commissioners on the State of Popular Education in England)、《1852—1882年初等学校报告》(Reports on Elementary Schools, 1852-1882)、《剑桥大学专员报告》(Report of the Cambridge University Commissioners)、《曼彻斯特统计协会的报告（1834—1835）》(The Report of the Manchester Statistical Society, 1834-1835)、《工厂专员的补充报告》(The Supplementary Report of the Factory Commissioners)、《教育学科的特殊报告》(Special Reports on Educational Subjects)、《贫民法协会专员报告》(The Reposts of the Poor Law Commissioners)、《学校咨询协会报告》(Schools Inquiry Commission Report)、《伦敦大学协会法》(The London University Commission Act) 等官方文件。在《教育简史》一书中，可以看到亚当森引用了许多皇家专门调查委员会的调查报告原文。亚当森认为从皇家专门调查委员会的调查报告中激发了"当时生活中仍在沉睡的大量能量，使大学打开了面对中学课堂的大门"[①]。在《英国教育》(The History of English Education) 一书中，邓特指出"从教育委员会的咨询报告以及督学对英格兰初等教育的调查报告中，可以窥视英格兰初等教育之全貌。如威尔士教育局对威尔士农村地区51所小学的调查，这基本上算作是对小型学校的研究，51所小学中有23所学校每校只有两名教师，仅10所学校每校有12名教师。因此，所有学校的教学都主要由一位教师来担任，也就是说，班级教师承担许多方面的课程，几乎所有教师都要同时教语文

[①] J. W. Adamson, *A Short History of Education*, Cambridge: at the University Press, 1919, p. 333.

和数学。从这样的调查报告中,总体反映了班级教学在英国已经变得很活跃了"①。巴纳德认为政府任命专案小组对英国儿童受雇于工厂的情形的调查报告,可以显示出许多童工生活令人胆寒的情形。"通过对调查报告的分析,可以发现《工厂法》(The Factory Act)对童工现状的改变。"②柯蒂斯则指出:"皇家专门调查委员会的调查报告是撰写英国教育起源的主要材料,这些材料可以看出教育法和教育制度成立的过程以及其要旨。"③

国会纪要报告主要记录国会中议事时发生的场景及记录发言人的讲话稿,从1812年开始出版。关于国会纪要报告的运用,传统教育史学家主要在描述新教育法和新教育政策的酝酿和颁布过程中,国会议事中各方的态度。关于1870年《初等教育法》的酝酿和颁布过程,传统教育史学家斯密斯指出:1870年,福斯特(W. E. Forster)在下议院的演说给出了《初等教育法》的理念构想,但是,遭到全国教育联盟的反对。从国会纪要报告中可以看出反对该法案的理由主要有四点:"一是该法案允许自愿机构有一年的宽限期,作为提供不足的机会,将会产生一群新的自愿学校,这样将相应减少对学校的公共机构;二是该法案无法普设学校董事会,无法强迫学生入学;三是良心条款可能无效;四是该法案可能让学校董事会用地方税支持教派学校。对此,政府提出三项修正条款:一是在所有接受补助的学校,提出时间表的良心条款,以便家长在上正课前或放学后退出宗教教学;二是所有新设的董事会学校排除教派教学;三是地方税不得用于教派学校,财政部另提供其他补助来替代。正是在讨论的基础上,政府将改善宽限期缩短为不超过六个月,不同意强迫读《圣经》,建议学校董事会由票选。"④ 在传统教育史学家看来,通过国会纪要报告能够管窥到国会议事中各方对教育改革的态度,以展现教育改革的全貌。国会纪要报告主要包括:(1)国会关于大学合并的讨论,如剑桥大学和牛

---

① [英]邓特:《英国教育》,杭州大学教育系外国教育研究室译,王承绪校,浙江教育出版社1987年版,第86页。

② H. C. Barnard, *A History of English Education from 1760*, London: University of London Press, 1961, p. 64.

③ S. J. Curtis and M. E. A. Boultwood, *An Introductory History of English Education Since 1800*, London: University Tutorial Press, 1966, pp. 83–84.

④ F. Smith, *A History of English Elementary Education 1760–1902*, London: University of London, 1931, pp. 288–290.

津大学的合并——《剑桥学院和大学的合并法令：对大学和学院的两位国会成员的早期资料和信件的搜集》(Collection of Statutes of University and Colleges of Cambridge: Including Various Early Documents and the Letters Patent, for the Election of Two Members of Parliament for the University and Colleges)、《剑桥大学法：国会关于大学的一些法案的大臣的阐释》(Statues of the University of Cambridge: With the Interpretations of the Chancellor, and Some Acts of Parliament Relating to the University); (2) 国会关于教育法的争论，如布赖斯 (J. Bruce) 的《教育法的国会史》(The Parliament History of the Education Act) 和费希尔 (H. A. L. Fisher) 的《1917年教育法的介绍，国会和下议院的争论》(Introduction of the 1917 Education Bill, Parliament Debates, House of Commons) 记录了国会关于教育法酝酿、颁布和实施过程中国会的争论; (3) 国会关于教育改革的最后结果的呈现，如国会1870年、1918年、1944年教育改革时期的国会讨论记录——《国会，1870》(Parliament 1870)，《国会，1918》(Parliament 1918) 和《国会，1944》(Parliament 1944)。

（二）官僚机构档案和教会档案

在经验主义的文化氛围内，传统教育史学家认为如实地描述事物的状态，就必须深入到出版的文字的背后。也就是说，教育史研究要基于对档案的运用——备忘录、会议记录和官方信函。正是这些文字中，记录了人们对教育的决定、讨论和态度。在他们看来，不管涉及的问题是教育改革还是教育思想对教育实践的影响，或是国外教育的介绍，没有什么能够替代来自这一时期的档案资料证据，这些证据如实地记录当时教育发展的现状和进程。亚当森认为学习和研究教育史的学生和教师应该常去大英博物馆、伦敦图书馆、档案馆或者类似的机构，去查阅官方档案。亚当森虽然信奉官方的档案资料，但并不迷信官方留下来的档案资料。亚当森指出并不是前人留下的记录都是确切可信的，因此，在教育史研究中，应该学会鉴别史料，鉴别官方资料中哪些是已经做过的，哪些是希望被做的。[①] 亚当森虽未就史料的取材进行详细的阐述，但是讲清了规范史料的准则，即取材于三馆——博物馆、档案馆和图书馆的官方史料，并进行一定的甄别

[①] J. W. Adamson, A Guide to the History of Education, London: Society for Promoting Christian Knowledge, New York: The Macmillan Company, pp. 34-37.

与考证。

在英国,档案的搜集主要是由国家承担,系统的档案保存可以追溯至1194年。在约翰王大战时期,在国王的授权下,休伯特·沃尔特(H. Walter)开始制作较为重要信件的羊皮纸公文副本,这些副本的保存成为后世史学家研究中世纪英国的最重要资料。15世纪至16世纪之间,枢密院控制的档案管理制度代替了中世纪的管理制度,权力中心由国王转移至国王的大臣手中,更加重视档案的记录和保存,记录了当时有关政府政策和行为的重要事件。之后,档案的保存更加系统化和制度化,与之前的档案保存相比,"这不是一个政府机关日常的文稿,而是一个职责并没有固定限制的官员隐秘的、涉及方方面面的信函……将我们与中世纪的特征和个性分割开来的面纱被撤掉"。[①]至19世纪,所有政府部门都开始保存信件和文件的系统档案、发出信件的副本和在部门内传开的备忘录。自1916年起,内阁秘书处也开始保存内阁每周会议的备忘录。正如利奇所说,正是基于英国档案资料的丰富,所以,教育史学家才能够重构一项教育提案形成的每一个阶段,从部分官员的第一次尝试性建议到相关商议完整的报告。除了官僚档案以外,还有教会档案,它具有中央政府档案的官方特征。众多教会档案详细地记录了英国教会历史和修道院的发展。而教会法庭的档案更是能够吸引教育史学者的兴趣,记录了主教制和修道院的管理方式和成效,能够使教育史学家了解众多关于财产、地位、生活水平和教育水平的信息。

以利奇的作品为例,其作品可以说是教育史史料的汇编。在《中世纪英格兰的学校》(*The Schools of Medieval England*)的前言中,利奇就明确地指出他的研究主要取材于博物馆和档案馆,如柏林博物馆(Berlin Museum)、英国博物馆(British Museum)、那不勒斯博物馆(Naples Museum)、英国教堂档案(The Files in Sherborne Church)等收藏的一些政府和教会的出版物。这些出版物主要包括《大主教期刊》(*Archaological Journal*)、《雅典文法和音乐学校》(*Athenia Grammar and Music Schools*)、《汉普郡的维多利亚郡县史》(*Victoria County History of Hampshire*)、《15世纪早期的大学讲座》(*A University Lecture, Early Fifteenth Century*)、《君主和下议院关于证实伊顿学院章程的请愿书》(*Lords and Commons Petitio-*

---

① V. H. Galbraith, *An Introduction to the Use of the Public Records*, Oxford: Oxford University Press, 1934, pp. 54–55.

ning for Act to Confirm Eton College Charters)、《温弗里特文法学校》(*Wainfleet Grammar School*)、《捐赠学院的60种观点》(*Sixty Views of Endowed Schools*)、《主教学院》(*Cardinal College*)等档案资料。利奇认为只有从这些资料中，才能弄明白英国文法学校的起源。在《教育章程和文献，598—1909》(*Educational Charters and Documents, 589 to 1909*)一书中，利奇根据官僚机构档案和教会档案将这一时期的教育文献进行了整理，成为后期教育史学者研究英国教育的重要参考文献。除此之外，在传记式体裁的《1600—1700，现代教育先驱》(*Pioneers of Modern Education, 1600–1700*)一书中，亚当森主要运用了以下几类史料：各种各样的传记式词典(Biographical Dictionaries)——《洛克的传记》(*The Life of John Locke*)、《约翰·米尔顿的传记》(*The Life of John Milton*)、国家文件的记录(Calendars of State Papers)和国会的一些记录(Parliamentary Journals)。除了上述史料之外，传统教育史学家还对官方的信函进行了很多的引用，尤其是论述改革时期的教育状况。

由于对官方出版和整理的资料以及国会发言稿的引用，这些资料大多是对同时代民意产生过重要影响的史料，因此，教育史学家赋予它们重要的意义。但是，传统教育史学家有选择地运用这些史料，对于能够记录教育发展的、有利于鼓舞教师士气的资料进行了大量引用。因此，教育史作品只是适合于政府即将公布的教育法案，以及满足议员获得更多选民的支持。

三 历史传记：教育史编纂的叙述特色

在传统教育史学阶段，历史学者对教育史并不关注。自英国教育史学兴起之初，老大学就一直拒绝承认教育研究学术地位的合法性，因此，教育史研究没有落户于大学的历史系，未能建立和历史系之间的"母子关系"。最后，被迫落户于新大学设置的师资培训学院，而主流专业史学家仅把教育史领域"看作是一块未开发的荒蛮之地，只有一伙教育学者为了自己的专业学科，甚至为了申请资格而在此劳作，而且他们在劳作中还没有运用历史的方法"。[①] 教育史和文学、艺术一起被看作是人文学科。在处理各种人类教育经验时，传统教育史学家强调教育史学科的内在意义

---

① B. Simon, "The History of Education in the 1980s", in Roy Lowe, *History of Education Major themes Volume* Ⅰ, *Debates in the History of Education*, London and New York, 2000, pp. 175–176.

和持久价值,而对社会科学中政治学、社会学、人类学和经济学等关注很少,几乎没有涉及。

事实上,19世纪社会科学在英国已经获得发展,并且成立了社会科学组织机构——"国家社会科学发展协会"(The National Associations for the Promotion of Social Science)。国家社会科学发展协会也以教育为议题进行了多次讨论,其讨论的结果会公开出版。但是,在传统教育史学那里,对这部分文献,并没有给予充分的关注,甚至可以说是忽视了。因为国家社会科学发展协会主要关注19世纪50年代中期至19世纪80年代中期工厂和济贫院中儿童的教育、贫民学校的改革,这与传统教育史学的精英式教育史研究内容不相符合。另一方面,国家社会科学发展协会还就教育和社会的关系,进行了一定程度的分析。他们关于这一时期的教育研究主要基于社会学、社会结构、社会变化、城市的发展、民主、权力和其他大量的概念,这也是传统教育史学者忽视国家社会科学发展协会研究成果的原因之一。

正如沃森所说,在传统教育史学者那里,教育最终要体现出一种人文主义的目标。为了实现这一目标,教师承担着人文精神的传递任务,因此,掌握教育史可以让教师确信民族精神会延续,了解伟大的民族文明和国家在教育发展中扮演的角色,可以有助于教师解决今天和未来教育中错综复杂的问题。虽然,政府已经从贵族手中转移到民众手里,但是,新统治者同样需要贵族的品性。因此,教师承担着培养未来统治者的任务。教师要传递一种信念——民主不是斗争所获得的,而是从高尚前辈们那里继承而来的。因此,研究教育史的真正意义,就是养成博大的胸襟,传递民族信念,推动人性的发展。"教育应远离社会学、哲学和心理学,从教育的外在走到教育的内核——了解教育本身的发展历程。"[1] 16世纪至19世纪的英国学者在回顾古代作家的格言时,总是赞扬并激励教师承担培养贵族青年教育的任务。这种教育史研究往往通过引用的方式表达某种道德品质或者有教育意义的故事。沃森认为如果没有先前伟人的杰出成就,就不会有后来文学和艺术上杰出的人文主义作品,艺术家会对过去的大师充满敬意或者向大师学习,会经常涉猎古典作品。那么,教师也应该细查教育历史中的"大师表",这样才能将教育职业视为一种艺术。像文学和艺术

---

[1] F. Watson, "The Study of the History of Education", in Peter Gordon and Richard Szreter, *History of Education: The Making of a Discipline*, London: The Woburn Press, 1989, p. 28.

一样，研究教育问题应常向古希腊、古罗马的作家求助。艺术和文学的学习方式是箴言教导，那么，对教育史上学习方式的研究追溯至早期的箴言传授。

因此，沃森认为教育和文学、艺术一样从属于人文科学，同样需要历史的研究。在传统教育史学家看来，"教育史家的综合和解释工作和艺术工作相近，必须包含有想象和直觉能力"。[1] 传统教育史学家将教育史排列在时间框架内，讲述教育发展的故事。这样一部教育叙事史就是关于一个人、教育机构、国家教育制度，以及他们的活动及产生的结果的报道，即弄明白关于教育过去发生了什么。通过叙述唤醒那些杂乱的关于教育的事件，这些事件构成教育结构或者一个生命的历程。教育事件史的模型是传记，通过传记来描述教育家和教育改革家的生命历程，运用编年体选择同所讲故事的主题相吻合的事件。而国家教育史同样遵循这样的思路，从国家教育体制的起源来写，尔后是描述它的成长阶段以及国家教育改革的奇迹，并用年代的分期来加以说明，唯一不同的是，这样的教育历史的未来是开放着的。但是，叙述过去教育，描述民族国家教育的遗产，其目的也是给人们提供关于未来的暗示。

总之，传统教育史编纂，通常是为了响应某些重大事件的剧烈变化而进行的叙述，如正在兴起的民族国家教育体系或新教育主义、自由主义的或保守主义的教育观等。通过教育历史的梳理为人们提供参照、树立榜样，教育史叙述的功能主要是垂训和借鉴。在教育史编纂中以叙述这种故事情节为主要目的，但是，按照这种思维模式建构的教育叙事史，故事的中心早已被设定为与教会、国家、教育相关的事件——"简单线性主线"。传统教育史学家验证事实是否确凿，他们尝试讲述的故事被假定是建立在小心求证原始材料之上的，同时，他们拥有对贵族阶层的道德品质完全信任的读者。因此，最初的教育史叙事的真实性和有效性是在一个信念体系中实现的。当教育史研究成为一些人谋生的手段时，作为学院派的教育史学家竭尽全力寻找新的主题和别人没有使用过的材料，从而呈现崭新的一幅图画。也就是说，在传统教育史学家的观念中，只要他搜集了大量相关的历史事实，然后按照年代顺序，描述教育人物形象、教育立法过程、教育机构形成的过程、民族国家教育体系的形成过程，就算成功了。但是，正如

---

[1] F. Watson, "The Study of the History of Education", in Peter Gordon and Richard Szreter, *History of Education: The Making of a Discipline*, London: The Woburn Press, 1989, pp. 19 – 20.

麦卡洛克和查理森所说:"传统教育史学家将教育史视为一门人文学科,强调教育史编纂的文学性和艺术性。教育史研究主要是基于官方资料的叙述研究,是一种人文式或描述式研究,这种研究主要是以人物和事件为主线,将精英们参与的事件组合起来进行研究。由于忽视了社会科学的方法,教育史作品中缺乏了分析和解释,也就没有了问题意识,这也使传统教育史学陷入困境之中,成为20世纪60年代新教育史学家批判的主要靶子。"[1]

本 章 小 结

在辉格史学的影响下,至20世纪50年代,传统教育史学的范型已基本确立,形成了具有鲜明辉格特色的教育史学。依据其辉格特色,一般将传统教育史学家分为三类:一是由奎克、劳里、布朗宁、亚当森和沃森为代表的师资培训者;二是以利奇、萨德勒、菲茨吉本·杨和朗兹为代表的行政或立法的权威人士;三是以艾伯特·曼斯布里奇、玛丽·斯托克和克雷克为代表的教育改革的参与者。他们的作品均呈现以今论古观、进步史观和精英史观的辉格特色,将教育史描绘成由国家精英所引领的、国家干预教育的逐渐进步的历史,教育史的功能主要是历史宣传。

辉格史观表现在教育史著作的内容上就是国家干预教育的历史赞歌。在研究对象上,传统教育史学经历了从"西方教育史"到"英国教育史"的演变过程。在整个过程中主要集中在推动国家干预教育的思想史研究、体现国家在教育发展中扮演角色的教育体制史和机构史研究、保障国家干预教育的政策史研究。从特点上看,无论是对西方教育史的研究,还是一战后对英国本土教育史研究的呼唤,都是建立在"西方中心论"基础上的民族国家教育史研究。

在教育史成果的呈现方式上,传统教育史学家深受经验主义文化的影响,坚信教育史研究是一种寻求事实的科学,挖掘新的史料,以史实来告诉人们教育历史是什么。因此,教育史研究主要建立在政府调查报告、国会纪要报告、档案等官方资料的基础上进行。同时,传统教育史学家强调教育史学科自身的自主性,将教育史和文学、艺术一起视为人文学科,认为应如实地叙述教育历史,主要是围绕事件和人物的教育叙事史。

---

[1] G. McCulloch, W. Richardson, *Historical Research in Educational Settings*, Buckingham Philadelphia: Open University Press, 2000, p. 11.

第三章　困境中觅路：英国教育史学的变革

> 英国人必须要有一种自我批判的精神，要反省潜藏在一切行动背后的意识形态，这是推动英国国内各项事业得到改进的前提。
>
> ——克拉克

二战后，在英国"共产党历史学家小组"（The Communist Party Historians' Group）的帮助下，一批教育学者，如琼·西蒙、布莱恩·西蒙等接受了马克思主义思想，置身于变革的时代，热衷于新教育史学的建设，肩负起更新英国教育史学的历史重任。20世纪50年代早期，他们发起重新阐释英国教育经验的呼声，开始进行成人教育历史研究，拉开了教育史学由传统向新教育史学转型的序幕。新教育史学的兴起和当时社会的历史条件和学术思潮是分不开的，因此，本章主要分析英国新教育史学兴起的内外因素，进而展现英国传统教育史学向新教育史学的转变过程。

第一节　英国教育史学变革的背景

20世纪60年代，英国教育史学开始发生转向，新教育史学兴起。新教育史学在英国的兴起绝不是偶然的，其产生有着内外部两方面的因素。从内部因素来看，20世纪中期的英国传统教育史学的诸多困境已经暴露出来。英国需要怎样的教育史学的问题摆在了教育史学家面前，对传统教育史学批判的作品涌现，英国教育史学的变革之声在内部发起。从外部因素来看，一方面，是史学界的变革对英国教育史学界的影响。20世纪50年代中期前后，国际史学从传统史学走向新史学，历史学进入了一个迅速转变和反思的时期。在英国，社会经济史的发展成为新教育史学兴起的先决条件。与此同时，政治学、经济学、人类学和社会学等新兴社会科学的发展，给英国新教育史学的兴起准备好了理论资源和方法指导。另一方面，师范教育改革推动英国教育史学变革，并且美国新教育史学的作品和思想漂洋过海对英国教育史学界产生了积极的影响，英国教育史学家从美国新教育史学的作品中汲取了丰富的知识营养。因此，正是在内外部因素的双重影响下，新教育史学在英国悄然兴起。

一 英国传统教育史学的内部困境

如前所述，英国传统教育史学者的出身大致可分为三类：师资训练者、行政人员和参与教育改革的史家。三类研究人员在教育史研究中存在相应的缺失：师资训练者美化教学历程，过度强调教师作为文化传承者的重要作用，专注于教育传统的连续性，以维护辉格派观点的教育思想史为其主要研究对象；行政人员主要对学校教育发展的历史进行叙述，以达到为自己工作辩解的目的；参与教育改革的教育家主要通过传记的形式记录自己所参与的教育改革，主要是颂扬自己的功德。循此思路研究教育史，传统教育史学家难免陷于困境，而造成这种困境的根本原因不得不归咎于以奎克、利奇、亚当森等为代表的英国传统教育史学范型上的重大缺陷。

在教育史观上，传统教育史学家认为人类教育历史是一个连续和进步的发展过程，并且对所有人都有益的观点。因此，在回答"教育史是什么"这个问题时，传统教育史学主张只关注推动和保障国家干预教育的精英人物的教育思想、教育活动、教育机构和教育政策，教育史研究成为国家干预教育的历史赞歌。从奎克到亚当森，教育史学家毫不怀疑教育史学的主线是国民教育，因为国家是教育史演变的主角，教育史学家的任务就是要叙述国家在教育发展中的作用。这样极大地限制了教育史的研究领域，人为地将全部人类教育历史分割成教育史研究的领域和非教育史研究的领域两部分。教育史学家之所以关注学校、精英人物的教育过程、伟大教育思想家的生平和教育活动及教育政策等国家干预教育的历史，是因为国家干预教育代表了全部行动，他们主要集中在精英人物是怎样思考、选择教育和教育活动的，至于民众的教育历史，以及教育与经济、社会和文化的关系等都不是教育史研究者感兴趣的。这样做的结果，不仅造成了教育史研究园地极端狭窄，而且阻碍了教育史学家对教育史得出科学的结论。这是因为，作为短时段的国家干预教育的历史是最不稳定的、最具有特殊性和偶然性的教育史现象。如果不联系引发这些教育事件的社会和经济因素，只对其作表面和孤立的考察，就势必最终得出教育史事件和教育史运动无规律可循的错误结论。

　　传统教育史学家主张，教育史认识需要客观公正，教育史学家要排除一切偏见，让史料自己说话。不可否认，教育史认识需要做到客观公正，但这不是教育史研究的最终目的。研究教育史就是要发掘人类教育发展中带有共同性的东西，即要总结过去，以利于人们今后更加自觉地创造教育历史。要做到这一点就不能离开教育史学家在认识活动中的主导和能动作用。借口客观性而否定教育史学家在认知活动中的主体作用，要么是由于毫无历史责任感，要么是有意回避或放弃教育史学家在认知过程中的主导地位和作用。其结果，既压抑教育史学家创造性的认识活动，又使教育史作品除史料价值外，在认识教育史上显得苍白而肤浅。信奉客观主义和实证主义的传统教育史学家，怀着矛盾的心情从事个案研究。因为传统教育史学家认为，教育史研究的对象是杰出教育家的思想，它们通过教育家的行动创造着教育历史。可是在文献记载中，既有对教育家的思想、心理和行动的分别描写，但更多的是思想和情感蕴含在教育家的行动之中。如果教育史学家不深入体会，而单纯"让史料自己说话"，那么无论如何它们是不能"说出"隐藏在教育活动表象背后的教育思想动机来的。标榜"让史料自己说话"的传统教育史学认识论，其结果必然导致教育史学家在教育史认识活动中的主体地位的丧失，并引发教育史社会功能的危机，以若干个别事实的集合体出现的教育史学逐渐脱离了作为普遍规律知识的科学。

　　传统教育史学家否定教育历史是从具体到抽象、从特殊到一般、从个别到普遍的辩证发展过程，因此，也就拒绝从因果关系的必然性上探讨教育历史运动过程中的普遍规律以及教育和社会学的关系。在传统教育史学家那里，教育史研究的任务只是在研究史实的基础上"忠实"地再现过去的教育历史，为此，教育史只是按照编年顺序的教育事实的叙述，缺少分析和解释。这样一来，传统教育史学陷入空前的危机之中。首先，由于片面夸大教育史的具体、个别、特殊的现象，否认其可以上升到普遍、抽象和一般的阶段，教育史研究就与那些以普遍性和一般性作为认识对象的其他社会科学分道扬镳了，教育史学被排斥在一般社会科学之外，教育史的学科地位受到挑战。其次，由于拒绝归纳与综合的方法，反对发现任何层次的教育运动规律和法则，致使传统教育史学几乎完全丧失了说明和解释的功能，它既无助于人们正确地认识教育历史，也没有能力启迪人们理解现实教育现象和预知未来教育发展趋势，教育史的社会功能丧失殆尽。人们不知道教育史除了讲故事以外还有什么其他的价值。最后，由于传统教育史学家完全用经验主义的态度对待教育史，致使教育史学家在教育史认识过程中主体意识和主体性受到限制，教育史学家在教育史研究过程中的积极性、主动性和创造性未能充分发挥，最终降低了教育史研究所应有的价值。

针对传统教育史研究的缺失，早在1940年，克拉克就开始撰写《教育和社会变迁：一种英国的解释》(Education and Social Change: an English Interpretation) 一书来批判传统教育史学。"教育学者有意识地和专门地使用社会经济史的语言来给出一种解释，并依据此解释来评价英国教育传统，在不需要彻底摧毁或者破裂的情况下，提高教育适应已经变化的社会秩序的能力。"[①] 此文表明克拉克批判早期教育史学者将教育研究与社会背景割裂开来的现象。克拉克认为应将教育与政治、经济和意识形态联系起来，通过社会背景和历史研究找出对教育影响的因素。在"二战"最后几个月里，传统教育史学派主要代表人物亚当森就开始撰写《英国教育史研究的呼唤》一文。亚当森认为英国教育史研究之所以陷入低谷是因为与本国教育现状、国家社会生活脱离了关系。因此，建议教育史学者应该将教育史研究的重心从国外教育史作品的介绍和评析上转移到本国教育历史的研究上。进入20世纪中叶，教育史学家已经普遍不能满足于把教育史仅仅作为伟大教育思想家、教育政策和法律及公立教育机构的历史，对传统教育史学不满情绪升起。迫切要求教育史学家在时间的跨度上，架起一条联结过去、现在和未来的人类智慧的桥梁，使教育史真正能够做到借鉴过去、启迪当代、嘉惠未来。在20世纪中叶，虽然传统教育史学在英国居于主流地位，但尚未形成一花独放、万马齐喑的局面。与传统教育史家观点和方法不同的教育史研究仍然存在，而且正是他们先开始反思传统教育史学的利弊得失，从而在新旧教育史学转型过程中起到承上启下、继往开来的重要作用。

---

① F. Clarke, *Education and Social Change: an English Interpretation*, London and New York: The Sheldon Press, The Macmillan Company, 1940, p. 11.

二 英国教育史学变革的外部推力

笔者认为，20世纪中期英国教育史学变革主要受三个外部因素的影响：一是史学界变革对英国教育史学界的影响；二是本国师范教育的改革推动了教育史学的变革；三是还有一个重要的推动力量是来自大洋彼岸的美国新教育史学。

（一）史学变革的影响

20世纪50年代中期前后，国际史学发生了一次转向，其总的趋势是从传统史学走向新史学。在《当代史学发展趋势》(Main Trends in History) 一书中，英国历史学家杰弗里·巴勒克拉夫（G. Barreclough）指出："从第二次世界大战开始，历史学的观念及其职能以及历史学家对待自己工作的态度，显然已进入了一个新的时期。1939年以前，大多数历史学家毫无疑问地遵循着老一辈历史学家在19、20世纪之交为他们确立的指导方针。1945年以后，他们开始对战前那种研究方式感到不满，而且逐渐明朗化。大约从1955年起，历史学进入了一个迅速转变和反思的时期。"[1] 这一时期英国史学革新的最主要表现是历史人口学派和马克思主义史学崛起，对经济史、社会史、劳工史、口述史、地方史、妇女史、家庭史和儿童史等研究的兴起，成为英国新教育史学兴起的先决条件。下面笔者以剑桥历史人口学派和儿童史研究为例，阐释史学的变革对英国教育史学的影响。

1964年，剑桥大学成立了"剑桥人口和社会结构史研究站"(The Cambridge Group for the History of Population and Social Structure)。该机构主要运用统计学和计量方法挖掘新史料，然后，运用结构分析的方法，探索人口数量关系背后的社会关系和社会制度变迁，如通过对人口识字率的统计，分析其与社会结构之间的关系。在《传统社会的识字》(Literacy in Traditional Societies) 一书中，共包含十章内容，分别介绍了识字的重要性和中国、印度、加纳、非洲、几内亚以及前工业时期英格兰等地区的识字测算情况。"前工业时期英格兰的识字测算"一章是由剑桥人口和社会结构史研究站的名誉主任罗杰·斯科菲尔德（R. Schofield）撰写。在这篇文

---

[1] [英]杰弗里·巴勒克拉夫：《当代史学主要趋势》，杨豫译，上海译文出版社1987年版，第1页。

章中,斯科菲尔德首次"尝试运用比较法对英格兰前工业时期和现代社会,以及英格兰和其他传统社会的识字情况进行研究,并且指出,在其他传统社会对读和写同时抓时,而在前工业时期的英格兰却相对重视读的能力"[1]。剑桥大学历史学家对识字测算的关注,影响了英国教育史学家,他们借鉴剑桥大学历史人口学派的研究方法,对英国历史上的识字情况进行了相关研究,如史蒂芬(W. B. Stephens)的《1830—1870 年教育、识字和社会:英格兰地区的多样化的形式》(*Education, Literacy and Society, 1830 – 1870:The Geography of Diversity in Provincial England*)。

1960 年法国菲利普·阿里耶斯(P. Ariès)的《儿童的世纪:家庭生活的社会史》(*Centuries of Childhood:A Social History of Family Life*)出版。1962 年,该书译成英文后,在英国产生广泛影响。在《英国的家庭、性和婚姻,1500—1800》 (*The Family, Sex and Marriage in England, 1500 – 1800*)一书中劳伦斯·斯通(L. Stone)首次运用儿童史的研究方法探讨儿童教育史。除了斯通之外,还有华樊(J. Walvin)的《一个儿童的世界:英格兰儿童的社会史,1800—1914》(*A Child's World:A Social History of England Childhood, 1800 – 1914*)和萨莫维尔(C. J. Sommerville)的《童年的升起和衰落》(*The Rise and Fall of Childhood*)的研究,这些研究将儿童放入整个社会脉络中研究,对儿童的各个层面进行研究,包括教育、生死、衣食住行等。另外,还有两本豪恩的作品《维多利亚的儿童》(*The Victorian County Child*)和《维多利亚和爱德华的学童》 (*The Victorian and Edwardian Schoolchild*)直接与儿童教育有关。

不难看出,20 世纪 60 年代,英国历史学家认为史学的变革,还应包括对本国教育史研究的革新。劳伦斯·斯通(L. Stone)认为英国教育史研究正处在摸索阶段,在资料搜集和理论框架上还没有定论。因此,应该呼吁运用阶级分析的范畴,在社会背景的框架内探讨教育发展的历程。[2]约翰·哈里森(J. Harrison)则认为英国教育史学与历史学之间缺乏联系,教育史研究仍是教育制度的编年史,未能与社会事件联系起来。教育史学的发展远远落后于历史学的发展。历史学家建议英国史学要完成新史学的

---

[1] R. Schofield, "The Measurement of Literacy in Pre – Industrial England", in J. Goody, *Literacy in Traditional Societies*, Cambridge:Cambridge University Press, 1968, p. 310.

[2] L. Stone, "Literacy and Education in England 1640 – 1900", *Past and Present*, No. 48, Feb. 1969, pp. 69 – 139.

革命,必须架起历史学和教育史学之间的桥梁,推动教育史学进行变革。① 那么如何建立教育史、历史学和社会学之间的关系呢? 历史学家史瑞特(R. Sereter)指出历史学家应善于从社会学的视角参与到教育史研究中,具体措施是:一是教育史研究应关注社会的、政治的和经济的背景;二是运用社会学的概念、理论和方法阐释教育历史的发展过程;三是通过教育史研究的结论来验证社会学的理论体系。②

除了上述历史学家对传统教育史学的批判和新教育史学的建议外,还有专业历史学家布瑞格斯(A. Briggs)提出的最具有影响力的建议。他提醒教育史学者要注意史学界正在出现的"新史学"变革,并指出教育史研究要变成广义的社会历史研究的一个组成部分。布瑞格斯乐观地指出历史学界所发生的变革肯定会促使教育史研究变得更好。特别是,一种综合了地方的、比较的、量化的、社会的、政治的、思想的和文化的历史研究的更为复杂的方法,对于拓展教育史研究构建大有裨益。③ 布瑞格斯的提醒,为此后英国教育史研究开出了一份现成的提纲,同时也鼓舞了英国教育史学者致力于开拓新教育史学新天地的雄心壮志,有力地推动了英国新教育史学的兴起。

(二)"二战"后英国师范教育改革推动本国教育史学的变革

第二次世界大战后,虽然英国是战胜国,但经济实力受到了严重的削弱。为了发展经济,英国政府非常关心战后教育的恢复工作,颁布一系列法律和政策支持教育的发展。1944 年,《教育法》(Education Act, 1944)的颁布给英国教育发展提供了法律的保障,贯彻该法的前提条件就是要有足够的合格教师。而当时,英国师范教育是整个教育环节中最差的一环,因此,无力承担复兴英国教育的重任。鉴于此,以麦克奈尔(A. McNair)为首的委员会向教育署提交了《教师和青年工作者报告》,也称"麦克奈尔报告"(The McNair Report),提出 40 多条改革英国师范教育的原则和建议,扩充英国师资的数量。这份报告提出的建议和原则,在之后十几年

---

① J. F. C. Harrison, "Education in Victorian England", *Higher Education Quarterly*, No. 10, 1970. "W. Richardson, Historians and Educationists: The History of Education as a Field of Study in Post-war England", *History of Education*, Vol. 28, No. 1, 1999.

② R. Sereter, "History and the Sociological Studies", in P. Gordon and R. Szreter, *History of Education: The Making of a Discipline*, London: the Woburn Press, 1989, pp. 85 – 104.

③ A. Briggs, "The Study of the History of Education", in P. Gordon and R. Szreter, *History of Education: The Making of a Discipline*, London: The Woburn Press, 1989, pp. 160 – 175.

的英国师范教育中基本上付诸实践，至20世纪中期，英国师资紧缺的状况不断得到好转。伴随着师资数量的不断上升，原有的师资培训体系已经不能满足教师培训的需要，师范教育质量不断下降，导致众多教师处在不合格的状态。针对这种状况，学者们开始呼唤教师职业的专业化，认为教师职业应该像律师和医生一样，经过严格的专业训练。在这些因素的刺激下，英国师范教育开始新一轮的改革。

1960年，英国教师训练学院开始延长学制来进行师资培训改革，将师范教育学制延长至三年，普遍达到大学本科教育的年限。师范教育逐渐进入英国高等教育体系，教师专业化的要求越来越高。除了延长学制外，英国师范教育还进行了相应的课程改革，认为过去师资培训仅仅教授教学技能知识的时代已经结束。在师范教育的课程选择上，不仅要有教学技能的知识，还应有教育理论的学习和研究，以便让教师接受更多的专业知识和科学理论的熏陶。1963年，教育部和国会设立教育学学士学位并将训练学院改为教育学院，规定教育学学士学位课程的一般模式为四年制，课程由教育理论、两门学术性课程、教育实习和其他中小学学科教学法组成。伴随着教育学学士学位的采用，教育社会学也被引入英国师资培训课程，学生可以自主地在不同学科之间做选择，学生多选择实用性的课程，这些都冲击了教育史课程的学术地位，致使教育史学科面临生存危机。在危机面前，英国学者化危机为转机，成立英国教育史学会（The History of Education Society）以推动英国教育史学科的繁荣发展。1967年，英国教育史学会在利物浦市莫特教育学院（C. F. Motl College of Education）成立。

伴随着教育史学会的成立，教育史研究开始得到缓慢而稳定的扩展。正如我国学者所说："在英国，1947—1966年间由大学历史系主编的刊物中出现了80篇有关教育的文章，从40年代后期的年均3篇增至60年代中期的年均5篇，同时还出现了一些关于教育方面的历史著作。在1952年由教育家创办的第一份研究期刊《英国教育研究杂志》中，教育史的文章则占了统治地位，到1966年为止的15年中，共刊发了108篇教育史领域的文章，而且基本上由教育史学家撰写，占杂志文章总数的70%。教育史学科的研究范围进一步扩大了，从重点研究关于大学的教育与教育政治、杰出教育家传记、教育政策和管理逐渐扩大到地方区域研究、教育与社会结构的关系，等等。"①

（三）美国修正主义教育史学的影响

美国新教育史学主要有两派：一派是温和修正主义教育史学，以贝林（B. Bailyn）和克雷明（L. A. Cremin）为代表；另一派是激进主义教育史学，以凯茨（M. Katz）为代表。温和修正主义主要通过扩大教育史研究的范围，来建立教育史学和历史学之间的关系，而激进修正主义是运用社会控制的理论重新思考阶级角色在教育变迁中的作用，认为学校是统治阶级再生产的工具，从而否定教育在社会改革中的作用。麦卡洛克和查理森指出"美国新教育史学在1966年到达加拿大，1968年到达英国，70年代到达澳大利亚"②。在英国，首先，理查德·约翰逊（R. Johnson）开始用社会控制理论解释教育政策的制定，通过预先的假设寻求一种新的教育史阐释方法，虽然存在很多的局限性，但是被视为英国早期修正主义者。另外，在《教育史》（History of Education）期刊上，刊登了美国加州大学洛杉矶分校的柯恩（S. Cohn）的《美国教育史的新观点（1960—1970）》（New Perspectives in the History of American, 1960 - 1970）一文。柯恩简要论述了美国修正主义教育史学的观点及研究成果，将美国20世纪60年代至70年代的修正主义教育史学思想介绍给英国教育史学者。之后，在西尔弗邀请下，美国历史学家凯斯特（C. F. Kaestle）主编一期美国问题的专刊，向英国学者介绍美国教育史学发展的两种趋势。

英国教育史学家劳指出："英国教育史学界对20世纪60年代至70年代产生于美国的修正主义教育史学的争辩始终保持沉默，这反映了英国学界欠缺批判性。"③ 但是，笔者认为，在英国，尽管没有像加拿大和澳大利亚针对美国修正主义教育史学理论和方法做出强烈的回应，但是教育史学家对修正主义的观点也引起一些争论，如西尔弗反对约翰逊的作品，尤其是约翰逊将社会控制作为一个单边的概念使用，从实践看意图，从效果看实践未能给出合理的解释，"未能意识到社会学家建立社会控制的概念

---

① 周谷平、吴静：《二战后英国教育史学科的发展及其启示》，《全球教育展望》2002年第5期，第77页。
② G, McCulloch and W. Richardson, *Historical Research in Educational Settings*, Buckingham: Open University Press, 2000, p. 38.
③ R. Lowe, *Trends in the Study and Teaching of History of Education*, Leicester: History of Education Society, 1983.

时面临的困境"①。美国修正主义教育史学家大卫（D. Tyack）参与了西尔弗对约翰逊的批判，认为社会控制理论倾向的作品过度理论化，并且在社会控制理论和教育史之间未能形成有效的对话。这些争论引起教育史写作范型的转型，教育史学家开始思考教育史学科的研究方法、研究问题和解释框架及理论方面是否需要做大的修正。正是在这一背景下，1977年，西尔弗在《牛津教育评论》（Oxford Review of Education）上发表《忽略的方面：维多利亚时期大众教育中的奇怪案例》（Aspects of Neglect: the Strange Case of Victorian Polular Education）一文，即是采取了修正主义的观点，对维多利亚时期大众教育的研究进行了反省，进而批判过去的教育史研究。西尔弗指出过去教育史研究存在以下几方面的缺陷："1. 重视上层：只关心教育设施与行政；2. 空洞：极少注意学校教育内容或其他教育过程；3. 单维度：未考虑学校教育的影响及对它的反应；4. 孤立：未探讨学校与家庭、工作、娱乐、政治及社区间的联系；5. 半盲目：只注意到教育中适合调查的地带"②。西尔弗认为解决上述问题的方案就是要给予社会思想史研究以特别的重视。至此，在内外因素的刺激和推动下，英国教育史学的变革悄然进行，新教育史学兴起。

第二节 英国新教育史学的兴起

笔者认为英国新教育史学兴起经历了四个阶段：一是萌芽于20世纪50年代早期英国"共产党历史学家小组"发起的重新阐释英国历史经验的呼声中；二是1955年，教育学者琼·西蒙尝试重新阐释英国教育经验，是英国新教育史学的构想时期；三是1960年，在马克思主义的影响下，西蒙撰写了《教育史研究，1780—1870》一书，将马克思主义理论运用到教育史研究上，批判传统教育史学的同时给教育史学指明了方向，是英国新教育史学的摸索时期；四是1967年，英国教育史学会成立，英国教育史学开始进入一个较深入思考教育史学的出路、更新传统、寻求新发展的过程。1972年，英国教育史学会出版了《教育史》期刊，并刊发了布里格斯、西蒙·

---

① H. Silver, Education as History, London: Methuen, 1983, p. 25.
② H. Sliver, "Aspects of Neglect: the Strange Case of Victorian Popular Education", in Peter Gordon and Richard Szreter, History of Education: The Making of a Discipline, London: The Woburn Press, 1989, p. 198.

沙玛（S. Schama）、戴维（A. T. David）、诺曼·莫里斯（N. Morris）等关于新教育史学的论文，英国新教育史学正式踏上了英国历史的舞台。

一 英国新教育史学的滥觞

20世纪60年代中期在美国发端的新教育史学在英国也开始兴起，这一时期英国教育史学开始转变，更倾向于社会科学和社会史导向的研究范式，换句话说，开始对传统的心智史和思想史取向的教育史研究进行反思，历史学家和教育学家之间的联系建立。按照英国教育史学的发展趋势，其批判之声在1940年弗雷德·克拉克的《教育与社会变迁：一种英国的解释》一书中就已经出现，但第二次世界大战的爆发中断了原有的进程，从而使新教育史学的正式兴起延迟到了战争结束之后。根据文献分析，笔者发现英国新教育史学的兴起主要得益于英国"共产党历史学小组"的活动。

20世纪30年代末，在英国共产党的指导下，莫尔顿（A. L. Morton）等人成立了"共产党历史学家小组"，其主要任务是"在它的成员当中加深对马克思主义的理解，用一切可能的方法促进马克思主义方法在英国历史学家和广大公众中的传播与掌握。"[①] 1946年至1956年，该小组不仅吸收了英国共产党高级领导人、职业历史学家，而且还吸收了众多普通群众，"共产党历史学家小组"的活动阵容不断增强，不断扩大了马克思主义的影响。1952年，史学家小组创办了《过去与现在》（Past & Present）期刊，为马克思主义史学家和其他进步史学家提供了演说新观点的阵地。从创刊至1972年间，共发表有关运用新史学的方法研究教育的文章三十多篇，其中包括琼·西蒙的《英国教育和改革》（Reformation and English Education）、斯通的《1640—1900年英格兰的识字和教育》（Literacy and Education in England 1640-1900）、鲁宾斯坦（W. D. Rubinstein）的《1880—1970年英国精英的教育和社会起源》（Education and the Social Origins of British Elites 1880-1970）、理查德·约翰逊的《早期维多利亚时期英格兰的教育政策和社会控制》（Educational Policy and Social Control in Early Victorian England）等重要的新教育史学作品，成为新教育史学诞生的重要地点。1956年以后，因国际共产主义运动发生巨变，"共产党历史

---

① ［苏联］维诺格拉多夫：《近现代英国史学概论》，何清新译，生活·读书·新知三联书店1961年版，第101页。

学家小组"成员出现分化现象。但是，他们仍旧坚持运用马克思主义理论和方法进行历史研究，形成了享誉国际史坛的马克思主义历史学家群体，如埃里克·霍布斯鲍姆（E. Hobsbawm）、E. P. 汤普森（E. P. Thompson）、莫里斯·多布（M. Dobb）、克利斯托弗·希尔（C. Hill）等。

1946 年，在《资本主义发展研究》（Studies in The Development of Capitalism）一书中，在唯物史观的指导下，多布从经济史的视角对封建主义和资本主义进行了系统研究。此后，多布的观点引发了马克思主义史学家内部关于从封建主义向资本主义过渡的讨论。其中以哈耶克（F. A. Hayek）为代表的一批自由主义经济学家和历史学家批判 19 世纪以来的社会主义史学家的传统观点——关于工业革命时期英国工人阶级生存状况急剧恶化的观点。自由主义史学家认为当时工人阶级也是工业革命的受惠者，不仅他们的生存条件没有恶化，反而是在不断改善。随后，汤普森、霍布斯鲍姆加入论战，发出重新阐释英国经验的呼声，其中也包括英国教育经验。1946 年至 1960 年间，英国马克思主义史学家开始进行工人阶级的教育研究。如 1946 年至 1965 年，汤普森投身于成人教育的研究，正如汤普森自己所说："投身成人教育的目的就是为了'创造革命'，具体地说就是为了通过教育启发工人阶级，使之成为推动社会进步的主体。"[①] 在长期从事成人教育、"向人民学习"的过程中，于 1963 年，汤普森撰写了《英国工人阶级的形成》（The Making of the English Working Class）一书，阐释英国工人阶级文化的形成历史，该书被称为广义的工人阶级教育史研究，直接影响到英国学者对工人阶级教育的关注。另外，莫尔顿的"自下而上"的"人民历史"观念，多布发明的阶级斗争分析方法，这些都成为英国新教育史学方法的基础。

在"共产党历史学家小组"的影响下，哈里森也参加到成人教育的研究中，认为成人教育历史尤其是劳工教育历史是历史学家长期忽略的一个问题，应该受到关注。1954 年，哈里森撰写了《劳工学院历史（1854—1954）》（A History of the Working Men's College, 1854 - 1954）一书，共包括八章内容，分别介绍了劳工学院的起源（1848—1854）、基础（1854）、早期阶段（1854—1872）、危机和重组（1872—1883）、学院研

[①] 张亮：《阶级、文化与民族传统：爱德华·P. 汤普森的历史唯物主义思想研究》，江苏人民出版社 2008 年版，第 11 页。

究 (1883—1902)、中期阶段存在的问题 (1902—1918)、战争期间 (1918—1939) 以及后期阶段 (1939—1954)，这本书可以视为英国教育史研究视角转变的早期著作。这本书与传统教育史学作品的不同之处是：(1) 劳工学院历史是社会史的一部分。哈里森打破传统教育史学将劳工学院历史作为精英人物的故事来书写的方式，认为劳工学院是伦敦社会史的一部分，有着学院自己的生活和精神，即"学院是维多利亚人建立的一个自愿性的社会服务纪念碑，并且学院一直调整自身以满足每一代学生，并招聘自愿不要报酬的教师来传递学院的传统"[①]。哈里森指出如果不追寻学院从哪里来的，过去是什么样的，那么我们就不能很好地解决好现在的问题。哈里森通过比喻形象地说明了教育史的目的："在我们计划下个阶段的旅行时，我们必须能够找到地图的最东方。这些也将是历史为方向提供材料的目的。"[②] (2) 关注劳工学院失败的地方，以给现在英国成人教育提供借鉴意义。哈里森指出过去学者们更多的是关注劳工学院的成功的方面，忽略了其失败的地方，如在招生学生方面，大部分是中产阶级中较低收入的文员和营业员，劳工阶级的比例很少。原因是随着工作时间的增加，以及学院的收费制度，越来越多的劳工阶级放弃了去学院学习，而转向用业余时间继续在工厂工作。(3) 批判传统教育史研究孤立地看待劳工学院，应该将劳工学院和社会运动结合起来进行研究。哈里森认为劳工学院不是一个孤立的机构而是成人教育运动和自愿组织机构的一部分，同时，教师和学生之间的接触，教师也深刻影响了学生的生活以及观念的形成。因此，在这本书里，哈里森从三个方面考察了劳工学院：成人教育机构、自助机构和个人影响，并且认为这三个方面是交织在一起的，相互影响。

正是在上述思想的指导下，哈里森紧紧抓住学院的传统精神，不断追问学院何以演变，怎样演变成现在的模样，来揭示学院发展背后的东西——劳工学院的起源和发展是中产阶级的一种自助形式，并且通过让部分劳工阶级接受欧文式的教育来达到中产阶级和劳工阶级以及劳工阶级内部的合作。之后，哈里森又撰写了《1790—1960，学习和生活：英国成人教育运动史研究》(*Learning and Living 1790 – 1960: A Study in the Histo-*

[①] J. F. C. Harrison, *A History of the Working Men's College 1854 – 1954*, London and New York: Routledge Taylor & Francis Group, 1954, p. XI.

[②] Ibid., p. XX.

ry of the English Adult Education Movement）一书，这本书是在《劳工学院历史（1854—1954）》的基础上对英国成人教育历史进行更深层的研究，也是一部成人教育社会史的作品。正如哈里森自己所言："这本书的撰写得益于与比尔斯（H. L. Beales）关于成人教育社会史的起源观点的讨论，得益于与劳伦斯·克雷明和布里格斯关于新教育史学的讨论。"[①] 虽然，哈里森还没有对英国教育史研究的对象进行界定，但是他所进行的成人教育史研究，以及对新方法、新史料的关注和运用，毕竟意味着英国教育史学已经开始反思传统教育史学的缺陷，新的教育史学模式正在孕育中。

二 英国新教育史学的构想

英国教育史学家威廉·理查森指出，当贝林在1954年向传统教育史学开战之时，在英国，除了琼·西蒙在1955年对利奇的批判一文之外，针对传统教育史学和新教育史学的争论相对较少，或者几乎没有。[②] 笔者认为，在20世纪50年代中期，尽管英国教育史学界没有兴起像美国这样激烈的争论，但是英国教育史家和历史学家针对教育史研究的方法所做的争论，在一定程度上反映了英国教育史学界的反思和批判活力。历史学家和教育史学家的争论主要是围绕利奇这个既有活力又有着较大争议的历史学家展开的。对利奇的批判更多的是批判他作为历史学家的不足，尤其是他的关于中世纪学校教育的编年史作品，这场争论的教育学者主角是琼·西蒙。

琼·西蒙是英国著名的教育史学家，是著名历史学家和教育学家布莱恩·西蒙的亲密合作者和妻子。琼是19世纪首相大臣罗伯特（Robert Peel）的直系后代，在剑桥三一学院（Trinity College, Cambridge）学习时认识了布莱恩·西蒙，1941年，与布莱恩·西蒙结婚，直到2002年布莱恩·西蒙去世，两人一直合作研究教育。正如布莱恩·西蒙所说："我的合作伙伴——琼·西蒙是和布莱恩·西蒙的全部作品紧密相连的。"[③] 琼

---

① J. F. C. Harrison, *Learning and Living 1790-1960: A Study in the History of the English Adult Education Movement*, London and New York: Routledge Taylor & Francis Group, 1961, p. XI.

② W. Richardson, "Historians and Educationists: The History of Education as a Field Study in Post-war England 1945-1972", *History of Education*, Vol. 28, No. 1, 1999, pp. 1-30.

③ T. Woodin, *Brian Simon and Educational Change*, Research Intelligence: News from the British Educational Research Association Issue 102, http://www.bera.ac.uk/files/ri/ri102-for-web.pdf. Retrieved 2010-12-17.

的主要作品有：《都铎王朝时期英格兰的教育和社会》（*Education and Society in Tudor England*）、《英国教育的社会起源》（*The Social Origins of English Education*）、《谢娜·西蒙：女性主义者和教育家》《*Shena Simon: Feminist and Educationist*》、《教育史的过去和现在》（*The History of Education in Past and Present*）、《利奇关于宗教改革Ⅰ和Ⅱ》（*A. F. Leach on the Reformation Ⅰ and Ⅱ*）、《英国教育和宗教改革》（*The Reformation and English Education*）等。20世纪50年代初期，按照"共产党历史学家小组"中的实际分工，其中重新阐释教育经验的任务分配给琼·西蒙。1955年，琼·西蒙开始重新阐释英国教育经验的尝试。在《英国教育研究》（*British Journal of Educational Studies*）中连续撰写两篇文章《利奇关于宗教改革Ⅰ和Ⅱ》用犀利的语言攻击了利奇关于宗教改革的观点，也因此被誉为英国教育史学界"第一位反传统习俗的教育史学家"①。1957年和1963年，琼又相继撰写完成了《英国教育和宗教改革》和《利奇：一个回复》（*A. F. Leach: A Reply*）两篇文章继续攻击传统教育史学。在上述作品中，琼主要通过两个路径倡导新教育史学。

首先，批判教育机构研究之父利奇的作品，关注教育史研究背后的前提假设。直到2005年去世之前几个月，琼还撰写了《利奇（1851—1915）：一个有活力和争议的教育史学家的过去和现在》[*An "Energetic and Controversial" Historian of Education Yesterday and Today: A. F. Leach (1851—1915)*]一文，刊登在2007年第3期的《教育史》（*History of Education*）期刊上。事实上，琼在去世之前曾指出，早在1949年，她在"共产党历史学家小组"成员希尔的帮助下完成了《教育政策和计划》（*Educational Policies and Programmes*）一文，刊登在《近代季刊》（*Modern Quarterly*）上，这是琼最早运用新方法重新评价利奇的作品。1952年，《英国教育研究》的创刊及其对教育的关注为研究利奇提供了一个平台，尤其是主编比尔斯（A. C. F. Beales）对近代史的关注，在期刊中公开以"利奇关于宗教改革"为题征文，刺激了教育学者和历史学者对利奇研究方法和研究风格的兴趣，进而也刺激了英国学术界对传统教育史学作品反思的兴趣。另外一个因素就是《英格兰牛津历史》（*Oxford History of England*）指出了历史学家之间对待利奇作品的不同之处。早期中世纪研究者

---

① B. Simon, "The History of Education in the 1980s", *British Journal of Educational Studies*, Vol. 30, No. 1, 1982, p. 87.

忽略利奇的阐释，因为利奇仅仅抓住修道院的问题和相关的基督教组织的形式；而后来的中世纪研究者更倾向于接受利奇对待宗教改革时期教堂的方式。正如普尔（R. L. Poole）所说：由于利奇是一个好怒、喜爱争斗的历史学家，因此关于利奇的作品应该重新审查。[①]

在历史学家和教育学家都在呼吁重新审视利奇及其作品之时，琼发现在西里尔·诺伍德（C. Norwood）的《教育的英国传统》（*The English Tradition of Education*）、史密斯（W. O. L. Smith）的《学校属于谁》（*Whom Do Schools Belong?*）、柯蒂斯的《英国教育史》和埃里克·詹姆斯（E. James）的《关于教育内容的评论》（*An Essay on the Content of Education*）等传统教育史学作品中都将文艺复兴和宗教改革视为两个破坏的力量。他们认为在英国，宗教改革摧毁了国家的统一，尤其是大批学校被毁坏。伊丽莎白和斯图亚特时期的学校质量和数量都低于中世纪英格兰的学校。因此，17、18世纪被认为是教育史上的黑暗时期。而在《斯图亚特王室统治时期的生活》（*Life Under the Stuarts*）一书中，贾曼（T. L. Jarman）则明确指出"在中世纪末期和工业革命之间英国教育的变化很小"[②]。琼认为之所以上述学者持这样的观点，主要是因为他们取材于利奇的《宗教改革时期的英国学校》（*English Schools at the Reformation*），认可和支持利奇关于宗教改革的观点。同时，琼指出在捍卫利奇的支持者那里，利奇是公立学校研究之父，一般的对利奇作品的批判都不被利奇的支持者所接受。因此，欲批判利奇对历史事实的篡改以及历史叙事的编写模式，必须先批判利奇作品的前提假设。

在利奇看来，英国现代学校体制建立于中世纪，牧师一直在英国教育发展中起着至关重要的作用。利奇认为英国爱德华六世颁布的两个教堂法摧毁了许多文法学校，初等教育受到前所未有的摧残。琼认为利奇关于中世纪学校的价值和本质的评估，以及认为大部分人反对《教堂法》（*Chantries Act*）的观点是不对的。利奇之所以会持这种观点，因为利奇的前提假设是英国现代学校体制在中世纪时期就已经建立，在7世纪至16世纪，世俗的牧师在教育发展中起到重要的作用。在《宗教改革时期的英国学校》一书中，利奇认为这一前提假设是理所当然的，在《中世纪

[①] J. Simon, "An 'Energetic and Controversial' Historian of Education Yesterday and Today: A. F. Leach (1851–1915)", *History of Education*, Vol. 36, No. 3, 2007, pp. 367–380.

[②] T. L. Jerman, Life Under the Stuarts, London: *Falcon Educational Books*, 1950, p. 69.

英格兰的学校》一书中，利奇则证实了这一观点。而事实上，利奇的这一前提假设是不被历史学家所接受的。利特尔（A. G. Little）则认为利奇错误的翻译、不正确的史实和未经证实的推论，尤其由于利奇对僧侣制度的偏见，导致了他忽略、误解了中世纪的相关证据，因此，利奇认为从 7 世纪至 16 世纪，世俗牧师是教育发展的重要因素是不对的。[①] 琼认为利奇通过设想大部分学院教堂来管理文法学校和初等教育，高估了教会学校的价值和数量。事实上，正好相反，在整个盎格鲁—撒克逊时代（The Anglo-Saxon Period）和征服之后的很长时间里，英格兰的教育和学术研究都是集中在修道院，而不是文法学校。同时，在宗教改革时期，仅仅有 9 个世俗牧师管理学校，而他们管理的学校多数不受《教堂法》影响。另外，琼还指出利奇关于 1548 年之后学校教育倒退的观点和宗教改革后教育的扩充和改变的证据是不相符的。1560 年至 1650 年间，这段时间，英国中产阶级比英国历史上任何时间捐赠给教育的财产比例都要多。同时，大学数量也增加到一个顶峰，直到 19 世纪才超过这一时期的数量。这些新兴的学校，管理的兴趣主要集中在服务上，而不是教会仪式上，因此，早期的绅士教育、学徒教育和文员教育都在这些学校里兴起。17 世纪早期是学者的时代，英国诗歌和现代科学诞生的时期，这也证明了联邦改革的政策和计划推动了教育活动到达前所未有的顶峰，而这些发展的基础则是宗教改革。

除了批判利奇研究的前提假设外，琼还批判利奇仅仅通过爱德华六世的统治时期教堂法的短暂效果看教育的发展，夸大了宗教改革对于教育的破坏力度。在 15 世纪早期，关于建立学校的呼声就不断上升，而教会办学的兴趣却不断下降。在 1530 年之前，中世纪教会已经丢失了对学习和学习方式的垄断，教会在教育中的力量已经开始下滑。因此，利奇强调学校依附于世俗教堂和学院教堂的重要性的观点是不让人信服的。事实上，教会立法者希望文法学校保持下来。另一方面，立法者又忽视了文法学校的义务和法定职责。利奇只看到了前者，忽视了后者。宗教改革时期关于解除一些教会制度的措施，对当时教育产生了积极的影响，而利奇认为这些贡献是无意义的。利奇忽略了整个问题的关键，只是简单地提及亨利八世时由于取缔修道院没收教会财产从而使那些附属于教会的学校被解散，

[①] J. Simon, A. F. "Leach and the Reformation I", *British Journal of Educational Studies*, Vol. 3, No. 2, 1955, pp. 128–143.

这确实影响了教育的发展。但是，之后亨利很快重建十几所重要的教会语法学校，这在一定程度上弥补了取缔修道院带来的损失。利奇对亨利八世的肯定，只是为了攻击爱德华六世统治时期对学校教育的摧残。琼认为爱德华六世对教会财产进行的剥夺，解散了附属礼拜堂和小教堂，一些学校也被解散了，这些确实破坏了当时初等教育和文法学校的发展。但是，却保留了由附属教堂教士管理的大多数学校，并由政府任命专人来管理。除此之外，爱德华还创办了很多免费的语法学校，这些措施都一定程度上推动了当时英国教育的发展，也给爱德华带来了很好的名声。

琼正是通过上述两个方面审视了教育机构研究之父利奇的作品，重新阐释了英国教育的经验，给当时英国教育史学界带来了反思批判的活力。在反思和批判利奇作品的同时，琼也在"英国共产党领导小组"的影响和帮助下，继续探索英国教育史研究的变革路径。

其次，建立教育史和社会史之间的关系，呈现综合全面的教育史图景。事实上，早在1940年，克拉克就明确指出："英国人必须要有一种自我批判的精神，要反省潜藏在包括教育在内的一切理念和行动背后的意识形态，这是推动英国国内各项事业得到改进的前提。而'英国传统'远未到达山穷水尽的地步，它现在只是处在一种不适应的状态，没有必要完全停止。在不需要彻底摧毁传统的前提下，教育应作出相应调整来适应已经变化的社会秩序。"① 这段话表明了克拉克希望英国学者能够担负起反思教育研究的重任，而这种反思是对"传统"的一种自然传承，是"传统"的历史发展的自然结局，在反思"传统"的过程中传承"传统"以促进英国教育的发展。克拉克还用了大批的文段来赞美英国传统的教育，认为英国传统的教育能够通过调整产生出新的事物来满足社会的变化，认为英国的变革主要是通过两种路径：一是在传统内部重新改组以产生新的有生命力的事物；二是找出新的推动力来推动传统的进步。在这里新的推动力就是社会学的引进。克拉克引用马克思主义的阶层分析法，将教育和社会联系起来分析英国的传统教育。认为超阶层或者无阶层的社会并不存在，英国政府要通过教育来满足新的社会需求，教育从入口到产出不能以阶层的特权为标准而应以真正的才能和智力为标准。通过传统教育的改组和调整，最后增强英国社会的凝聚力和核心力，使得英国社会更加强大。

---

① F. Clarke, *Education and Social Change: an English Interpretation*, London: The Shedon Press, New York: The Macmillan Company, 1940, p. 6.

并且在克拉克这里,教育的范围也不再只是公立学校,而是包括私立学校、社区、电影院、收音机等,特别用了大篇文章论述了 BBC 在成人教育方面所起的作用。对于教育的目的,在克拉克这里,他认为教育的目的就是要使得英格兰文化更加大众化,使得每个人都能接受、学习发展英格兰文化,最后使得社会的凝聚力不断提高。

琼正是在克拉克的影响下,关注教育和社会的关系,正如琼自己所说:"我的作品归因于弗雷德·克拉克的《教育和社会变迁》的观点,英国教育一直在重申或重写,但是很少有批判的声音,很少关注社会的力量在教育发展中的作用,尤其是在历史的研究中更是忽视了社会的因素。"[1] 琼认为教育是和生活的每一个方面紧密相连的,是社会态度和社会愿望的结果,因此教育实践和教育机构都是和广阔的社会运动联系起来的,应将教育和当时社会、经济、政治和宗教联系起来看待当时的教育改革,这样也就从以往教育史研究的狭隘观念中解放出来。琼批判传统教育史学关于都铎王朝时期英格兰的教育研究时,仅仅将教育作为教会事务的附属品,或者是将其作为艺术、文学等补充材料来叙述,并将教育改变的原因归结为文艺复兴和宗教改革这两个不可控制的因素推动的结果,而没有看到教育改革的本质,即忽略了社会各个阶层在这个时期的状况和反应,提供的只是一个零散的孤立的历史画面,因此,在琼那里,教育史应该是社会史的一部分,教育和社会紧密相连,教育史应该是一个综合全面的图景。

琼·西蒙的文章发表在当时教育史学界和历史学界的两份权威期刊《英国教育研究》和《过去与现在》上,预示着新的思想在教育史学界和历史学界开始涌动。正如她的丈夫布莱恩·西蒙所言:"琼·西蒙的文章的发表标志着一个新时代的来临,一贯被认可的解释现在越来越多地受到了挑战……琼·西蒙也因此是英国第一位反传统习俗的教育史学家。"[2] 布莱恩·西蒙继琼之后,基于对战后英国教育体制中的分裂性特征的不满,以及为推动综合中学教育运动开展的需求,向传统教育史学发起更有力的攻击。1960 年,《教育史研究,1780—1870》(*Studies in the History of*

---

[1] J. Simon, *Education and Society in Tudor England*, London & New York: Cambridge University Press, 1964, p. IX.

[2] B. Simon, "The History of Education in the 1980s", in R. Lowe, *History of Education: Major Themes, Volume* I: *Debates in the History of Education*, London and New York: Taylor & Francis Group, Routledge Falmer, 2000, p. 170.

Education, 1780 – 1870）[后再版改名为《两个民族与教育结构，1780—1870》（The Two Nations and the Educational Structure, 1780 – 1870）]一书的出版，"在英国教育史学界，首次亮明了教育学者从偶像化传记到激烈批判的一种重要转向"①。随后，在 1965 年和 1974 年，布莱恩·西蒙又出版了《教育与劳工运动》（Education and Labor Movement）和《教育改革的政治》（Politics of Educational Reform, 1920 – 1940）两本书，对英国传统教育史学进行了猛烈的冲击，被誉为"1960—1970 年之间英国教育史坛上以批判风格著称的专家"②。

三　英国新教育史学的探索

1960 年，布莱恩·西蒙的《教育史研究，1780—1870》一书出版，有力地冲击了传统教育史学，推动了英国教育史学的变革。布莱恩指出"传统教育史学主要论述了学校和学院组织以及教育改革者的思想，因此往往呈现给教育学者，而不是呈现给普通读者的。但从更广阔的视野来看，教育史上发生的各种事件，触及生活的方方面面，关系到社会各阶级的观点。我就是要把人们的注意力引向那些经常被忽略的方面，尽力叙述教育改革者的思想，以引起当代社会和政治冲突的变化"③。在西蒙看来，20 世纪 60 年代，尽管教育史已经成为英国师资培训课程和大学教育系中的一门基础科目，但是，传统教育史学过多地关注教育机构、教育制度和教育思想的历史，没有充分考虑到社会各方面的压力和需求对教育发展的影响。仅仅将教育发展的动力归结于教育内部因素，与社会中的相关因素是无关的。因此，在教育史作品中，读者只能看到具有编年史取向的历史年代、历史事件和法令法规等条条框框的东西，而教育史研究的真正意义——社会改变对教育的影响——被遗忘了。因此，这样就很难很好地理解和消化教育史。教育史研究处于一个孤立和封闭的状态。教育史学科需改变这种状况，需要做的是——弄明白教育史教什么？教育史如何才能和其他学科保持密切联系？如何能够提高教育史学科的学术性和思想性？

---

① W. Richardsom, "Historians and Educationists: The History of Education as a Field of Study in Post – war England, Part Ⅰ: 1945 – 1972", History of Education, Vol. 28, No. 1, 1999, p. 15.

② 延建林：《布莱恩·西蒙和二战后英国教育史学》，博士学位论文，北京师范大学，2003年，第 96 页。

③ B. Simon, The Two Nations and the Educational Structure, 1780 – 1870, London: Lawrence & Wishart, 1964, p. 13.

西蒙认为传统史学关于政治史的研究已经不能适应当今社会的发展了。当今，历史研究关注的焦点已经由精英式的政治史转向与底层民众利益休戚相关的经济和社会发展上。教育史作为历史学的一个分支学科，研究重心也应该由国家干预教育的赞歌模式转向影响民众的广泛的社会运动上。教育史学者应该改变精英人物、学校机构、政策法律和空洞的制度等统领教育史的现象，寻求教育史研究的新方向和新对象。因此，西蒙指出"教育具有社会功能，在社会中处于重要地位。教育史研究的主要任务是追踪教育发展的历程，试图评价教育是否实现了在不同时期社会发展中所起的社会功能，从而才能够更深地理解教育史为现在服务的功能。不仅教育机构或制度是社会性的条件，而且教育理论也蕴藏在日复一日的教学和学校组织中，并且是发展的，而不是孤立的。应该从整体上理解教育的发展，而不是孤立地研究教育机构和教育思想，这应该是教育史研究的一般要求"[①]。

在西蒙看来，教育史学家应当具备融合的视野，把教育史研究作为社会史研究的领域，教育史不应该只是某些学科的补充，而应该与所有学科相结合，采取真正的跨学科研究取向。西蒙指出"如果教育史与其他学科紧密联系，使历史研究的真正目的完全显现出来，相信这门学科的处境会更好些"[②]。因此，教育史学家应该密切关注哲学、心理学、社会学和历史学的理论和方法。这样教育史研究才能实现其社会功能。伴随着历史学研究取向从政治、体制转向经济和社会发展的变化，从精英史转向人民史，教育史学家应将教育放在广阔的社会背景中来研究，并因此揭示其社会功能，在社会变迁中揭示出教育变革的重要性，而不能仅将教育看作历史的附属。[③] 因此，在西蒙那里，教育史研究转向了影响大部分人的运动上——教育改革和社会改革上。

那么如何研究教育改革和社会运动呢？在西蒙看来，马克思主义为教育史学者指明了方向，能够帮助教育史学者将教育放置在广阔的社会背景中寻找历史的解释。正如西蒙所说："20世纪30年代，在剑桥大学，马

---

① B. Simon, "The History of Education (1966)", in P. Gordon and R. Szreter, *History of Education: the Making of a Discipline*, London: The Woburn Press, 1989, p. 56.
② 杜成宪、邓明言：《教育史学》，人民教育出版社2004年版，第405页。
③ B. Simon, "The History of Education (1966)", in P. Gordon and R. Szreter, *History of Education: the Making of a Discipline*, London: The Woburn Press, 1989, p. 56.

克思主义是学生的亚文化或者是吸引学生的一种反文化。作为一名刚刚接触到马克思主义的新人,在第一次进行教育史研究时,我无法避免地就是想运用马克思主义思想来解释18世纪后期至19世纪后期的教育历史……马克思主义的阶级分析方法不仅有助于阐明教育思想、教育运动、教育内容、方法论,同时为深入研究教育体制或体制间的变化以及社会、宗教、经济和政治运动之间的关系提供了钥匙。"① 在《教育史研究,1780—1870》一书中,西蒙运用马克思主义阶级分析方法给读者呈现了一幅1780年至1870年之间英国教育发展的画面。西蒙认为新教育史学必须具有以下几方面的特点。

首先,强调批判的意识。"如同哲学需要的不是概况而是逻辑和概念的分析那样,教育史研究的主要功能之一是提高教育的自我批判意识(critical self-awareness)。"② 西蒙认为不能纯粹以歌功颂德的形式来论述19世纪的英国教育史。因为,这段时期是英国工业革命取得突飞猛进的时期,但是,也是英国社会两极分化的剧烈时期。也就是说,在少数资产阶级快速致富的同时,广大的底层人民却沦为机器的附属品,失业、疾病、贫困和饥饿常常围绕着他们。因此,必须用反思和批判的眼光重新审视这段历史。③

其次,从整体上把握教育发展历程。在《教育史研究,1780—1870》中,西蒙以工人阶级和资产阶级利益冲突的视角阐释教育改革的原因、内容和影响为主线,把与之有联系的教育事件、教育史事实都贯穿起来,形成1780年至1870年的英国教育发展的整体画面。但是他并没有把它写成教育史知识的普及读物,并不是要告诉读者在何时何地发生何事的教育史故事的叙述,而是把学校、社会和政治生活中最巨大的事件当做一个核心,以此为基础揭示一个时代的基本特征以及这些巨大事件对英国教育的深远影响,从而形成对这一个时期英国教育史的整体的认识。这种认识包括对这一时期经济、社会、政治、生活和文化意识形态等社会整体的历史,采用跨学科的方法而非单纯的就教育论教育,因此,西蒙倡导的是一

---

① B. Simon, "History of Education (1965)", in P. H. Hirst, *Education Theory and Its Foundation Disciplines*, London, Boston: Melbourne and Henley, 1983, pp. 72 – 73.

② B. Simon, "The History of Education (1966)", in Peter Gordon and R. Szreter, *History of Education: the Making of a Discipline*, London: The Woburn Press, 1989, p. 60.

③ 延建林:《布莱恩·西蒙和二战后英国教育史学》,博士学位论文,北京师范大学,2003年,第51页。

种总体的教育史观。当然，西蒙并不要求研究教育的总体，而是要求在研究每一个教育问题时，都能够从教育的总体上进行考察。也就是说，西蒙强调教育史学家在教育史研究中应将教育的方方面面作为自己研究的对象，在实践中允许选择各自研究的主题，在选择研究主题和建构研究领域的同时采取综合研究的方法。

最后，应以"从底层向上看"的视角研究教育史。"从底层向上看"的教育史研究方法是英国马克思主义教育史学家的一个重大贡献。具体地说就是把教育史研究的重点以精英和统治阶级这些上层人物转到社会下层的普通劳工阶级，注重普通群众的教育经历，把他们看作教育史过程的积极参与者和创造者。在西蒙看来，传统教育史学家撰写的教育史作品，没有能够全面反映出历史的全部真相，尤其没有能够站在工人阶级争取教育斗争的立场上来看待教育史。研究工人阶层的教育史就是把重点从精英或统治阶级这些大人物，转移到工人阶级所推动的劳工阶级与资产阶级之间，围绕教育相关的政治和经济问题，展开的相互冲突与斗争的历史画面，再现由他们创造却不能直接由他们自己撰写的过去历史。西蒙对普通人的教育史研究涉及范围相当广泛，尤其擅长工人阶级教育史的研究，注重考察工人阶级的全部教育经历，在工人阶级教育史研究方面取得了丰硕的成果。在《教育史研究，1780—1870》一书中，西蒙对普通工人阶级在1780—1870年教育历史中的创造作用给予极大的关注。"西蒙认为只有'从底层向上看'才能看到传统教育史学看不到的东西。"①

正如英国著名教育史学家奥尔德里奇（R. Aldrich）教授所说："《教育史研究，1780—1870》是英国传统教育史一个十分重要的转折点，西蒙在书中所运用的是阶级分析方法，而这种方法不仅为第一卷的主题，而且为它的结构提供了理论基础。"② 可见，马克思主义正是西蒙研究英国教育史的理论基础和主要方法，并在此理论和方法的指导下继续他的新教育史学探索，成为战后英国新教育史学的主要人物之一。

四 英国新教育史学的成型

进入 20 世纪 70 年代之后，伴随着高等学位的设置和教育史作品的不

---

① B. Simon, *Two Nations and the Educational Structure*, 1780 – 1870, London: Lawrence and Wishart, p. 14.

② R. Aldrich, "The Real Simon Pure: Brian Simon's Four Volume History of Education in England", *History of Education Quarterly*, Vol. 34, No. 1, Spring 1994.

断增多，英国教育史学者感觉尽管也有一些期刊刊登教育史的文章，但是，这些期刊的阅读群体相对狭窄，研究相对缺乏历史性，还没有教育史学科的专门性期刊。1972年，在马尔科姆（Malcolm Seaborne）、布莱恩·西蒙等人的努力下，创办了《教育史》期刊作为英国教育史学的主要期刊。在《教育史》期刊的第一期编者语一栏中，主编马尔科姆明确指出："我所指的教育史概念是和过去的教育史不一样的，教育史不仅包括过去所指的内容，还应该包括一些新研究对象。《教育史》期刊创办的主要目的就是拓宽教育史研究的范围，采取新的研究方法，为投身于教育史研究和教学的学者们提供一个交流和讨论的平台，以推动教育史学科更好地发展。"[①]

"新教育史学"的提出引起了学者对传统教育史学的重新认识和反思，这种认识和反思已经走出了60年代的争论，开始迈向新教育史学发展的路径探讨上。批判教育史学家看到传统教育史学在20世纪中期之所以会出现危机，难以继续发展，其主要原因是它与当时社会脱轨，既不能在教育改革的浪潮中唤起民众的力量，也不能给社会和民众带来现代进步的知识力量。也正是基于这一点，以"自下而上"为路径的强调人民教育史的"新教育史学"才成为学者们追求的目标。新教育史学的潮流不仅是对传统教育史学的批判，实际上，在质疑和批评传统教育史学的同时，富于新的内涵的教育史学观念也逐渐明晰。

在《教育史》第一期开篇中，布里格斯就提出了："教育史学科是历史学科的子学科，必须和历史学科保持着密切的关系。目前，历史学已经开始转向新史学，因此，教育史学也需相应的关注和借鉴史学的变革，探索新教育史学方法。"[②] 布里格斯认为，新教育史学主要有以下几个特征："1.关注英国教育发展的边缘——对英国特定地区教育研究，而不是仅仅关注英国教育发展的中心：'城市'和'农村'；2.注重英国教育史内部之间的比较和不同国别之间的比较，突出英国本土教育史的特征；3.对教育史问题进行量化分析，探索以前忽视的问题；4.运用社会学的分析方法研究教育史，关注政治和教育中的冲突现象；5.关注下层社会的教育历史，凸显劳工阶级在教育发展中的地位；6.关注教育过程中各方和

---

① M. Seaborne, "Editor's Foreword", *History of Education*, Vol. 1, No. 1, 1972, pp. 3-4.
② A. Briggs, "The Study of the History of Education", *History of Education*, Vol. 1, No. 1, 1972, p. 5.

社会互动的复杂系统,包括经验、语言和价值观之间的复杂关系,即是关注教育背后的社会和文化因素,从整体上研究教育历史发展趋势。"① 布里格斯依次提出了教育史研究对象——地区教育史、下层社会人民教育史、教育社会史和教育文化史;研究方法——比较的、量化的、社会学的分析方法,并明确了教育史学和历史学的母子关系。这是一种崭新的研究视角,为认识新教育史学的内容和方法提供了新的观察点,带来一系列不同于传统的教育史学思考。

教育史学研究的成果最终是要通过一定的著作形式表现出来,教育史作品的内容和体例就是表达新教育史学的重要手段。因而,一些学者以《教育史》期刊为平台对教育史学著作内容和体例的思考,反映了他们对新教育史学的理解和认识。如西蒙·沙玛的《1815—1830,比利时荷兰人教育政策中的权利忽视》(*The Rights of Ignorance: Dutch Educational Policy in Belgium 1815 - 30*)、戴维(A. T. David)《谢菲尔德市开放学校运动》(*The Open Air School Movement in Sheffield*)、诺曼·莫里斯(N. Morris)的《1870:等级的选择》(*1870: The Rating Option*)等。通过这些作品,教育史学家向人们展示了新教育史学不再以褒奖的方式看待教育历史,而是以一种审视批判的眼光看待教育史,并且,在内容上更多关注新的内容。这一时期,对教育史学内容的新认识和运用新思路、新方法、新体例编纂教育史,说明英国教育史学的革新已经由思想酝酿进入具体实践阶段。英国新教育史学的建设,作为一个连续性的教育史学运动,预示了现代教育史学的目标,并正步入由传统向现代转型的阶段。尽管新教育史学的理论体系还有待于完善,但其观念的传播和普及,学者对其理论的初步探讨和实践,已经为新教育史学流派的建设奠定了重要的基础。

20 世纪 60 年代中期至 70 年代末,新旧教育史学之间的争论进入高潮,新教育史学也进入较快发展阶段。教育史研究不再局限于教育学科,更多学科的研究者开始关注教育历史,研究群体已经发生明显的变化。新教育史学在批判传统教育史学的过程中形成了自己的特色,改变了教育史研究领域和研究方法的传统。英国新教育史学的兴起是英国教育史学传统中的一次范型转向,这次转向可以看作英国教育史学传统的一次断裂和创新,主要体现在:教育史学观念由"以今论古"转变为"以古论今";教

---

① A. Briggs, "The Study of the History of Education", *History of Education*, Vol. 1, No. 1, 1972 (1), pp. 5 - 22.

育史研究内容由部分到整体的转化——由精英转向底层人民；教育史研究方法从孤立到跨学科研究。这种跨学科方法不是指某一种具体的方法，它是在有选择地继承传统教育史学的研究方法基础上，对社会学、现代解释论、互动论、现象学方法和人种方法论等多种方法的综合运用。20世纪80年代至90年代中期，英国新教育史学在自身发展历程中，随着关注的焦点和理论基础的不同，新教育史学范型内部也开始发生转向，形成了不同的教育史学流派。新教育史学流派、传统教育史学以及新教育史学流派之间的关系是什么样的？是一种断裂还是连续？如果是连续，又是如何在传承传统的基础上进行创新？这将是笔者在英国教育史学流派中想要进一步弄清的问题。

本 章 小 结

英国新教育史学的兴起主要有两个因素：内部因素和外部因素。从内部因素来看，20世纪中期，英国传统教育史学的诸多困境已经暴露出来。英国需要怎样的教育史学的问题摆在了教育史学家面前，对传统教育史学批判的作品涌现，英国教育史学的变革之声在内部发起。从外部因素来看，主要有三个推动力：一是20世纪50年代，英国史学从传统史学走向新史学，历史人口学派和马克思主义史学派崛起，政治学、经济学、人类学和社会学等新兴社会科学对教育史学的影响也逐渐增大，为英国新教育史学的兴起准备好了理论资源和方法指导；二是本国师范教育改革为英国教育史学的变革提供了一个契机；三是美国新教育史学的作品和思想漂洋过海对英国教育史学界产生了积极的影响，英国教育史学家从美国新教育史学的作品中汲取了丰富的知识营养。在内外部因素的双重影响下，新教育史学在英国悄然兴起。

英国新教育史学的兴起主要经历了四个阶段：一是萌芽期——20世纪50年代早期英国"共产党历史学家小组"发起的重新阐释英国历史经验运动；二是构想期——1955年，教育学者琼·西蒙尝试重新阐释英国教育经验；三是摸索期——1960年，西蒙将马克思主义理论运用到教育史研究上，为教育史学的变革指明了方向；四是形成期——1972年，英国教育史学会出版了《教育史》期刊，刊发了新教育史学的论文，英国新教育史学正式踏上了英国历史的舞台。英国新教育史学的兴起，意味着英国教育史学范型的一次转向，这次转向可以看作英国教育史学传统的一次断裂与创新，主要体现在：教育史学观念由"以今论古"转变为"以古论今"，教育史研究内容由部分到整体的转化，教育史研究方法从孤立到跨学科研究。尽管新教育史学的理论体系还有待于完善，但其观念的传播和普及，学者对其理论的初步探讨和实践，已经为新教育史学流派的建设奠定了重要的基础。

第四章 流派纷呈：英国新教育史学多元化发展

　　马克思主义的阶级分析方法不仅有助于阐明历史上的教育思想、教育运动、教育内容、方法论，同时为深入研究教育体制或体制间的变化以及社会、宗教、经济和政治运动之间的关系提供了钥匙。

　　　　　　　　　　　　　　　　　　　　——布莱恩·西蒙

　　传统教育史学家忽视了女性在教育历史中的地位，相似地，马克思主义教育史学作品也是以男性为中心的，看不到性别之间的权力关系和女性。再一次，让我们看到的群众运动实际上只是男性的运动和斗争。

　　　　　　　　　　　　　　　　　　　　——琼·普韦斯

　　后现代主义是一个复杂的现象，呈现不同的含义，适用不同语境的不同观点。后现代主义提醒教育史学家应该重新阐明这些问题，即如何学习教育史，如何研究教育史、书写教育史，以及如何阅读教育史。教育史学家应参与到后现代知识的重构过程中。

　　　　　　　　　　　　　　　　　　　　——罗伊·劳

　　20世纪70年代至90年代中期，英国新教育史学在自身发展历程中，随着关注的焦点和理论基础的不同，新教育史学范型内部也开始发生转型，形成了不同的教育史学流派，流派之间存在着断裂和继承的创新现象。根据它们的关注焦点和理论基础的不同，大体上可以分为三种：以阶级为分析范畴的马克思主义教育史学、以性别为分析范畴的女性主义教育史学和以文化和语言为分析范畴的后现代主义教育史学。它们在各自的领域，运用不同的理论和方法重新构建教育史学。在这一章内，笔者不仅对每个流派产生、发展与衰退进行分析，而且，着力于梳理新教育史学不同流派之间的关系和异同之处；同时，阐释新教育史学流派与传统教育史学之间的断裂与革新，以挖掘出新旧教育史学之间的某种程度的连续性。

第一节 马克思主义教育史学

经历20世纪60年代新旧教育史学的争论和社会学洗礼之后，到70年代，在研究取向上，英国教育史学转向了马克思主义，它试图发展一种马克思主义教育史学，该学派的标志是"整体社会教育史"。一些教育史学家认为教育史学的马克思主义转向，是英国传统教育史学的终结，也就是说，他们看到了传统教育史学和马克思主义教育史学之间的断裂性和差异性，而未能看到它们之间的连续性。在笔者看来，这次转向并不是完全革命性和抛弃性的，而是在传承传统的基础上进行的创新。虽然教育史的概念和理论探讨的视域发生了改变，但是，他们充分理解马克思主义的理论和方法后，借助这种理解和新方法重新挖掘新史料，开辟教育史研究的新领域，从而使马克思主义教育史学作品继承了传统教育史学的经验主义特征，涌现了众多思想性和可读性并重的教育史著作，取得了非常大的教育史学成就。本节通过马克思主义和传统教育史学的博弈，阐明马克思主义教育史学的范型，以及对传统教育史学范型的继承和创新。

一 马克思主义和传统教育史学的博弈

一般来说，马克思主义可以划分为两大阶段：19世纪的经典马克思主义和20世纪以来的新马克思主义。19世纪的马克思主义主要是以马克思和恩格斯的思想为基本内涵，而20世纪以来的各种马克思主义理论虽源于马克思和恩格斯，但是，已经经历了众多分化，出现了多种流派和多种模式，统称为新马克思主义。本书所指的马克思主义，是从"一种宽泛的马克思主义参照框架"来理解，既包括经典马克思主义，也包括新马克思主义。

（一）马克思主义介入英国教育史学

大体上说来，20世纪早期，马克思主义同英国教育史学完全没有任何关系。在罗伊·劳眼里辉格史派——传统教育史学，他们的教育史史料主要是关于学校教育制度的，割裂地看待教育发展过程，忽视了教育的整体发展。传统教育史学以公立教育为中心，教育制度史为形式，叙述和文献史料为手段,注重教育史的实用原则。传统教育史学家认为,教育史的功能主要表现在两个方面:一是为教师培训服务;二是为教育改革服务,从而为教育在社会进步中发挥作用提供借鉴和启发。传统教育史学只研究公共教育的发展和极少数精英和伟大教育思想家和教育作家传记材料的研究和评介,忽视了非正规教育和社会弱势群体以及经济、文化、政治和社会等重要因素。正如早期美国史系列丛书的主持人、历史学家L.J.卡彭(Lester J. Cappon)指出的那样:"以往的教育史研究范围过于狭窄,充满了课程与教学技巧方面的内容。教育史掌握在专家的手里,他们心里只有公立教育,只去寻求有利于他们的'事业'的历史根据。如果过去有什么故事值得去写,一定是从正规教育制度的狭隘观念去看问题。"[1] 传统教育史学家正是站在国家利益至上的立场上,谱写了一曲英国国家干预教育的颂歌。由于传统教育史学扮演了资产阶级御用教育史学的角色,因此,它必然同19世纪中叶诞生的唯物史观处于尖锐对立的地位。

马克思主义介入英国教育史学的时代背景,无疑是与20世纪的政治风云、社会主义运动和马克思主义的传播紧密相连的。19世纪末20世纪初,欧洲各国工人运动风起云涌。十月革命以后,西方各国普遍成立了共产党,马克思主义在工人运动中广泛传播。20世纪30年代,英国帝国主义的国际地位摇摇欲坠,使得维多利亚时期风行的自由主义日趋没落;席卷整个资本主义世界的经济危机,推动了提倡国家干预的保守主义逐渐强劲;德国法西斯势力在欧洲大陆日益嚣张,又令所有爱好自由与民主的人们感到惊恐与担心,而苏维埃社会主义革命在落后的俄国取得的成就,则鼓舞了一大批向往共产主义理想的工人阶级和知识分子。英国教育学术界随之出现了研究马克思主义的热潮,教育史学家在不同的领域中开始普遍运用马克思主义的方法研究各种教育问题。

进入20世纪40年代,在英国教育史学术界中,一批有识之士开始觉察到马克思主义的强大威力和深远影响。他们开始接触和介绍马克思主义,并程度不同地受到其唯物史观的影响。比如,1940年,克拉克(F. Clarke)出版《教育与社会变迁———一个英国的阐释》(*Education and Social Change——An English Interpretation*)一书,首次"对英国现有教育体制进行批判,建议教育家应该有反思和批判精神,引用阶级分析法,来

---

[1] B. Bailyn, *Education in the Forming of American Society*, Carolina: The University of North Carolina Press - Chapel Hill, 1960, PP. XX, XI.

分析英国的传统教育。认为超阶层或者无阶层的社会并不存在,英国政府要通过教育来满足新的社会的需求,教育从入口到产出不能以阶层的特权为标准而应以真正的才能和智力为标准。同时,指出教育史事件应从广阔的经济、文化、政治和社会背景中去分析和研究"[①]。20世纪60年代到80年代初,马克思主义与社会史的有益结合催生了许多有创新意义的史学作品,并对社会史取向的教育史研究产生深刻影响。例如汤普森(E. P. Thompson)的《英国工人阶级的形成》(1963)和西蒙的四卷本的《英国教育史》被认为是受到马克思主义史学的影响。1978年,英国伦敦大学社会学系讲师麦丹·萨鲁普(M. Sarup)出版了《马克思主义与教育》一书,作者试图用马克思主义来重新评价传统教育学,批判了许多当代教育家对工人阶级儿童的藐视和歧视以及当代教育对贫民阶级的不平等现状。

(二) 马克思主义对传统教育史学的批判

马克思主义主要从两个方面对英国传统教育史学进行批判,一是从社会总体性观点反思教育史研究的目的和功能;二是运用阶级冲突观点批判传统教育史学的直线进步史观。

1. 从社会总体性观点反思教育史研究的目的和功能

社会总体性是马克思社会理论的核心,主要包括两个方面的内容:一是社会是一个相互联系的整体统一系统。换句话说,社会不是由单个个体构成,而是由彼此相联系的个体之间的关系构成的总和;二是运用社会总体性方法研究社会历史。即以生产关系为切入点,在生产关系和生产力之间的矛盾运动中阐释整个社会历史运动过程。西方马克思主义传统的开创者卢卡奇解释说"社会总体性范畴,总体之于部分的完全至高无上的地位,这是马克思从黑格尔那里汲取的方法论的精华,并把它出色地改造成一门崭新科学的基础,这门学科就是历史学。"[②] 因此,总体性不仅是马克思主义理论与方法论的本质,也是社会历史研究的总指导原则。对马克思主义史家来说,基于社会的总体性,在解释社会的历史发展时,无论他们考察的问题如何细微、多么具有独立性,社会史学家始终应该着眼于其研究课题与整体社会历史之间的关系问题,把它放在整体性的框架中进行

[①] F. Clarke, *Education and Social Change – An English Interpretation*, London: The Sheldon Press, 1940. pp. 2 – 5.
[②] 卢卡奇:《历史和阶级意识》,张西平译,重庆出版社1993年版,第31页。

解释。20世纪70年代初，马克思主义在英国逐渐形成了一个新的理论思潮。随着葛兰西（A. Gramsci）的《狱中札记》（*Prison Notebooks*）和阿尔都塞（L. Althusser）的《列宁与哲学及其论文》（*Lenin and Philosophy and Other Essays*）英文版出版，这些都对英国教育史学产生了重大的影响。教育史学者开始关注社会总体性、国家、意识形态等问题，他们从社会总体性的观点来批判传统教育史的研究目的和功能。

首先，他们从古今关系的理解方面反思传统教育史学的目的和功能，批判传统教育史学的以今论古观。换句话说，传统教育史学家要求过去能够直接解决当前教育问题的历史，是一种将与教育有关的事件在历史脉络中扭曲的历史。这种以今论古观的方法，将个人的观点影射到过去，以找寻现代问题的种子，是为现在的目的而曲解过去的教育历史。马克思主义教育史学家认为教育史能够使教师更好地认清他们工作的性质，用批判和质疑的眼光看待当前的教育。如果教师们不对其角色和职责具有一种批判的意识，那么教育系统就可能被实用主义所占据，因而，教育就会失去与社会的联系。而教育史却恰恰能给教师一种判断力和革新的动机。正如西蒙所论述的那样："探索教育社会功能的发展，力图评价教育在不同社会发展阶段的作用，从而对教育在当今所发挥的作用达到更深刻的领悟，乃是教育史研究的主要工作之一。"[①] 西蒙并不否认教育史研究的借鉴功能，批判的是传统教育史学家用历史制约现代人的观念，运用历史束缚现代人思想的借鉴。因此，只有教育史培养了教师的批判意识，这样才能确保教育职业能够为更多的人类社会目标作出重大贡献。

其次，马克思主义教育史学者认识到教育史学狭隘的目的和功能所导致的教育史研究的辉格取向，既限制了教育史研究的范围，又影响了教育史研究最基本的求真目的的实现。他们认为，在"以今论古"的思想指导下，教育史学家首先关注能够维护现今政府所代表的社会中上层阶级利益的大事。因此，教育史就变成了"追思大教育家的丰功伟绩、叙述英国社会中上层阶级子弟就读的文法学校历史，或者将英国教育视作自由的资本主义政府不断战胜保守的宗教势力的争斗史。而对于英国社会下层人民的

---

① B. Simon, "The History of Education (1966)", in P. Gordon and R. Szreter, *History of Education: the Making of a Discipline*, London: The Woburn Press, 1989, pp. 55 – 56.

教育则被描写成宗教的慈善恩惠或者政府的福利关怀"①。这样的教育史研究，通过褒扬过去的教育经验，来激起后人对从事教育职业的激情和热情，以及对民族国家的爱国热忱。因此，教育史研究的政治色彩、辉格特征极其浓厚，所叙述的教育历史，其真实性遭到批判。马克思主义教育史学者认为，教育史研究对象应逐渐从狭隘的范围中走出来，应与现实社会和普通民众密切联系起来，应该让教育史研究的功能在更为广阔的范围内得到发挥。因此，"从整体上考虑教育发展是必需的和至关重要的"②。

由于，教育史研究的社会功能是通过教育史研究对人的作用来体现的。所以，马克思主义教育史学者把能否为人、为普通的人服务作为教育史研究功能的作用能否充分发挥的重点，较多强调和思考教育史如何与普通人发生联系的问题。他们希望充分发挥教育史研究对人的教育功能，使人们较为准确地认识英国教育发展过程，以达到推动英国社会进步和文明进化的最终目的。正如西蒙在《教育史研究，1780—1870年》中所说的："我所进行的教育史研究不是呈现给教育学者和改革家们，而是呈现给最普通的读者。我尽力叙述与普通人生活密切相关的各种事件，也即是叙述教育改革者的思想是如何影响当代社会和政治冲突变化的"③。

2. 运用阶级冲突观念批判传统教育史学的直线进步史观

英国马克思主义教育史学家深受前人进步史观念的熏陶，认为人类社会教育的发展整体上是进步的，但是，在这个过程中，并不是一个"不断进步的"历史画面。西蒙指出："传统教育史学家将教育史描述为一种持续不断的进步史，与历史发展的事实不符。问题不是他们所说的细节是否准确，而是他们编织的整个故事显然与事实不符，或者没有涵盖事实——因而往往会误导学校的教师以及政策的制定者"。④ 同时，西蒙注意到："在资本主义社会制度下教育的发展不是以简单的线性方式实现的。在一个时期内所取得的进展并不是意味着接踵而来的一定是

---

① 延建林：《布莱恩·西蒙和二战后英国教育史学》，博士学位论文，北京师范大学，2003年，第96页。

② B. Simon, "The History of Education (1966)", in P. Gordon and R. Szreter, *History of Education: the Making of a Discipline*, London: The Woburn Press, 1989, pp. 55-56.

③ B. Simon, *The Two Nations and the Educational Structure* 1780-1870, London: Lawrence & Wishart, 1964, p. 367.

④ B. Simon, Research in the History of Education, in William Taylor, *Research Perspectives in Education*, London: Routledge & Kegan Paul, 1973, p. 123.

更大的进展;历史也并没有赞同用辉格党的看法来解释经济、社会和政治事件——每件事都是逐渐地、有规律地、始终如一和均匀地再改善的说法。恰恰相反,在向前发展的阶段之后,接踵而来的常常是反复,使已取得的进展化为乌有。"[1] 西蒙所生活的时代是刚刚经历了两次世界大战,人们开始修正简单的直线进步史观。在西蒙眼里,英国教育史是一个复杂化、丰富化的发展历程。他认为教育史家的作用就是要努力再现英国教育发展的多样性和复杂性。西蒙引用狄更斯(C. Dickens)的话:"每个时代都有最佳的情况,也有最坏的情况"[2],借以说明教育历史的进程本身是复杂多变的,因而历史学家创作的"教育史不但要记载进步,而且还要记录倒退;不但要记载教育设置的提供,而且要记录教育设置的剥夺"[3]。

因此,在马克思主义教育史学家群体里,他们认为人类教育进步的观点:"进步"并非"直线式的前进",但是从人类教育历史演进的角度上看,世界范围内的教育前进步伐毕竟是历史不可遮掩的经验事实。教育史具有统一性和多样性,人类社会教育历史的发展是复杂而充满变数的。那么,推动教育发展与进步的动力在哪里?是传统教育史学家所说的伟大教育家和改革家吗?是那些重大的教育政策和法律吗?还是那些精英教育机构呢?马克思主义教育史学家认为这些都不是,推动人类社会教育发展的动力是工人阶级,只有工人阶级才是教育史的真正创造者。工人阶级通过争取自身的教育权利,在与统治阶级不断斗争的过程中推动了人类教育的发展,因此,阶级斗争是教育发展的重要推动力,这也是马克思主义教育史学家从阶级利益冲突观念分析教育史的过程中所信奉、坚持和发展的教育史观。

早在1960年,在《教育史研究,1780—1870年》一书中,西蒙就指出阶级冲突理论能够较为清晰和全面地阐释英国教育体制的形成面貌,运用阶级冲突理论,可以看到现代英国教育的历史可以追溯至18世纪末英国激进教育改革家提出的教育思想和教育实践活动。在西蒙看来,英国教

---

[1] 布莱恩·西蒙:《教育史的重要性》,[俄罗斯]卡特林娅·萨里莫娃、[美]欧文·V. 约翰宁迈耶:《当代教育史研究与教学的主要趋势》,方晓东等译,教育科学出版社2001年版,第5页。

[2] 同上书,第6页。

[3] B. Simon, "*The History of Education (1966)*", in Peter Gordon and R. Szreter, *History of Education: the Making of a Discipline*, London: The Woburn Press, 1989, p. 69.

育体制主要是在不同阶级之间利益冲突的推动下逐渐形成的。在19世纪，由于利益矛盾，资产阶级、工人阶级和土地贵族之间展开了争夺教育权利的一系列运动，最终形成了英国教育的分裂性体制。为了维护政治上的统治和经济上的利益，土地贵族和资产阶级都极力维护英国分裂性的教育体制。工人阶级为获得更多的教育权利，继续开展各种运动与土地贵族和资产阶级进行斗争，因此，工人阶级最后获得的初等教育权利，并不是传统教育史学家所描述的宗教的慈善活动或者资产阶级的恩赐，而是工人阶级开展斗争所获得的。之后，在《劳工运动与教育，1870—1920》一书中，西蒙围绕19世纪以来工人阶级为争取教育权利所进行的各种斗争为主线，阐述了1870年至1920年之间英国教育发展状况，认为资产阶级政府和劳工阶级之间的冲突推动了英国教育的发展。该书更是将阶级利益冲突的观点表达得淋漓尽致。

继西蒙之后，理查德·约翰逊指出由于阶级结构和其他权力关系的转变，社会冲突不断变化导致学校教育进行周期性的改革。如在维多利亚早期英格兰政府通过教育政策的颁布来实现对下层人民的控制，教育变革成为社会各种阶级力量的较量和整合的契机。在《小流氓还是反叛者？1889—1939年，工人阶级儿童和青年口述史》（*Hooligans or Rebels? An Oral History of Working Class Children and Youth, 1889–1939*）一书中，斯迪芬·汉弗莱斯（S. Humphries）和菲尔·嘉德纳（P. Gardner）将阶级冲突的观点发挥到极致，他大胆修正早期儿童教育史学的观点，反对"大众文化"和"文化贫穷"的概念，因为这些降低了工人对大众文化和被剥夺文化的表达行为。他更偏重于1909年至1939年间儿童在抵制课堂政治、经济束缚方面对教育现状的反映。斯迪芬·汉弗莱斯和菲尔·嘉德纳试图寻求国家教育接受者的直接经历，并寻求它反映的实际的或象征性的含义。因此"流氓主义"成为以阶级为依据的政治抵制的代名词，"胡闹"被看作是一种抵制权威的技巧，这些被看作颠覆学校教学大纲和挑战课堂压制的表现，如在"学校罢课：家长和学生的抗议"等章节中详细地凸显出这类抵制现象。

无论是西蒙、理查德·约翰逊还是斯迪芬·汉弗莱斯和菲尔·加纳德，他们都是在告诉我们必须阐释教育历史发展过程中不同阶级之间的关系和具体特点，以及分析每个阶级在教育发展中所处的地位，同时还要弄清楚哪一个阶级是这个时代教育的中心，决定着时代教育的主要内容、教育发展的主要方向和教育史的社会背景的主要特点。并且，在研究教育史上的各种思想、改革、理论等实质和作用问题时，也要注意阐释其中的阶级根源。

二 英国教育史学转向"马克思主义"

教育史学转向马克思主义有其内在的连续性，也可以说马克思主义教育史学形成于传统教育史学的学术研究中。战后，英国一些教育史学家在学术研究上表现出来的社会学兴趣和意识形态的倾向性，都非常接近马克思主义理论的追求。

社会学取向的教育家在进行教育史研究中，往往把马克思主义作为自己的理论基础。比如克拉克在《教育与社会变革》一书中，在运用社会学的观点剖析英国教育历史的决定因素的同时，也借鉴了马克思主义历史学有关"阶级分析"的理论和概念。同时，他还提出了要关注教育改革背后的意识形态。克拉克认为严格说来，"'意识形态'是作者身上形成的维护国家、阶级或其他集团利益的社会预先假设，而这种假设一般是作者自己未意识到的，一般很少明确自己思想的社会预先假设。因此，克拉克认为英国学术研究要变革，变革的前提就是要对英国社会和历史进行充分的认识，考察英国学术研究背后的意识形态"[①]。身为宗教徒的克拉克，吸收马克思主义的阶级分析说和意识形态的概念，这些都对教育史学的马克思主义转向做出了重要贡献。正如西蒙所说："我永远感激他，缅怀他，特别是他那部作为开路先锋的著作《教育与社会变革》，对我有极大的影响。"[②]

1941年，在《1860年至今的公学与英国的舆论》(*Public Schools and British Opinion Since 1860*)一书中，麦克（E. C. Mack）运用社会学的方法将公学的演变与社会背景联系起来进行考察。该书让英国教育史学家认可社会学方法在教育史研究中的运用，涌现了一批类似的作品，如班福德（T. W. Bamford）的《托马斯·阿诺德》(*Thomas Arnold*)(1960)和《公学的兴起》(*The Rise of the Public Schools*)(1967)，以及纽瑟姆（D. Newsome）的

---

① F. Clarke, *Education and Social Change: An English Interpretation*, London: The Sheldon Press, 1940, p. 6.

② 邬冬星：《西蒙》，赵祥麟主编《外国教育家评传》第4卷，上海教育出版社2002年版，第27页。

《虔诚与良好的教育》（*Godliness and Good Learning*）（1961）都运用了新的研究方法对传统教育史学的内容进行了重新的考察。1964 年，威尔金森（R. Wilkinson）的《完美：英国的领袖人物和工学传统——统治人才形成的比较研究》（*The Perfects: British Leadership and the Public School Tradition, a Comparative Study in the Making of Rulers*），更是将教育史研究中社会学取向浪潮推向了高峰。

　　社会学方法在教育史研究中的运用已经被英国学者视为意义深远的变化，但是，这种情况仍是局限于传统教育史学的精英主义研究对象，未能产生革命性的效果。相反，由于把各种教育事件都与现代工业化社会联系起来，教育史研究的范围仅仅局限于 18 世纪末以来国家教育制度的起源和发展上。从社会学角度来看，如果只是将现代工业社会视为固定不变的，而不是处于形成的过程中，那么英国教育史学的状况就未能得到改善。因此，20 世纪 70 年代，学者开始思考如何将传统教育史学的研究对象——教育政策、立法、制度和思想转移到教育背后的社会、经济和文化等因素上。而马克思主义宏观分析社会历史的角度、研究方法、研究模式和理论体系对英国教育史学家思维的转换起到至关重要的作用。首先，马克思主义让英国教育史学家注意到了人类教育历史的整体性和综合性。马克思主义认为生产关系的总和构成了社会关系，也就构成了人类社会。这种社会具有某个时段特征，是一个处于特定历史发展阶段上的社会。换句话说，马克思主义从纷繁复杂的、烦琐的社会现象入手，通过抽象的分析概括出人类社会历史的整体特征，最后揭示人类社会历史发展的本质规律。这一点，对于英国马克思主义教育史学家的思维方式启发甚大。其次，马克思主义让英国教育史学家的视线由社会精英转向底层群众。因为马克思主义史学家将工人阶级视为人类历史的主体，把底层人民的历史活动视为历史研究的主角。二战后，英国马克思主义教育史学家追求的坚持自下而上的教育史研究，重视工人阶级及其他下层人民的教育经验和在教育历史发展中的作用，强调肩负重建普通人教育历史的重任，及运用阶级斗争观点来说明教育史现象。这不仅表明他们的教育史研究在某些方面与马克思主义历史理论的基本点相通，而且也说明了他们确实接受了马克思主义的思想和理论。

　　英国教育史学转向马克思主义实际上实现了从早期社会学范式下的教育史学转向真正意义上的新教育史学范型，同时也是世界性意义的教育史学革新。1961年，美国教育史学家劳伦斯·克雷明的《学校的变革》(*The Transformation of the School*) 回应了西蒙的观点。20世纪70年代，西蒙和汤普森的作品经由美国传入加拿大。在唐纳德·威尔逊（D. Wilson）、罗伯特（M. S. Robert）和露易丝—菲利普·奥代特（L. P. Audet）合著的《加拿大教育：历史记录》（*Canadian Education：A History*）一书中，关注了布莱恩·西蒙的观点和作品，重视教育改革和社会改革的关系，批判了加拿大传统教育史学过多地渲染辉格主义。20世纪80年代，澳大利亚教育史学者开始接受英国马克思主义教育史学的观点，抨击美国激进教育史学不适合澳大利亚的实际情况。在《殖民地时期的教育和维多利亚国家》(*Schooling in the Colony and State of Victoria*) 和《母亲和孩子们：1860年至1930年时期澳大利亚的孩子和青年》（*Mother State and Her Little Ones：Children and Youth in Australia 1860s – 1930s，Melbourne：Centre for Youth & Community Studies*）两本书中，鲍勃·贝赞特（B. Bessant）借鉴英国马克思主义教育史学的理论和方法分析了学校教育和国家之间的关系。据此，可以看出，英国马克思主义教育史学是当代西方颇有影响的教育史学流派，其主要代表人物是汤普森、布莱恩·西蒙、理查德·约翰逊、麦丹·萨鲁普（M. Sarup）、西尔弗、斯迪芬·汉弗莱斯、菲尔·加纳德等。他们坚信马克思主义理论，又注重对教育史证据的深入调查，通过大量具体的教育史研究，各自写出一批引人注目的教育史著作，从而在教育史学的领域中做出了突出贡献。但是每一位教育史学家都有自己的研究领域和侧重点，他们的研究方法也不尽一致。笔者根据文献分析发现，英国马克思主义教育史学主要通过两条路线来修正传统教育史学：一是以西蒙为代表的社会教育史学；二是以西尔弗为代表的文化教育史学。

在介绍英国马克思教育史学家代表人物之前，笔者认为有必要先介绍一下爱德华·帕尔默·汤普森对英国马克思教育史学的影响。汤普森是当代英国最著名的马克思主义历史学家之一。1963年，汤普森的《英国工人阶级的形成》一书出版，这本书具有深远意义，被视为解释劳工阶级兴起的经典，也被视为广义的英国工人阶级教育史，主要谈的是英国历史文化传统在工人阶级意识形成过程中的作用。汤普森从历史研究中探讨了工人的阶级意识问题，他认为工人阶级的形成，不是因为大工业的出现区别了人们在生产关系中的地位，换句话说，他认为工人阶级不是资产阶级

"物化"的结果。他强调，阶级是一种历史现象，特别是生产关系领域之外的一些活动。他从工人组织、宗教活动、宗教情绪、文化娱乐、教育等方面探讨了阶级不是一种结构，而是流动的现象，是一种经历、一种思想觉悟，是文化的东西。文化有滞后性，需要酝酿和培育。"阶级觉悟是把阶级经历用文化的方式加以处理，它体现在传统、习惯、价值体系、思想观念和组织形式中。"①

汤普森对工人阶级意识的研究所注重的，不是工人领袖或精英人物，而是普通工人群众，所以就需要对那一段的工人阶级的历史做大量艰苦的普遍调查。首先是工人文化活动的方式和场所。他发现工人在激进派主持的编辑室、咖啡馆或商店听讲演、读报纸、谈话等等，工人最初是通过这些难得的、不稳定的方式来认识自身和逐渐形成社会组织的。以后，这些组织发展成星期天业余学校、俱乐部和工会。其次，考察了当时在工人中流传的各种激进主义思潮，如欧文主义、雅各宾主义、工团主义以及形形色色的激进派，考察它们在工人阶级意识形成中的影响。再次，汤普森注重宗教的研究，并把它与政治思潮的影响联系起来进行研究。他认为在文化程度普遍较低的工人当中宗教的影响是巨大的。美以美教派在当时是较有影响的教派，他发现美以美教派的一些分支，如唯一神教派和新联合教派，在倾向上更加知识化，这说明了它以某种方式迎合了当时工人对启蒙的渴望。特别是美以美教派的传统与中产阶级的功利主义思想相结合，形成当时社会的一种时代精神。汤普森认为"这种精神对工人文化的形成有影响，这在19世纪20年代的工人文化中可以感觉到，如当时注重应用科学和统计，工人星期天业余学校对工人出席情况就有详细的统计。"②汤普森力图说明，英国工人阶级意识的形成不仅是经济上生产力的反映，同时也是工人对各种文化传统、价值体系、思想观念通过接触、取舍、批判或继承而形成的新的文化发展过程。正因为汤普森的努力，将马克思主义思想在英国教育学界不断扩散，并且深入影响到教育史学家的作品中。

20世纪50年代至70年代，西蒙运用马克思主义理论和方法阐释了不择校中等教育的推动原因和初等学校课堂教学方法，有力地驳斥了传统教育史学和新马克思主义的观点，推动英国社会教育史的研究。正如著名教育史学家马克·第帕普所说，"西蒙是欧美社会教育史学的主要代表人

---

① E. P. 汤普森:《英国工人阶级的形成》, 钱乘旦等译, 译林出版社2001年版。
② 何兆武、陈启能:《当代西方史学理论》, 上海社会科学院出版社2003年版, 第454页。

物,是新教育史学的国际领导者。他运用马克思主义方法所撰写的四卷本英国教育史是社会教育史学的最好范例"①。在西蒙看来,无论是中央统一管理的苏联和法国教育体系,还是地方管理的苏格兰和美国教育体系,在历史上,都曾获得过经济和社会力量决定的教育自治权。西蒙提醒教育史学者不要忽视历史上教育变革和社会变革之间的复杂的关系。如果将教育看作人类社会发展的一种方式,那么,关于教育的历史演变及其影响教育发展的社会环境的历史分析理应成为教育史研究的一个重要领域。因此,教育史研究的焦点应该集中在教育改革和社会变革的关系上,以此来否定早期社会学和新马克思主义关于教育改革和社会变革之间无联系的观点。以英国教育体制的建立为例,西蒙首先分析了19世纪上半叶英国社会发展的背景,发现资产阶级和土地贵族处于一种对立的关系。出于维护本阶级利益的观点,资产阶级选择与新兴的工人阶级联合,压制贵族势力的权力范围,最后,迫使土地贵族势力在某些方面做出一定的让步。之后,伴随着工人阶级队伍的不断发展和壮大,不仅威胁到资产阶级的利益,还牵制了土地贵族的势力发展。鉴于此,资产阶级和土地贵族一拍即合,联合起来镇压工人阶级运动,建立了与工人阶级利益相违背的双轨制教育体制,这样,不但能够长期控制工人阶级,而且,还保障了资产阶级利益不受损害。从上面的分析,不难看出,西蒙主张的教育史研究模式很具体,即教育史学家应从社会环境入手,进而研究社会经济结构和社会关系,再研究教育制度、教育活动和教育变革等,这样教育结构的框架就建立起来了,产生教育结构的其他因素特征和细节也可以通过比较研究来确定。我们可以看到,西蒙所构筑的教育史研究模式基本上就是马克思主义分析人类社会历史的模式:从生产力到生产关系,再到社会关系和上层建筑,西蒙认为"这是教育史学家通过实践建立的教育史研究的操作模式。教育史学家在研究时不可能将教育的整体作为研究的出发点,而需要选择一个突破口。他认为要选择一个特殊的关系——教育改革和社会改革的关系——作为教育史研究的中心和突破口,进而触及社会生活方方面面的历

---

① Marc Depaepe, It is a Long Way to... an International Social History of Education: in Search of Brain Simon's Legacy in Today's Educational Historiography, *History of Education*, Vol. 33, No. 5, October, 2004, pp. 531–544.

史"①。

在西蒙撰写社会教育史的同时，另一批学者开始从马克思主义的视角探讨文化教育史研究，主要有伯明翰大学现代文化研究中心的学者和西尔弗等。20世纪70年代中期，英国伯明翰大学现代文化研究中心强调运用马克思主义理论关注工人阶级文化问题。他们认为学校控制着工人阶级文化，并利用工人阶级文化为资本主义社会需要服务。该中心的学者详细地考察了英国教育制度的历史演进，并分析了工人阶级在教育制度形成过程中扮演的角色和所处的状况，如霍尔（S. Hall）和杰斐逊（T. Jefferson）的《通过仪式的抵制：战后英国的青年亚文化》和威尔斯（P. Willis）的《学会劳动：工人阶级子女如何获得工人阶级的工作》（*Learning to Laboure: How Working Class Kids Get Working Jobs*）都是运用冲突论阐释英国学校文化的例子。在他们看来，学校不是简单地对社会经济制度的需要做出反应，学校拥有相对的自主权利；同时，教师和学生也不是被动地接受学校的控制，他们通过一些与资产阶级政府斗争的抵制活动争取自身的教育权利。在《学会劳动：工人阶级子女如何获得工人阶级的工作》一书中，威尔斯通过"反文化群体的研究来解释'调和和抵制'的动力机制，其基本主题是冲突、对立和抵制"②。威尔斯认为："工人阶级子女在学校通过旷课、逃学、吸烟、喝酒、打架斗殴、破坏公物、偷窃等等方式来抵制主流文化。"③ 在《19世纪的大众教育与社会化》（*Popular Education and Socialization in the Nineteenth Century*）一书中，麦卡恩（P. McCann）指出经济社会史已经修正了传统政治史，因此，教育史研究也应出现一些新的趋势以取代过去教育史学的传统观点。激进教育家、教堂的社会角色、识字、劳工运动的教育政策、工业发展和大众文化的不同形式之间的关系等已经扩大了教育的概念。教育史学家应放弃从单一维度看待教育，将教育视为与年轻人生活和发展密切相关的一个现象，某种程度上来说，

---

① ［英］布莱恩·西蒙：《教育史的重要性》，［俄罗斯］卡特林娅·萨里莫娃、［美］欧文·V. 约翰宁迈耶：《当代教育史研究与教学的主要趋势》，方晓东等译，教育科学出版社2001年版，第16页。

② ［美］R. 吉普森：《批判理论与教育》，吴根明译，书苑股份有限公司1988年版，第73页。

③ P. E., Willis, *Learning to Labourе: How Working Class Kids Get Working Jobs*, Farnborough: Saxon House, 1977.

是社会化的过程。① 按照现代功能主义学者的观点，一般将社会化理解为文化之间的传递，人们学习的过程及社会群体的实践活动。家庭也应作为教育机构的一种，和正规教育机构一起承担着年轻人社会化的责任。相应的，教育史研究的范围不仅包括正规教育机构，还应包括家庭和思想、行为在教育发展中的作用。在这本论文集中共收录了9篇论文，主要将大众教育作为社会化进程来看，注重统治阶级的目的和工人阶级的意愿之间的关系，揭示了19世纪的教育对工人阶级思想和行为模式的控制，同时还关注工人阶级学生和父母对于这种控制的反抗和抵制。在《不受欢迎的教育：1944年以来英国学校教育和社会民主》一书中，作者更是将焦点集中在当代教育的重要问题上，对文化研究的关心，给当时英国教育史研究带来了一种比过去更为广博的研究方法。

文化教育史学的另一个主要代表就是西尔弗。1965年，在《大众教育的概念：19世纪早期思想和社会运动研究》（*The Concept of Popular Education: A Study of Ideas and Social Movements in the Early Nineteenth Century*）一书中，西尔弗指出汤普森开始了工人阶级意识、行为和组织增长形式的研究，这给予我们的启发是教育史研究不仅要强调社会、政治、经济和教育之间的关系，而且还要重视文化—观念在教育发展中的作用，建议对思想方面的文化史进行深入的调查。按照此思路，西尔弗探究了在1790年至1830年间，大众运动在教育发展过程中的作用，同时，关注教育在建立工人阶级意识中的作用。1973年，在西尔弗与约翰·劳森（J. Lawson）合著的《英格兰教育社会史》（*A Social History of Education in England*）一书中，将教育史研究扩展至文化观念。以19世纪70年代教育为例，传统教育史学家主要关注国家在教育发展中的作用。在西尔弗看来，维多利亚民众对政府、学校、家庭、社会阶层、自由和其他事物的观念是教育变革的重要组成部分，而这些舆论和社会意识的重大变化都被传统教育史学家忽略了。另外，传统教育史学家对这一时期的报纸的评论视而不见，如《星期六评论》（*Saturday Review*）等报纸的新闻报道。西尔弗认为《星期六评论》提供了很多关于英国政府对教育的改革的观点、证据和评论，不得不代表着一种教育变革的倾向。西尔弗认为1870年教育变革反映了英国观念的"变形"，公众舆论对教育变革的发生起到至关

---

① P. McCann, Popular Education and Socialization in the Nineteenth Century, London: Methuen & Coltd, 1977, p. XI.

重要的作用。① 在教育质量方面,传统教育史学家忽视了学校教育和文化水平的关系。虽然他们对学校教育进行了有效的数字统计工作,但是对于读写能力、社会和政治运动中的文化水平及参加情况的关系、19世纪40年代后文化水平和印刷术的关系等都未进行研究。在西尔弗看来,教育史学变革需要做的就是进行教育观念史研究,因为观念是随着思想的解放而变化的,是连接过去和现在的重要枢纽,社会教育史研究实质上就是教育观念史研究。② 在这里需要指出的是,西尔弗的教育观念史研究并不是传统教育史学的教育思想史研究,而是关注人的行为背后的舆论、思想和文化的因素对教育改革的影响。

三 传统方法的传承与研究视角的转换

英国马克思主义教育史学方法不是凭空产生的,也不是完全从国外引入的。在英国马克思主义教育史学方法的形成过程中,即包括对于马克思主义基本理论和方法的吸收和运用,也包含着对英国传统教育史学方法的整理、批判、吸收和借鉴,这里既包括奎克时代的传统教育史学方法,也包括二战后社会学者的社会学治史方法,这种融汇形成了具有英国特色的马克思主义教育史学方法。

(一) 继承传统教育史学的经验主义和实证主义方法

英国马克思主义教育史学家注重教育史研究的实践,反对把理论原则作为教育史研究的出发点,更反对纯理论的教育史研究。他们基本上都认可经验主义的研究方法。无疑这是继承了英国传统教育史学的经验主义和实证主义方法。正如英国著名教育史学家奥尔德里奇所说,英国教育史学总的特征就是高度经验主义,不十分关心理论。这说明了英国马克思主义教育史学同样具有经验主义的传统,这个学派具有明显的教育经验研究的取向。他们并未对有关教育制度、教育政策、教育运动和文化等方面做理论性的研究,而是着眼于重构民族教育历史中的重要阶段,并由此产出极

---

① H. Silver, "Nothing But the Present, or Nothing But the Past?", in R. Lowe, *History of Education Major Themes Volume I*, *Debates in the History of Education*, London and New York, 2000, pp. 181–182.

② H. Silver, "Aspects of Neglect: The Strange Case of Victorian Popular Education", in R. Lowe, *History of Education Major Themes*, Volume I, *Debates in the History of Education*, London and New York, 2000, pp. 199–200.

为精彩的和富有想象力的著作。这些著作很具体,覆盖了从英国历史上各个阶段的教育发展过程,如汤普森的英国工人阶级文化因素分析、西蒙关于英国教育体制形成的研究、约翰逊关于工业革命和资本主义时期的学校和教育政策的剖析、西尔弗关于大众教育的分析等,都是这种经验教育史学研究的阶段性成果典范。

在英国,经验主义不仅是一种哲学思潮,也是教育史写作的方法。对大部分教育史学家来说,教育史研究是一门寻求教育事实的科学,是分析和阐释教育发展过程的科学。因此,他们坚信教育史学家的首要任务是挖掘新的教育史史料,通过教育史事实来阐释教育史是什么,但是,这又与传统教育史学的实证主义方法不同。因为,马克思主义教育史学家通过对马克思主义理论和方法的理解和吸收,运用全新的视野和角度重新观察教育史,进而挖掘新的教育史史料,拓宽教育史研究的范围,从而使马克思主义教育史学作品中带有明显的经验主义特征。如汤普森、西蒙和西尔弗在批判的分析经验主义方法的基础上进行教育史研究。在汤普森看来,工人阶级的经验很大程度上是由生产关系决定的。正是基于此观点,汤普森通过工人阶级的经验来阐释工人阶级意识形态的形成。西尔弗认为只有参考了马克思主义的超语言层面的经验——生产中社会关系的经验,观念和意识才会对教育改革产生影响,转化成政治话语。在西蒙那里,经验主义的特征就更明显了。西蒙的四卷本教育史研究都是从历史事实的调查出发,运用马克思主义理论分析具体的教育历史,来丰富自己的教育史学方法体系。在西蒙看来,人类教育经验对当代教育改革具有重要的借鉴作用,"通过英国教育发展的经验可以告诉我们大量有关教育变革能够推动社会变革的事实"[1]。西蒙不是从马克思主义的理论出发,而是以具体的教育经验为出发点。在四卷本教育史[2]中,西蒙均是以具体的社会和教育经验为切入点,进而展现整个教育发展的历程。不仅包括了关于详细的工业革

---

[1] [英]布莱恩·西蒙:《教育史的重要性》,[俄罗斯]卡特林娅·萨里莫娃、[美]欧文·V.约翰宁迈耶:《当代教育史研究与教学的主要趋势》,方晓东等译,教育科学出版社2001年版,第23页。

[2] 西蒙的四卷本教育史分别是:第一卷是《教育史研究,1780—1870》(1960年)(*The Study of History of Education, 1780 - 1870*),后改名为《两个民族和教育结构:1780—1870》(1974年)(*The Nations and the Educational Structure, 1780 - 1870*);第二卷是《劳工运动和教育,1870—1920》(1965年)(*Education and the Labour Movement, 1870 - 1920*);第三卷是《教育改革的政治,1920—1940》(1974年)(*Politics of Educational Reform, 1920 - 1940*);第四卷是《教育与社会秩序,1940—1990》(1991年)(*Education and the Social Order, 1940 - 1990*)

命时代的教育观研究，而且还有大量的比较研究和广泛而直接可证实的教育史概况。

除了继承经验主义传统之外，英国马克思主义教育史学还深受实证主义的影响。在西蒙看来，传统教育史学纯粹的"经验实证的方法论"不能完全充分叙述和分析丰富多彩和复杂多变的教育现象。因此，在教育史研究中，应强调历史与现实互动，理论和实践并重。也就是说在注重马克思主义理论分析的同时，不忽视实证研究。通过教育史的学习和研究，一方面，使教师具有一定的洞察力并能真正理解教育工作的意义；另一方面，也让学生在充分理解教育理论的基础上认识和解释先进教育现象。西蒙所推崇的马克思主义理论和思想，不是对马克思主义理论和思想进行阐释，而是"以马克思主义教学和教育方法为基本原则，制定符合英国特定情况和历史传统的教育方法"①。按照此基本原则，西蒙围绕综合中学自身的建设等问题提出了一系列重要的政策建议，包括改革综合中学的内部管理、课程内容以及重新界定综合中学的职能问题。这些说明了，在西蒙那里，教育史是一门涉及教育改革和社会改革关系的学科，并且这种关系之间存在着相互影响和相互作用的复杂形式，因此，教育史研究不仅需要一般的理论指导，同时，也需要实验性的叙述和分析技巧。如在英国教育史丛书第三卷《教育改革的政策，1920—1940》（The Politics of Educational Reform, 1920 - 1940）一书中，西蒙通过对实验搜集到的统计数据进行系统比较，详细地论述了"三轨制"学校体制心理学理论基础的儿童智力测试。

对于西尔弗而言，经验主义和实证主义的研究方法很大程度体现在他的大众教育史研究中。西尔弗认为教育史研究是对人类教育经验的总结，教育经验涉及社会生活的方方面面，而最容易被人忽视的是社会文化因素的经验，而社会文化因素的经验表现出来的形式就是"观念"。对于"观念"，我们应该去重新考察教育的历史发展过程，考察如何通过教育机构来传递观念，观念又推动了教育改革的进行，由此进行新的教育实践。这样，教育就被看作一个不同阶级和群体之间冲突的着力点。父母和孩子的态度、风俗习惯、家族关系、社会准则、统治与抵抗、宗教信仰、权威与服从、法律、制度和意识形态等都属于考察教育发展的一个背景因素，而

---

① B. Simon, *Does Education Matter?* London: Lawrence and Wishart, 1985, p. 215.

教育对象不仅包括了上层阶级的子女，同时也包括了底层阶级的子女，或者可以宽泛地说穷人子女。简而言之，所有这些汇集成了人类共同的教育经验。而这种经验本身又是具有鲜明特色的阶级经验，阶级经验从总体上发挥着推动本阶级教育发展的作用。在《大众教育的概念：19世纪早期观念和社会运动研究》和《英格兰教育社会史》两本书中，西尔弗就是贯彻和运用经验主义和实证主义的方法进行教育文化因素研究的典范。

（二）教育史学方法论的创新："自下而上"的视角观察教育史

在教育史学理论和方法上，英国马克思主义教育史学家提出了有别于传统教育史学的理论和方法，主要表现在以"自下而上"的视角观察教育史，这样研究对象就由传统教育史学的精英人物转到下层人民尤其工人阶级群众的教育史。英国马克思主义教育史学家认为，劳工阶级参与教育史的创造，但是他们却不能直接撰写过去的教育史，应该调查和发掘工人阶级群众的教育史，给他们以应有的历史地位。在这方面，无论是汤普森的英国工人阶级的大众文化，西蒙的劳工运动和教育，还是西尔弗的大众教育，都显现出了他们对下层人民尤其工人阶级群众的同情和关注。在传统教育史学那里，偶尔也会关注普通群众的教育，但只是从属于精英人物的教育事件史，是与某些重大的历史事件和历史人物紧密联系起来的，在历史上总是时隐时现的。更不会重视普通群众在教育发展中的地位和作用，以及普通群众与教育改革、社会运动之间的内在联系。在《教育与劳工运动》一书中，西蒙基于自下而上的视角，歌颂了劳工运动在推动英国教育进步中所发挥的重要作用。因为转换了教育史研究的视角，西蒙看到了有别于传统教育史学的情景——19世纪末，推动英国教育发展的动力不是传统教育史学家所描述的教育法案和精英人物，而是作为一支独立政治力量的劳工阶级和他们发动的一系列劳工运动。按此观点，西蒙重新审视了传统教育史学家标榜的教育法案。以《1902年巴福尔教育法》为例，西蒙认为该法并不是以推动中等教育发展为真正的目标，而是作为资产阶级控制劳工运动所采取的一项措施。在西尔弗那里，教育史研究的对象更广，他将工人阶级的范围扩展至穷人、普通群众等底层人民。但是，不论是西蒙还是西尔弗，他们都坚决不赞成用孤立和封闭的办法研究底层人民的教育历史。他们认为应将底层人民放在特定的历史环境中来考察和分析他们的教育活动，以及探索教育改革和社会运动之间的关系。换言之，处于社会最底层的劳动群众的教育活动的发展演变，是引起整个教育变革和教育制度兴衰更替的最终根源,这正是"自下而上"观察教育史的真正含义,也是英国马克思主义教育史学家对人民教育史研究的特殊贡献。

由于研究视角的转移带动研究对象的转移,随之而来的是研究方法的革新。在英国传统教育史学的作品中,工人阶级在他们塑造的整个英国教育体制形成的历史中,或是完全没有踪影,或是若有若无、无足轻重、等待救助的对象,工人阶级的教育被传统教育史学家遗忘了。那么如何探索英国工人阶级教育发展的历史呢?西蒙认为:"工人阶级争取教育的斗争故事本身是动荡曲折的,因为这种斗争……受到迫害和威胁而被胁迫中断或转入地下。但是如果报纸受到压制、图书受到审查而传播这些东西的人遭到囚禁,那么书写的工作就只能在囚禁期间完成。因此,这些来自于1820年代的多彻斯特(Dorchester)监狱以及1840年代的沃里克(Warwick)监狱的书籍,表达了那些支持工人阶级事业并向往社会主义的人们的最终的乐观主义与教育信仰。"[1] 不难看出,西蒙进行工人阶级教育史研究前提的史料选择发生了变化,西蒙开始搜集监狱里关于工人运动的大量原始历史资料。西尔弗进行的大众教育文化研究,将史料转到报纸、信函和日记上,这些资料都是被传统教育史学家所不屑或者忽视的。英国马克思主义教育史学家运用这些史料,从阶级关系和阶级斗争的角度剖析各个阶级教育本身的发展过程,特别强调劳工阶级为争取教育权利的阶级斗争在教育历史上的作用,这是英国马克思主义教育史学的一大特点,也是其"自下而上"方法论的支点及在教育史分析中的具体应用。

以"自下而上"的视角观察教育史,其目的是构建"整体教育史"体系。在英国马克思主义教育史学家中,虽然他们从不同的领域,运用马克思主义理论和方法修正传统教育史学,但是有一个共同点,就是都在尝试从整体的视角阐释教育史,尝试构建一种整体的教育史体系。尽管汤普森注重从文化的角度研究工人阶级的意识,但是,他把研究焦点从单纯的经济过程转换到了总体性的文化过程,强调工人阶级意识是文化的生成。西蒙进一步丰富和深化了构建一种整体教育史的思想。西蒙认为"从更广阔的视野来看,教育史上发生过的各种事件,都触及生活的方方面面,关系到社会各阶级的观点和利益,他就是要把人们的注意引向那些经常被

---

[1] B. Simon, *The Studies in the History of Education*, *1780 – 1870*, London: Lawrence and Wishart, 1960. pp. 14 – 15.

忽略的方面，尽力叙述教育改革者的思想，以引起当代社会和政治冲突的变化"。① 这样，西蒙将英国教育史研究从单纯的精英教育史变成了总体教育史，也就是从经济、政治和社会各个层面来考察各个阶层的教育发展的一种总体的教育史观。从根本上来说，西蒙主张"社会教育史"研究，是认识到教育史是包罗万象的事实，社会教育史研究应该揭示人类发展进程中的教育的总体性进程特征。从这个角度来说，四卷本的英国教育史就最能体现这种整体性的教育史构想。正如奥尔德里奇所说："西蒙的著作改变并重塑了英国教育史。"② 西尔弗更是将教育放在社会文化的背景下考虑，力求将传统教育史学所"忽视的领域"呈现在读者面前，提出了从文化视角研究教育整体的发展过程，勾勒一幅囊括普通人民大众在内的教育文化史图像。当然，在马克思主义教育史学家那里，并不要求教育史家研究教育的总体，而是要求在研究每一个教育问题时，都能够从教育的总体上进行考察。

英国马克思主义教育史学家通过在广泛的社会背景下重新分析学校教育，建立学校与家庭、国家、文化、经济、社会的变化之间的关系，努力在解释教育史的框架中慎重、自觉地关注假设、理论和方法，集中研究英国社会教育体制的形成与发展，已经推动教育史从缺乏活力的死水中回归到历史学的主流。但是，与此同时，一批女性主义者对马克思主义教育史学构建整体教育史的目标产生了怀疑。她们认为马克思主义教育史学家歪曲了一个观点，即当他们从底层看教育史文献时，却忽视了工人阶级女性的教育经历以及她们在社会发展和自身进步中所扮演的角色。正如在《英国教育史学：来自女性主义的批判》(The Historiography of British Education: A Feminist Critique) 一文中，琼·普韦斯 (J. Purvis) 所说："英国马克思主义教育史学的作品，如西蒙的作品依旧是以男性为中心的。只是为了证明各种教育中的妥协和问题，这些教育问题主要是不同社会阶级之间权力斗争和冲突的结果。尽管各个群体之间的关系是被授予不同的权力获得满意的需要，但是仍旧是中产阶级优越于劳工阶级，男性比女性优越，白人比黑人优越，成人比孩子优越。在西蒙的书中，看不到性别之间

---

① B. Simon, *The Studies in the History of Education, 1780 – 1870*, London: Lawrence and Wishart, 1960. pp. 14 – 15.

② R., Aldrich, The Real Simon Pure: Brain Simon's Four-Volume History of Education in England, *History of Education Quarterly*, Vol. 34, No. 1, 1994. p. 73.

的权力关系和女性。再一次,让我们看到的是群众运动实际上只是男性的运动和斗争。"①

女性主义对马克思主义教育史学的质疑和批判,不得不让我们思考这样一个问题:教育史是否包括一些联系阶级和性别关系的复杂连接点?答案是毋庸置疑的。我们在引用马克思主义理论分析教育史问题时,应该试图了解学校是如何创立、改变和重建性别结构、社会结构、人口结构以及生产关系的。例如,在考察义务教育时,我们应该将义务教育立法的成功实施与当时英国男性工资的高低紧密联系起来。当时男性的工资收入是和家庭形式相关联的,而家庭形式又与人口增加过快有关。因此,性别、劳工运动、家庭、经济、阶级与教育之间的复杂关系也应是教育史研究的一个重要部分,这将是笔者在下一节中要探讨的问题。

第二节 女性主义教育史学

20 世纪 70 年代,伴随着西方女性主义的兴起和发展,一批英国教育史学家很快意识到女性主义理论和方法的重要性,并借鉴女性主义研究的方法研究教育史。女性主义教育史学家批判教育史研究中男性主导地位,提出从女性的视角和女性的经验建立教育史研究的新范式。英国女性主义教育史学的代表人物是玛格丽特·布赖恩特（M. Bryant）、卡罗尔·戴豪斯（C. Dyhouse）和琼·普韦斯等。英国女性主义教育史学被广为引证的经典之作是他们出版的《意外的革命:19 世纪妇女和女童教育史研究》（*The unexpected revolution: a study in the history of education of women and girls in the nineteenth century*）、《成长于维多利亚时代晚期和爱德华时代的英国女孩》（*Girls Growing Up in Late Victorian and Edwardian England*）、《沉重的教训:19 世纪工人阶级女性的生活和教育》（*The Lives and Education of Working-Class Women in Nineteenth-Century England*）等,这几本书的出版是继英国马克思主义教育史学之后的又一高潮,他们试图克服传统教育史学和马克思主义教育史学的一些缺陷,努力将女性纳入到教育史的研究范围内,重新书写人类教育历史。英国新教育史学进入女性主义

---

① J. Purvis, "The Historiography of British Education: A Feminist Critique", in A. Rattansi and D. Reeder, *Rethinking Radical Education: Essays in Honour of Brian Simon*, London: Lawrence & Wishart, 1992. p. 252.

时代。

一 女性主义介入英国教育史学的背景

一般说来,《性别歧视法》颁布之后,女性主义作为一种学术思潮开始介入英国教育史学科。女性主义教育史学在英国的兴起源于内外两个推动力。在教育史学科内部,传统辉格教育史学长期对女性或女童教育史的忽视,引起新教育史学家的不满。而与此同时,在外部存在两个推动力:一是女性主义对历史学的介入及其效果;二是一系列平等和平等教育法律法规和政策的颁布与实行。在内部,教育史学为女性主义的介入准备好了机遇,而外部,强大的推动了推动战后女性主义教育史学的兴起与发展。

(一)女性主义介入英国教育史学科的内部机遇

长期以来,在教育史研究对象中,女性很少出现,处于边缘地位。这与她们在社会中处于的边缘地位是一致的。同时,这也体现了教育史学者在创立教育史学科的最初梦想,即教育史是用客观主义的技巧和模式去如实描绘教育秩序和人类教育行为,为教师职业提供激情和热情的一门学问。而女性是属于家庭,不属于社会,因此,女性在教育历史中的地位和作用小之又小,少之又少。

在传统教育史学家那里,教育只包括学校教育,而家庭不在教育环境之列。由于女性是属于家庭,在家庭里扮演妻子和母亲的角色,服务于男性。在父权制的社会里,女性和男性的角色分工和功能分化,是社会有机体维持稳定和平衡的一个基石。女性的自然状态造就了以男性为权威和主导的教育体制。因此,在早期传统教育史学的作品中,男性是教育史的主角,创造了人类教育历史。伯奇纳夫(C. Birchenough)认为"教育咨询委员会、教育部门的主要负责人、教育管理者和教育政策的制定者决定着国家教育的发展方向和进程,是推动教育发展的主要动力,是教育改革的主角,因此,应该歌颂他们在教育改革过程中的丰功伟绩,歌颂他们的英雄事迹,这些才是教育史的主题"[1]。伯奇纳夫的思想影响着整个传统教育史学阶段,在他们的作品中男性是教育改革的主角。正如激进女性主义者简·马库斯(J. Marcus)指出"第一代史学家发明了叙述和历史情节。

---

[1] C. Birchenough, History of Elementary Education in England and Wales from 1800 to the Present Day, London: University Tutorial Press, 1914, p. 272.

事件的选择和关键人物的命名都是以情节所需而定。如果后来的史学家想打破这种格局或者历史写作形式，必须要付出很多"[1]。

琼·普韦斯认为传统教育史学由于教育史研究狭窄的目的和功能主义，致使传统教育史学对女性在教育史中描写少之又少，教育史成了男性精英创造教育的英雄故事。而在马克思主义教育史学那里，教育的变革和进步是通过不同群体和阶级中男性之间的冲突和斗争来实现的，女性为教育权利的斗争却被忽视了。在西蒙的《1780—1870，教育史研究》一书中，我们看到的仅仅是工人阶级男性的教育及他们对迈向社会主义的积极乐观的信念。在西尔弗的大众文化教育中和汤普森的工人阶级意识形态的形成中，均是向读者展现底层男性群众的教育和文化历史。在《我们不能再无视性别的存在或者将性别视为不重要的因素》（We Can no longer Pretend that Sex Stratification does not exist, nor that it exists but is unimportant）一文中，琼·普韦斯继续抨击西蒙及文化研究中心的马克思主义教育史学作品，这些作品依旧是以男性为中心的。

无论是传统教育史学者还是马克思主义教育史学者，过去主流教育史学理论基本上都是以传统的性别角色理论为基础：男性是教育史的创造者，只不过得出的研究结论不同而已。传统教育史学以协调为宗旨而马克思主义教育史学以变革为目标。而这些教育史研究模式均是以"生物决定论"的男女性别差异为基础，教育史建立在男性的经验上，用男性话语的体系撰写教育历史，符合"父权制"社会机制以及生物性别主义的范式。因此，女性在教育史中的位置如同她们在社会中的位置一样，是无形的、边缘的、甚至可以说是歪曲的和缺席的。女性主义教育史学者试图从一种新的理论视角和方法维度出发，致力于改变男性是教育史创造者的观点，重新分析和解说女性在教育历史中的位置。

（二）女性主义介入英国教育史学的外部推力

女性主义介入英国教育史学的外部推力主要有两个方面的原因：一方面是 20 世纪 60 年代妇女史（Feminist history）兴起。20 世纪 60 年代兴起的席卷西欧、北美的"新妇女解放运动"，伴随着社会学研究方法上的变革，给史学研究提出了一个新的课题：妇女史（Feminist history）。对于妇

---

[1] J. Marcus, Introduction: Re-Reading the Pankhursts and Women's Suffrage, in J. Marcus, *Suffrage and the Pankhursts*, London: Routledge and Kegan Paul, 1987, p.3.

女史学派来说，以往的历史学，包括社会史，都是由男性垄断的历史学，是以男性价值观为准则的男人们活动的历史。社会史学家在研究中的概念，或是纯男性的、或是中性的，无视女性的存在。一般认为，妇女史是指以妇女为研究对象的历史，或指以"女性主义"立场观察及撰写的整个历史。妇女史从女性主义立场观察和撰写历史发展进程，其中也包括重新观察和撰写女性教育在历史上的发展情况以及女性在教育发展进程中的作用。在英国妇女史的两个重要期刊：《社会性别与历史》（Gender and History）和《妇女史评论》（Women's History Review）都相继刊登关于女性教师和学生的研究。尤其《妇女史评论》的创刊者琼·普韦斯更是英国女性主义教育史学的主要倡导者。她指出长期以来，在社会中，女性的活动仅限于家庭领域，处于社会的边缘地带。在教育史学中，女性与在社会中的地位一样，也是处于边缘地带。在教育史研究对象中，对女性教育历史视而不见。同时，这也体现了教育史学者在创立教育史学科的最初梦想，即教育史是用客观主义方法去如实描述教育秩序和人类教育行为，为教师职业提供激情和热情的一门学问。而女性是属于家庭的，不属于社会和学校，因此，教育史研究中自然见不到女性的踪影。[1]

另一方面是英国一系列平等法和教育平等法律和法规政策的颁布与实行推动了女性主义教育史学的兴起。1975 年，英国《性别歧视法》（the Sex Discrimiantion Act）的颁布，首次从很小的立法领域里宣布在教育等公共生活里的性别歧视行为为非法行为。这一法律的颁布和妇女史的发展有力的推动了女性教育史研究。1975 年时，维奇（Adrienne Rich）就指出应该建立以女性为中心的大学。卡罗尔·戴豪斯（Carol Dyhouse）认为虽然自 20 世纪初期以来，已有对早期女教育家或女子教育机构的研究，但是传统教育史学研究过于重视男性教育家和男性教育机构的研究，对妇女教育的关注不够。教育史研究不仅是男子的教育史，也应是女子的教育史。卡罗尔·戴豪斯在《成长于维多利亚时代晚期和爱德华时代的英国女孩》（Girls Growing Up in Late Victorian and Edwardian England）[2] 一书

---

[1] J. Purvis, "The Historiography of British Education: A Feminist Critique", in A. Rattansi and D. Reeder, *Rethinking Radical Education: Essays in Honour of Brian Simon*, London: Lawrence &Wishart, 1992, pp. 249–266.

[2] C. Dyhouse, Girls Growing Up in Late Victorian and Edwardian England, London: Routledge, 1981.

里，有力地证明了，至 1894 年，共有 200 所新成立的慈善女校和私人女校可以为女孩子提供不同角色模式的教育，以使她们能够进入与之出身、社会地位相当的群体之中。事实上，在此之前，布莱恩特（M. Bryant）在《意外的革命：19 世纪妇女和女童教育史研究》(*The unexpected revolution: a study in the history of education of women and girls in the nineteenth century*)[①] 一书中就指出，传统的教育史研究忽视了妇女和女童教育史研究。随后，更多的历史学者和教育学者从女性主义的视角对传统教育史学和马克思主义教育史学进行了猛烈的抨击，尝试将女性带入人类教育历史的进程中，重新书写教育历史。

二 英国女性主义教育史学的发展

一般来说，可以分为五种不同的女性主义流派：一是自由女性主义学派，他们强调在教育过程中的个体权利；二是激进女性主义学派，他们集中在教育过程减弱男性使用族长的权利；三是马克思和社会女性主义学派，他们主要解决阶级、性别和教育权利的关系；四是黑人女性主义学派，他们的研究主要建立在阶级、种族、性别和教育的关系之上；五是后现代女性主义学派，后现代女性主义学派坚持否定所有宏大叙述、否定传统形而上学的二元对立、否定本质主义和普遍主义、肯定女性作为人的主体性和在差异中追求平等的理论观点。根据对五种流派的分析，笔者将英国女性主义教育史学分为三个阶段：第一，女性主义者只记录了有关女性教育的重大事件而未进行任何理论分析；第二，女性主义者努力解释女性参与教育变革背后的政治、经济和意识形态的背景；第三，女性主义者开始尝试在理论的支撑下诠释女性教育的历史演变过程。

（一）关注有关女性教育的重大事件

"自由主义女性主义是指近代自由主义思想产生以来发展起来的女性主义思潮和女性主义运动，它是女权主义运动的先驱，也是各女性主义流派的起点。"[②] 早在 1790 年，默里（J. S. Murray）的《论两性平等》的一文中，提出了妇女在受教育方面的平等，主要理由是为了妇女能够更好地

[①] M. Bryant *The unexpected revolution: a study in the history of education of women and girls in the nineteenth century*, London: University of London Institute of Education Press, 1979.

[②] 潘迎华：《自由主义女性主义与社会主义女性主义思想述评》，《浙江教育学院学报》2004 年第 2 期，第 6 页。

在家庭和教育后代上尽责，而不是妇女选举权或男女政治平等。她要求妇女同男子一样享受受教育的权利，得到当时社会上层人士的支持，尽管这些人的出发点不是为了妇女本身。如有人说："为了按照自由和政府的原则教育好她们的儿子，我们的夫人们接受一定的程度的特殊的和适当的教育是必要的"①。当然，最初的妇女教育课程主要是《圣经》、语言、音乐、舞蹈、手工、历史、地理等。较全面的妇女教育是随着西进运动、工业发展和人口扩张对女教师的需求激增而逐步完善的。之后，1792年，玛丽·沃斯通克拉夫特的《女权辩护》被作为西方女权思想觉醒的标志。玛丽是一名家庭教师，她通过研究历史记载和观察生活现状后，认为目前为止的世界文明史是不公正的，尤其是教育领域。她要求女子与男子接受平等的教育权，发展妇女教育，国家教育应不分性别。她还批评了卢梭关于女人是为了使男人生活愉快的观点，指出除非妇女在某种程度上能脱离男人而独立，否则希望她们有德行、贤妻良母是徒劳的；玛丽认为妇女是家庭中非常重要的一环，不让妇女接受教育，对男性不利，对整个社会也不利。随后，1789年的《人权宣言》、18世纪末的《妇女与女公民权利宣言》以及1848年美国的《妇女宣言》中都一再对妇女权利进行了维护，提出了人类解放的尺度应该由妇女解放的尺度来衡量。

1869年，约翰·穆勒在《妇女的屈从地位》一书中指出"所谓存在于男人与女人之间的智力差别，不过是他们在教育和环境上的差异的自然结果，并不表明天性上的根本差别，更不必说极端低劣了。现在尚不能了解男人和妇女之间的智力差别究竟有多少成分是天生的，多少成分是人为的。我们无法把一个人同环境隔开去实验。妇女的不合格是人类的一半不合格，的确是有危害的。提高妇女与其说是个人的、女性的事，不如说是社会的、人类的利益。"② 资产阶级在反对封建贵族时提出了"人权"，"人是上帝的造物，人生而平等"。男性是人，应该要求权利，但妇女也是人，当然也应该要求权利，因此妇女就非常自然而简便的将自由主义作为自己争取权利的口号和旗帜。

受早期自由主义女性主义的影响，一系列从女性主义的视角研究教育史的作品出现。如海琳·兰格的《欧洲妇女高等教育》、约瑟芬·卡姆

---

① E. Flexnei, *Century of Struggle: The Women's Rights Movement in the United States*, Cambridge: Cambridge University Press, 1975, p.17.
② ［英］约翰·穆勒：《妇女的屈从地位》，商务印书馆1975年版，第303—319页。

(J. Kamm)的《推迟的希望：英国历史中的女子教育》(*Hope Deferred : Girls' Education in English History*, 1965)等等。这些作品开拓了女子教育的研究，绘制了女子教育发展历程。在《推迟的希望：英国历史中的女子教育》一书里，将自由主义女性观发挥的淋漓尽致。卡姆主要围绕改革者或先驱者为女性进入教育领域所做贡献及重大事件，讲述了盎格鲁—撒克逊时期至现代英国社会中女子教育发展的历程，同时，还分析了女性是否应该接受和男性一样的教育的问题。卡姆批判传统教育史学的大男人主义，提醒教育史学应凸显女性在教育发展中的作用，但是，要避免教育史研究中出现大女子主义。卡姆的作品，凸显了女性在教育史研究领域的地位，以教育变革的动力和教育机构为焦点，但是却没有关注变革的背景。该书的侧重点仍是集中在上层社会和中产阶级的妇女教育，很少论及或提起下层社会的妇女和女童教育。但是，主流教育史学家从未将这类研究视为真正的教育史。造成这种状况的原因：一方面是教育史学家一向不将女性作为研究的主题，也不承认研究女性教育史的学者是专业教育史学家；另一方面早期的女性主义教育史学家也没有找到适合研究女性教育史的方法。他们仍然使用传统教育史学家惯用的传统研究方法和史料，只是在传统教育史学的研究范围内添加了妇女教育史和女童教育史，并且没有把性别与阶级联系起来去分析妇女教育史和女童教育史，只是使女孩教育和妇女教育在教育史记载中找到一个合适的位置。他们将两性教育平等理解为使女性教育与男性教育一样，抹杀了女性教育的独特性等，对教育变革的社会背景几乎不给予关注，女性教育史仍需要更多地从根本上重新评估和分析。另外，早期女性主义教育史学家仍然停留在描述阶段，并未进行综合性的分析。

自由主义女性主义观指导下的教育史研究都有一个共同的特征，从自由主义的"自由""平等""天赋人权"理论出发，论证女性与男性的差异是教育和社会环境因素造成的。在教育史的研究中，他们侧重的是上层社会和中产阶级的妇女教育，很少论及或提起下层社会的妇女和女童教育；他们基本上对女权运动采取保留态度，不希望夸大早期妇女教育对女权运动的影响。一定程度上推进了女性在教育上的平等权利的获得。但是，事实上，只是在传统教育史学的研究范围内添加了妇女教育史和女童教育史，并且没有把性别与阶级联系起来去分析妇女教育史和女童教育史，只是使女孩教育和妇女教育在教育史记载中找到一个合适的位置，将男女平等理解为使女性与男性一样，抹杀了女性的独特性等，对教育变革的社会背景几乎不给予关注，女性教育史仍需要更多的从根本上的重新评估和分析。

（二）解释女性参与教育变革背后的政治、经济和意识形态背景

战后，随着社会主义陈营的出现，整个西方的社会思潮，包括学术思潮，都是一个向"左"转的年代。我们知道马克思主义史学的特点之一就是群众创造历史，强调阶级分析。妇女史学家接受了这些观点，认为妇女也创造了历史，但却是被遗忘的最大群体。如果按照性别划分阶级，男性就是资产阶级，女性就是无产阶级，妇女历来就是受压迫、受剥削的，处于一种无权的地位。马克思主义的妇女观还特别强调经济基础的重要性，妇女史学家发现，从马克思主义的理论中，她们知道了没有经济基础，就不会有真正意义上的社会和政治平等。这一时期，一些女性教育史作品中，马克思主义的观点或引文是很常见的。他们运用马克思主义的理论和方法对女性教育背后的政治、经济和意识形态的背景进行了分析。

1978年，在《十九世纪妇女：她们的文化和物质世界》（The Nineteenth Century Woman: Her Cultural and Physical World）一书中，莎拉·德莱蒙特（S. Delamont）和洛娜·达芬（L. Duffin）考察了资产阶级妇女生活的很多方面，从医疗指导和进化论到妇女文学，其中包括妇女教育。之后，在《维多利亚教育和女性气质的观念》（Victorian Education and the Ideal of Womanhood）一书中，琼·伯斯汀（J. Burstyn）解释了19世纪关于家庭和工作场所的分离的思想是导致男子进入公共世界而女子是家庭主角现象的主要原因。在《意外的革命：19世纪妇女和女孩的历史研究》一书中，玛格丽特·布莱恩特用了一系列维多利亚时代的"文化的文献"和二手资料，提出了妇女教育变化的社会背景的简短分析。尽管她有意避开关于任何理论的争论和尝试，将自己置于"老一辈妇女解放的历史学家"，但是，她引起英国教育史学者对妇女教育背后社会背景的思考，并推荐了解决问题的办法。受其影响，卡罗尔·戴豪斯在《牛津教育评论》（Oxford Review of Education）发表了《好妻子和小妈妈：社会需求和学校女孩课程，1890－1920》（Good Wives and Little Mothers: Social Anxieties and the School-girls Curriculum, 1890－1920）一文。她认为在1880年至1920年之间，国家提供给工人阶级女孩的教育方式深受家务意识的影响，教育目标是为了帮助这些女孩成为真正的好妻子和妈妈。学者们已经关注

并研究了妇女特质、妻子特质、妈妈特质和家务观念对女性教育内容和教育权利的影响。在此基础上，卡罗尔·戴豪斯提出书写妇女教育史的一个重要步骤，即考察女性社会化的模式和学校在培养女性和男性特质中的作用。严格地说，卡罗尔·戴豪斯超出了简单的对女性教育的社会背景研究，开始试图从阶级和性别视角阐释女性的"受教育"和"女性化"的过程。随后，在关于19世纪英格兰工人阶级和中产阶级女性教育的书中，普韦斯尝试综合社会阶级和性别分析的观点，将父权制和阶级有效的融合。例如在介绍技校机构和男性工人的学院运动时，普韦斯认为机构和学院不应简单地以阶级来划分，也不应由男性来控制，而应将性别的分析范畴纳入进去。①

马克思主义女性主义者认为学校体制的组织形式的历史和它们的合法化知识形式是资本主义社会重塑社会关系的重要领域，这种以阶级为中心的教育史解释必然会导致妇女地位的机械分析，而且给妇女活动的机构留下很小的空间。在马克思主义教育史学家那里已经有力的证明了学校教育一定程度上有助于学生阶级身份的形成。教育史学家日益认识到教育史研究不仅要关注"阶级化"的主题，还应关注"性别化"的主题。学校教育中的性别形成成为80年代教育史研究的重心，马克思主义女性主义者主要尝试在教育史研究中将性别形成和社会阶级的理解进行整合。如波琳·马克思（P. Marks）指出，"以往妇女的特质不仅随时间变化，也依据阶级位置而变化"。②

（三）运用社会性别来分析女性教育史

20世纪80年代至90年代初，随着妇女—社会性别史的发展，国际社会和政府逐渐把社会性别作为衡量人类发展的重要指标。一部分英国教育史学家不满足于传统教育史学的添加式妇女教育史研究，认为先前教育史学家过多关注中产阶级妇女的教育，忽视了更广大的劳工阶级；同时指出，尽管马克思主义教育史学家已经从阶级分化和社会控制方面重新阐释西方教育体系，但是认为他们的解释是从工人阶级男性的角度展开的。传统教育史学和马克思主义教育史的这种假定的中立，必然受

---

① J. Purvis, *Hard Lessons*, *The Lives and Education of Working - Class Women in Nineteenth - Century England*, Oxford: Polity Press, 1989.

② P. Marks, Femininity in the Classroom, in J. Mitchell, and A. Oakley, *The Rights and Wrongs of Women*, Penguin: Harmondsworth, 1976, Perface.

到社会性别视角的冲击和批判。教育史的重建不仅要对男孩和女孩，男人和女人的教育经验予以应有的重视，而且还要审查历史学家对教育研究的程度和水平，应从阶级、种族、性别、心理和文化等视角分析女子教育。

　　对教育史研究是否引入社会性别分析范畴，英国教育史学家有着不同的看法，一场关于社会性别与女性教育史的争论就此展开。争论首先由艾利森（A. Mackinnon）发起。在《与历史和理论联系在一起的妇女教育》（Women's Education Linking History and Theory）一文中，艾利森认为教育史的研究忽视了社会性别这一重要因素。在学校里关于性别的划分和再现的分析还不能充分的处理妇女教育史的问题，而只能将性别作为对过去和现在学校如何运作的一种理解方式。库耐（R. W. Connell）从社会学科的角度试图证明社会性别和阶级是在学校里通过一个复杂过程形成的。艾利森受库耐的影响，从社会、课程和女性主义理论的视角回顾妇女教育史的发展过程，认为关于社会性别的理解能够为教育史研究打开一种研究思路。1988年，英国《教育改革法案》（Education Reform Act）颁布和1989年工党关于教育的政治观点，提出要从根本上改变教育的不平等问题，加速了关于社会性别与妇女教育关系问题的争论。普韦斯、高摩塞（M. Gomersal）和弗利特（K. Flett）首先围绕19世纪英国女性劳动者的阶级、社会性别和教育的问题展开了激烈的争论。其后，对社会性别和阶级的关系问题以及妇女教育史在教育史研究中的地位等相关问题进行了争论。普韦斯和高摩塞都认为在劳工阶级工厂环境里的女性教育与男性教育是不平等的。而弗利特认为不能简单的认为两者的教育不平等，因为教育、性别、阶级和劳工阶层的政治运动之间的关系是非常复杂的，讨论妇女的教育问题，必须把性别、政治、经济等因素联系起来考虑，这样才能展现妇女教育的全貌。弗利特认为妇女教育的问题现在已经占据教育史研究的中心地位，自1968年以来，教育史研究已经发生了重要的变化，开始重视妇女和女权史以及来自于下层阶级运动的整体史。但是，普韦斯批判弗利特从社会学家的视角，没有描述作为反对进步的劳动阶层的男性与女性对待妇女问题的态度，认为现在大学里男女是不平等的，占主导地位的还是男性，离维奇提出的建立"以女性为中心的大学"的梦想还很远。之后，普韦斯站在女性主义的立场上,进行了一系列的研究,[①] 批评英国教育史学界面对女性主义的挑战表现出来的行动迟缓,提出应从女性主义视角来研究教育史,认为女性主义研究是一个复杂的过程,可以给我们提供一些关于妇女经验的深刻见解。这场争论推动了女性主义教育史学的发展,不少学者纷纷撰文从女性主义的立场来研究教育史。[②] 之后,英国教育史学者开始将社会性别与政治、经济和教育等其他相关的因素联系起来进行研究。如英国学者古德曼(J. Goodman)和玛尔悌恩(J. Martin)在《打破分界线:社会性别、政治学和教育经验》(Breaking Boundaries: Gender, Politics, and Experience of Education.)一文指出:"近几年来,历史学家受到妇女、女性主义和社会性别史的挑战,考察教育史中的社会性别状况和男女两性教育经验的历史研究急剧增加,教育理论和女性主义研究中将社会性别和权力联系起来进行研究,其结果是拓宽了教育史的研究领域。"[③]如果说古德曼和马丁在理论上呼吁要打破性别、教育和政治之间的分界线,那么琳迪(L. Moore)就是首次将社会性别与宗教信仰、教育、国内政治环境及经济等因素联系起来进行女性教育史研究。米切莉(M. Cohen)受琳迪的影响,提出了将社会性别与其他相关因素一起引入教育史研究的一些方法。玛尔悌恩认为运用社会性别的分析范畴进行教育史研究已经是目前比较流行的一种研究趋势,社会性别已经从教育史的边缘地带走至中心地位,应把政治和性别紧紧地联系起来。至此,英国女性主义教育史学在理论和实践上成功地由初期的简单添加妇女教育史转向了妇女

---

① For example: J. Purvis, The Politics of History Writing: a Reply to Keith Flett, *History of Education*, 1995 (2), pp. 173 – 183. J. Purvis, The Role of Education in the Development of Black Feminist Thought, 1860 – 1993, *History of Education*, pp. 22 – 23, 1993. J. Purvis, *Hard Lessons: The Lives and Education of Working – Class Women in Nineteenth Century England*, Cambridge, UK: Polity Press, 1989. *A History of Women's Education in England*, Buckingham: Open University Press, 1991. J. Purvis, *The Historiography of British Education: A Feminist Critique*, in Ali Rattansi &David Reeder, Rethinking Radical Education: Essays in Honour of Brian Simon, (London: Lawrence & Wishart, 1992, pp. 249 – 266.

② For example: C. Heward, Public School Masculinities: an Essay in Gender and Power, in G. R. Walford (ed.), *Private Schools: Tradition, Change and Diversity*, London: Chapman, 1991. R. Deem, Feminist Interventions in Schooling 1975 – 1990, in A. Rattansi and D. Reeder (eds.), *Rethinking Radical Education*, Lawrence and Wishart, London, 1992. S. Spencer, Women's Dilemmas in Postwar Britain: Career Stories for Adolescent Girls in the 1950s, *History of Education*, 2000 (4); M. Hilton, Revisioning Romanticism: towards a Women's History of Progressive Thought 1780 – 1850.

③ J. Goodman and J. Martin, Breaking Boundaries: Gender, Politics, and Experience of Education, *History of Education*, Vol. 29, No. 5, 2000, p. 383.

—性别教育史。

新一代英国教育史学家认为应该从社会性别的维度和视角来分析教育史，不仅要关注两性之间的社会关系，还要将社会性别视为与经济的、阶级的和民族的等相关联的的范畴。也就是说，不能孤立地看妇女教育和性别教育，即强调在将社会性别视角引入到教育史研究的同时，运用多学科、多视角和跨学科的方法，注重妇女的教育和与之相关的社会现象。社会性别不但是妇女教育史研究的核心概念和基本范畴，而且成为整个西方教育史研究的一个观察、分析、阐释的新视角、新方法。也就是说，社会性别的维度和视角一经进入教育史研究，就给英国教育史学注入了新的活力，大大延伸拓展了教育史研究的视野、空间和深度。首先，从研究对象上来看，大大扩大了西方教育史研究的范围，将教育史研究的视线继续下移，不仅包括知名妇女教育问题，还应包括普通妇女，甚至是妓女的教育问题。其次，从研究途径上来看，英国教育史学者从孤立地研究妇女教育问题，到与男性教育及两性教育关系结合起来研究，拓宽了研究的途径。再次，从研究所需史料来看，史料的范围大大拓宽了，开始让妇女开口说话。最后，从研究的分析范畴来看，英国教育史学者在引入社会性别时，不是将其作为唯一的分析范畴，而是试图超越性别，根据宗教、阶级、种族、移民和性别的原籍等多重身份来研究妇女教育过程。将社会性别引入到英国教育史研究中会产生什么结果？使得本来就关注作为主体"人"（特别是下层民众）的教育史的社会教育史学，如果加上"性别"这个维度，以往没有被纳入教育史视野的范畴、领域便凸现出来了。

以上女性主义的各种教育史研究，虽然其观点有所不同，但他们都认为，教育史研究的目标是提高女性在教育历史中的地位。通过提升教育史学者的女性主义意识，营造一个平等的教育史研究环境，进而建立在两性平等的基础上进行教育史研究。女性主义教育史学家认为教育史学者必须要捍卫女性在社会中的解放、维护教育中的性别平等和受压制的女性群体的利益和话语权，从而实现社会公正。换句话说，教育史学者的任务就是将女性教育和社会民主联系起来，批判的展现人类教育史的全貌，不仅包括男性教育历史，还应包括女性教育历史。要为女性提供出现在历史舞台上的机会，使两性教育在历史研究中能够得到平等对待。教育史学者不是适应传统和马克思主义教育史学的研究方法，而是要挑战和改造现存的教育史研究方法，重新定位两性在教育史上的地位，发现女性自己在教育历史中的声音，解放女性，进而培养女性运用教育权利的勇气。

三 女性主义教育史学的创新

女性主义对英国教育史学的贡献是有目共睹的，这就是对主流教育史学的性别主义模式的批判和对教育史学理论以及研究视野的丰富和拓展。传统教育史学和马克思主义教育史学模式中不仅忽视了女性的教育经验和感受，使其无形化和边缘化，而且也扭曲了对整个教育运行秩序和人类教育状况全面公正的理解。女性主义教育史学家从独特的女性经验和"她者"立场出发，不仅以女性主义理论填补了教育史学传统理论中的一些空白，用性别分析的视角挑战了传统和马克思主义教育史学的观点，最终还实现了女性解放、教育平等及社会公正的价值诉求。英国女性主义教育史学家为实现上述追求采取了相应的方略：一方面凸显教育史中的女性；另一方面，创建女性在教育史中被呈现的方式。

（一）凸显教育史中的女性

女性主义主要通过以下几个方面来凸显教育史中的女性：一是干预学校教育；二是凸显历史中的女性教育；三是关注家庭、学校和劳动中的性别差异

1. 干预学校教育

20世纪80年代以来，英国女性主义教育史学家关注从性别的视角干预学校教育，主要体现在以下几个方面：（1）教师教学方法的改变。这类活动涉及的范围很小，并且持续时间较短。（2）推动一些实践项目，如独立的教师研究、学术研究等。这些研究持续时间较长，但在范围和效果上很适度。（3）建立多样化的教师联系网络。（4）建立教师同盟倡议，如建立妇女委员会、妇女发展研究会以及创办两性课程。（5）通过倡议、游行等给政党和集团施压，以建立性别政策。干预的成效就是教育史学家出版和发表了大量关于学生和教师的作品，批判过去男性至上的教育史研究观点。这些重视作品一方面借鉴妇女史的理论和方法对研究女性教育史的指导作用，另一方面还关注社会学理论。正如博维斯（June Purvis）在《19世纪英国妇女教育史：社会学的分析》（Towards a History of Women's Education in Nineteenth Century Britain: a sociological analysis）一文中指出80年代之前的女性主义教育史研究多在妇女史的研究框架和方法指导下

进行，忽视了社会学的分析框架。这样就导致了仅仅从性别的视角分析妇女教育史，而忽略了女孩教育及劳工阶级女性的教育。博维斯认为研究妇女史理论之外，还应关注社会学理论，尝试从阶级、文化、经济、政治等广阔的社会背景下分析妇女和女孩教育。[①] 进入21世纪，社会性别史成为女性主义教育史学关注的新理论。

2. 凸显历史中的女性教育

女性主义教育史学家运用女性主义的方法进行的女性教育研究，呈现出与以男性为主的教育史研究所不同的倾向，关注历史中的女性教育。虽然在自由主义女性主义那里，主要注重著名或杰出妇女的教育历史。70年代之后的各女性主义一反先前自由主义女性主义的教育史研究选择标准，开始冲破妇女为取得教育平等权的运动史的框框，更多地将注意力转移到女性的日常生活、家庭和意识等更为广阔的研究领域中。但是，他们都有一个共同的特点就是批判先前教育史研究中对女性的忽视，凸显女性在教育历史中的地位。

博维斯在《英国教育史学：女性主义的批判》（The Historiography of British Education: A Feminist Critique）[②] 一文中从女性主义视角批判了英国教育史学。作者对英国教育史学界关于19世纪教育史的写作中存在的三个问题——男人创造的教育史、强调男孩和男人的教育经验和弱化女孩和女性经验——进行了批判。博维斯认为应该从自由主义女性主义、社会主义女性主义、激进主义女性主义和马克思主义女性主义等史学流派中吸收借鉴经验，重新书写和定义教育史，并由此确立女性主义教育史学的原则。在博维斯那里，女性主义思想的一个核心因素是两性之间不平等的权力关系，男性优越于女性，男性占据主导地位，女性处于从属地位。在70年代之前流行的观点是把妇女看作历史的被统治者、被压迫者，而70年代之后，随着社会性别分析范畴的引入，女性自身的独立意识和文化被重视，开始将女性看作教育历史前进中的一种积极力量，并试图依据这种新的女性价值观来描绘女性在教育历史中格的形象，重新审视两性之间在教

[①] J. Purvis, Towards a History of Women's Education in Nineteenth Century Britain: a sociological analysis, *International Journal of Research & Method in Education*, Vol. 4 No. 1, Jan, 1981, pp. 45–79.

[②] J. Purvis, "The Historiography of British Education: A Feminist Critique", in A. Rattansi and D. Reeder, Rethinking Radical Education Essays in Honour of Brian Simon, London: Lawence and Wishart, 1992, P249–266.

育中的权力关系,以及重新评价女性在教育发展中的地位和作用。

首先,凸显女性在教育改革中的作用。女性主义者认为女性在英国教育改革中同样起着重要的作用。以 19 世的英格兰为例,精英和中产阶级的女性经常给穷人提供免费的具有博爱性质的服务,创办学校并管理运作学校。[1] 普韦斯认为这样的女性在传统教育史学和马克思主义教育史学的作品中都找不到。其次,凸显女性教育,重新审视两性之间的权力关系。19 世纪的英国,女性一直被排斥于社会舞台之外。社会主体是男性社会,女性的活动空间极其有限,因此,她们在历史上也就只能处于附属地位。要对 19 世纪英国女性教育进行研究,就必须要考虑一个问题就是女性教育所处的社会空间究竟有多大?这种空间究竟发生过变化没有?

普韦斯认为当在教育史作品中关于 19 世纪女性教育的知识越来越多时,我们需要做的就是凸显女性教育,凸显高等教育中的女性,凸显女性的学校生活,凸显女性面临的一些困扰,如性骚扰。另外,在 19 世纪,女性学术群体是否是学校中最低的阶层?女性教师之间相互联系吗?女同性恋者在学校中是如何生存的?女性如何处理家庭和职业生活的需要?以及女性如何在男性统治的学校中生存下来?这些都是女性主义教育史学家需要解决的问题。但是,普韦斯指出:"凸显女性教育是女性教育史学家的一个重要任务,但女性主义教育史学的核心是审视两性之间的权力关系以及发现女性的经验。"[2]

3. 家庭、学校和劳动中的性别差异

女性的家庭生活、学校教育和劳动中的性别差异是女性教育史研究中相当活跃的课题。这一课题主要与对政府的理解,以及政府在教育法规和劳动性别分工中的角色的阐述有关。英国学者将女性教育史与家庭史紧密联系在一起,在对殖民地时期妇女家庭和教育生活的研究方面,取得了较大进展。在威多森(F. Widdowson)的《进入下一个阶级:1840 至 1914 年妇女和小学教师培训》(*Going Up into the Next Class: Women and Elementary TeacherTraining*, 1840 – 1914)[3] 一书中建议必须做些特定的尝试,以

---

[1] J. Manton, MaryCarpenter and the Children of the Streets, London: Heinemann, 1976. p.26.

[2] J. Purvis, "The Historiography of British Education: A Feminist Critique", in A. Rattansi and D. Reeder, *Rethinking Radical Education: Essays in Honour of Brian Simon*, London: Lawrence and Wishart, 1992, p.260..

[3] F. Widdowson, *Going Up into the Next Class: Women and Elementary TeacherTraining*, 1840 – 1914, London: Women's Research and Resources Centre, 1980.

吸引资产阶级女性进入英国小学教师培训中,并不是为了培养学生的女子气质,而是为了师资培训中的充满活力的培训方式。博维斯的《19 世纪的妇女和教师》(Women and Teaching in the Nineteenth Century)一书则批判了 19 世纪晚期女性教育只是为了女性哺育,及扮演家庭角色的目的。这样的批判反映了劳动性别差异开始从家庭到有酬劳的劳动力市场的转变。安·玛丽·沃尔扑(Ann Marie Wolpe)在《教育和劳动中的性别划分》(Education and the Sexual Division of Labour)①中通过描述妇女在家务劳动中的状况,试图寻求解释教育体制与劳动性别差异的关系。她认为,家庭内部差异存在,妇女通过她们的家务劳动不仅重塑未来的劳动者,也重塑了雇佣劳动力的现有成员。她将劳动性别差异的相对不变性视作妇女在劳动中的特定条件的合法化进程的一个重要因素。这被转变为职业,这种职业下妇女以低薪、低技能和脆弱为典型特征,通常占据着劳动市场的第二部分。教育体制和劳动市场体制紧密相连,并且教育体制在女性及其未来角色分配中起着调解作用。安·玛丽·沃尔扑的解释对于教育史学家们尝试从家庭生活角度来解释男性和女性在学校课程的选择及职业模式的变化是极其有益的。这样就是妇女教育史产生出了一个不变的主题:即妇女生活中存在两方面的冲突——家庭角色和职业角色。早在 20 世纪初,萨拉·伯斯塔尔(Sara Burstall)在《英国高中学校里的女孩》(English High Schools for Girls)②一书中就对妇女教育中如何解决家庭和学校之间的目标冲突进行了分析。20 世纪 80 年代,教育家考察了女性的渴望,指出家庭和学校教育目标之间的冲突已经逐渐减弱。因为女性在选择课程时会考虑尽量避免将来职业与家庭生活相冲突的一面。除了上述提到的研究内容外,女性主义教育史学还对女性教师、女子学校、妇女教育与生活等领域进行了相关研究。

(二) 创建女性在教育史中被呈现的方式

自从要挑战男性占中心地位的教育史学的阐释后,女性主义教育史学家就尝试要从过去发现女性的声音。要找出 19 世纪女性的声音还是存在很大问题的。首先是史料难寻。因为传统教育史学依据的主要是官方文献,虽然,如今的教育史家已越来越重视对大量地方的和私人的记载等材

---

① See also Wolpe, Education and the Sexual Division of Labour, in A. Kuhn, and A. Wolpe, *Feminism and Materialsm: Women and Modes of Production*, London: R. K. P. 1978.

② S. Burstall, English High Schools for Girls, London: Longman's Green & Co., 1907.

料的利用。但是，这些材料的作者大多数是男性。这就存在两个问题，其一，在这些材料中甚少涉及到女性教育相关的问题；其二，即使涉及了妇女教育有关的问题，也是从男性的角度和立场，以男性的话语来表现的。相似的，个人文本，例如，日记、自传和信件也存在各自的问题。例如，自传是事件的主题，但是事件经常在内容的选择和呈现上表现出明显的偏见。即使这些自传是女性所写，也是由上层和中产阶级女性所写，并不能反应出底层女性的教育情况。另一方面，工人阶级女性可能也会写信给新闻界或报刊。但是，当编辑读工人阶级女性的信件时，总是将关注的焦点集中在信件作者的出身上。如果作者是工厂女性或者来自于工人阶级的女性，研究者又总是质疑它是否可信。而且，如果信件是用正确的标点符号和没有拼写错误书写的，那么，教育史学家又会质疑文献是否是抄袭的？然而，尽管官方和个人文本呈现这样那样的问题，但是，这样的资源对于研究者发现女性的声音还是具有很重要的价值的。因此，在教育史研究中，要让女性开口说话，要唤醒被教育史学者遗忘的"沉默"的记忆。要尽量开拓教育史史料收集的范围是必要的，进而以各种不同教育史史料来互相参照，重新审视和解读教育史史料，最终呈现女性在教育历史中的图画。

除了史料的运用之外，女性主义教育史学家还提出了口述史方法在教育史研究中运用的重要性。普韦斯认为通过口述史方法能够复活女性主义的声音，其中最重要的是自传体的运用。在《维多利亚和爱德华后期女孩的成长、学校和家庭生活的经验》一书中，戴豪斯广泛采用自传体的资料。在研究19世纪的英国课堂时，普韦斯引用埃伦·威尔金森（E. Wilkinson）自传中的语言，她将她就读的初等学校形容成不洁的，丑恶的，在这个学校里，校长经常给聪明的男孩一些额外的时间和书。埃伦·威尔金森用抱怨的口气说道："我从来没有收到过这样的奖励，仅仅因为我是一个女孩。"[①] 弗朗西斯·威多森（F. Widdowson）使用口述史的方法阐述了1840年至1914年女性的初等教育。她推断在20世纪第一个十年里，大部分初等教育的教师都来自于中产阶级下层（Lower – middle Classes）。例如，一个出生于1888年伦敦的教师，她清晰的记得妈妈鼓励她进入这一职业的原因—这是一个稳定可靠的职业。

[①] E. Wilkinson, Ellen Wilkinson, in The Countess of Oxford and Asquithe (ed), *Myself When Young by Famous Women of Today*, London: Frederick Muller, 1938, p.407.

妈妈是个非常聪明的人，并且，她能够看到和明白很多东西。她认为成为一个教师可以获得一个稳定可靠的东西——你不会被解雇并且还有养老金——如果你失去了丈夫或者其他东西，你总是可以回到它那儿。①

1988年，斯波尔（A. D. Spaull）分析了口述史方法在教育史研究中运用的重要性。他认为教育史研究中有些资料未能保存，可以通过对学校中教师和学生的采访，了解教育直接参与者的经验和感受，对于教育史写作，尤其在研究20世纪女性教育史时，口述史方法的运用增添了分析教育史的一个新维度。因为，关于女性教育经验的记载史料是少之又少的。普韦斯认为口述史方法能够打破传统的以文字资料为史料的传统教育史学的范式，让教育的参与者直接对教育历史说话，将女性的生命体验融入教育史学中，不仅填补了传统教育史学和马克思主义教育史学研究中文献资料的不足，而且，也可以凸显教育历史中有血有肉的人的个性特征。在普韦斯的一系列女性主义教育史学作品中，可以清晰的看到口述史方法的运用。

女性主义教育史学家通过这些案例分析，尝试将女性重新带回到教育史中，开辟了一种有别于传统和马克思主义教育的史学图景，这种尝试对教育史学具有启发意义。

第三节 后现代主义教育史学

在女性主义从性别视角重新构建英国教育史学的时候，另一股力量也在冲击着英国教育史学，即后现代主义。20世纪70年代，随着史学的后现代转向，英国一部分教育史学者在批判传统教育史学的宏大叙事基础上，进而将矛头指向马克思主义教育史学，批判他们将教育与社会机械地联系起来解释教育变革和社会变革之间的关系，忽视了文化的层面。教育史家从后现代主义的视角，发掘和运用不同性质的史料和方法重新书写教育史，"大写教育史"走向衰落，"小写教育史"兴盛，形成了教育史研究多元化发展的趋势，主要体现在三个方面：（1）否定"西方中心主义"和"民族中心主义"，殖民地和少数族群教育史作品涌现；（2）拒绝整体的国家教育史研究，教育史研究从国家的经济和社会因素转移到个体的情

---

① F. Widdowson, Going Up Into The Next Class: Women and Elementary Teacher Training, 1840–1914, London: Women's Research and Resources Centre Publications, 1980, p. 67.

感、心态和文化上；（3）重视语言文化在教育史阐释中的作用，书籍史、阅读史、识字史和学校物质文化史等作品涌现，教育史学呈现多元化趋势。

一 后现代主义对英国教育史学的冲击

根据英国历史学家安德森（Perry Anderson）考证，后现代主义（Postmodernism）和现代主义（Modernism）等概念最早出现于西班牙语系国家。按照安德森的观点，后现代主义是从艺术审美概念演变为学术理论概念的，对此《历史的真相》（1994）一书的作者们指出："'后现代主义'一词最初是在艺术尤其是建筑艺术领域流行起来的，指反现代主义的艺术。后现代主义的建筑设计师排斥现代主义建筑的实用、效率、理性功能主义，而偏好古怪的、有历史味的、出人意料的形状和线条。这个术语传开后，渐渐意指对于现代性的批评，而现代性指关于工业化、科学化的生活形态的一套假设——现代性表示的是18世纪时树立的一套西方特有的概念，包括将历史重新分期（古代、中世纪、现代），其中现代是指理性与科学战胜宗教经典、传统、风俗的时期。现代性的核心概念是一个能自由行动、自由求知的个人，他能用实验刺破自然界的秘密，他和其他人共同努力便能创造出更好的新世界。"[①]

后现代主义概念起源于建筑艺术领域，进而转向对现代性的批判，从语言学、文学和哲学，到科学和史学的过程，表现的是一个由点及面的现象。1987年，美国后现代主义文艺美学家伊哈布·哈森（Ihab Hassan）出版了《后现代转折》一书，在书中他对文学艺术领域的后现代主义特征进行了剖析，认为零乱性或片断性是后现代主义的一个重要特征。由此，西方社会出现了"在旧有'确定论的'现代主义（客观性、无私、坚定的'事实'、无偏见、真实性）的残留渣滓，与修辞的'后现代主义'论述（解读、立场、视角、建构、拟真性）"[②] 的对立，至此，后现代主义确立了其基本的含义。

20世纪70和80年代，在历史写作发生方向性变化的同时，一场围绕"历史学的性质以及历史认知是否可能"展开活跃的讨论。1979年，

[①] ［美］阿普尔比、亨特、雅各布：《历史的真相》，刘北城等译，中央编译出版社1999年版，第184页。

[②] ［英］詹京斯：《历史的再思考》，贾士蘅译，麦田出版社1996年版，第13—15页。

斯通在《过去与现在》期刊上发表《叙事史学的复兴：对一种新的旧史学的反思》一文，标志新史学的叙事转向，预示英国史学的后现代趋势。之后，该期刊陆续刊登一系列关于后现代主义史学的文章。后现代主义史学否定了西方史学研究中的西方中心主义和民族中心主义，将西方之外和民族之外的因素纳入到历史研究中。大约从20世纪80年代中期至90年代初开始，美国的《历史与理论》（1986年开始），英国的《过去与现在》（1991年开始）等杂志，开始发表历史学与后现代主义争论的文章。1994年，波兰著名史学家托波尔斯基主编的论文集题为《现代主义和后现代主义之间的史学》(Historiography between Modernism and Postmodernism)，其中收入的荷兰历史学家安克施密特的论文《后现代主义史学的起源》，至此，后现代主义史学的用法逐渐流行。英国后现代主义历史学家詹京斯指出："后现代主义是一个困难的领域，由于后现代主义者不承认有任何事物是固定的或连续的，因而妨碍了他们为自己所属领域下定义的企图，以致某些评论者甚至怀疑这种情景是否真的存在。以往的中心概念都是暂时的虚构，如以盎格鲁—撒克逊为中心、以欧洲为中心、以民族为中心等，而以欧洲以外地区的发展和全球化进程正在破除它们。那些赋予西方各项发展以意义的伟大结构性（形而上学的）故事，即根据现代西方历史经验构筑的各种哲学、社会与历史理论，其活力已然耗尽。在19世纪'上帝已死'的宣告之后，世俗代理者的死亡已经出现。在19世纪晚期到20世纪，理性和科学已遭到损害，使所有建筑于其上的确定论论述都成了问题：包括整个启蒙运动计划，表现在人文主义、自由主义、马克思主义之中的改革和解放，等等。"①1995年，在作为《历史的再思考》的"续篇"的《后现代历史学——从卡尔到埃尔顿到洛蒂与怀特》一书中，詹京斯将后现代情景称为后现代性，它们构成后现代主义产生与发展的时代背景。如他所说，后现代性"在指涉我们的社会—经济、政治和文化的情景时是最有用的概念"②。

英国史学家彼得·伯克认为：后现代主义史学一般分为两个流派：一是叙事史的复兴或者微观史学的兴起，这一流派的突出表现是"历史研

---

① [英]詹京斯：《历史的再思考》，贾士蘅译，麦田出版社1996年版，第141—143页。
② [英]詹京斯：《后现代历史学——从卡尔到埃尔顿到洛蒂与怀特》，江正宽译，麦田出版社2000年版，第13页。

究中解释类型的变革,从分析到叙述的转变"①,以斯通为代表。二是新文化史的兴起,即史学转向广义的文化。按照彼得·伯克的观点,新文化史具备以下五个方面的特点:"1. 强调文化是通过'建构'或'发现'的;2. 历史从过去阶级、性别等固定不变的社会因素转移至易变化的语言,通过语言来重构过去社会历史的证据;3. 关注历史中个体的日常生活,并尝试挖掘出日常生活背后的习俗、常规、原则和规则;4. 新文化史关注的对象不是传统史学关注的精英人物和民族国家,而是小人物、小地区、村庄等微观的历史研究;5. 通过叙述的方式呈现历史的图像。不论是叙事的转向,还是文化的转向,具体而言,后现代主义史学放弃了宏大的历史分析,转而进行微观的历史叙述"②。正如当代历史思想家、荷兰学者安克斯密特(F. Ankersmit)所说:"西方史学像一棵大树,原来的史学家注重研究树干的延伸,但现在已经到了秋天,秋风萧瑟、落叶缤纷,于是史家的注意力已经从研究树干转到研究每片树叶了。放弃研究树干,其实也就是放弃了'大写历史'的研究。"③

后现代主义史学在英国的发展,促使历史学家反思英国教育史学。早在20世纪70年代,新叙事史的倡导者斯通就将后现代主义的方法引用到英格兰教育史的研究上。在《1640年至1900年,英格兰的文化和教育》(*Literacy and Education in England 1640 – 1900*)④一文中,斯通认为英国教育史学者应该重新思考英国教育史学,批判英国教育史学中对文化层面的忽视,同时推动英国教育史学在叙事史方面的回归。面对斯通对英国教育史学的批判之声,英国教育学者给予了不同的回应。在《后现代主义和国家教育》(*Postmodernism and State Education*)⑤一文中,安迪·格林认为尽管后现代主义在阐释历史的进程中起到一定的作用,但是,在分析国家教育体制的形成时,后现代主义的方法几乎是无用的。劳(R. Lowe)认为安迪·格林事实上是强调后现代理论一定程度上分享了现代

---

① 劳伦斯·斯通:《叙事史学的复兴:对一种新的旧史学的反思》,《过去与现在》1979年第85期。

② [英]伯克:《西方新社会文化史》,《历史教学问题》2000年第4期,第27—28页。

③ 王晴佳:《新史学讲演录》,中国人民大学出版社2010年版,第38页。

④ L Stone, Literacy and Education in England 1640 – 1900, *Past and Present*, No. 48, Feb. 1969, pp. 69 –139.

⑤ A. Green, Postmodernism and State Education, *Journal of Education Policy*, Vol. 9. No. 1, 1994, pp. 67 – 83.

性的一些关键因素。因此,劳提醒教育史学者应认清后现代主义的每一个变种,进而研究每一个变种对教育史研究的影响。在劳那里,后现代主义主要从以下几方面影响教育史研究:首先,后现代主义要求教育史学者认清教育史研究的议题已经发生了改变,并且议题已经变得更复杂和更宽泛。教育史学者的任务是关注教育过程中以往被忽视的小人物和文化因素。其次,后现代主义提醒教育史学者要意识到社会传输和交流信息的模式已经发生变化,教育传播的路径变短了,因此,教育史研究的范围相对就变宽了。比如,关于学校教科书传输的研究就是一个值得研究的课题。最后,后现代的理论基础:知识本质的不确定性,要求教育史学者在新的语境下,更加关注构成历史叙述的证据的本质,对历史作品和史料的语境进行分析。劳认为,在这方面,后现代主义并不是强迫我们做新的变革,只是要求教育史学者采取相应的措施来迎接后现代主义的挑战,对教育史研究进行相应的调整。

在《改变的时代,改变的教师:后现代时代教师的工作和文化》(*Changing Teachers, Changing Times: Teachers' Work and Culture in the Postmodern Age*)一书中,哈格里夫斯(A. Hargreaves)指出英国社会已经进入后现代时代,"教育学者应该改变现代社会的思维模式,用后现代思维模式重新思考教育史研究"[①]。1996年,在《后现代和教育史》(*Postmodernity and History of Education*)一文中,劳批评了过去主流教育史学只关注教育制度或者教育结构,而忽视了与教育中各种行动者直接关联的思想或心态,批评主流教育史学只从事结构分析,而忽略了更深层次的文化剖析,并提醒当代教育史学者,要注意来自后现代主义的挑战,并提出一些建设性的建议。劳认为后现代主义是一个复杂的现象,呈现不同的含义,适用不同语境的不同观点。后现代主义提醒教育史家应该重新阐明这些问题,即"如何学习教育史,如何研究教育史、书写教育史,以及如何阅读教育史,教育史学家应参与到后现代知识的重构过程中"[②]。之后,劳斯·麦尼瑞(K. RousManiere)相继撰写了《城市教师:历史观点下的教师和学校改革》(*City Teachers: Teaching and School Reform in Historical*

---

① A. Hargreaves, *Changing Teachers, Changing Times: Teachers' Work and Culture in the Postmodern Age*, London: Cassell, 1994, p. 2.

② R. Lowe, "Postmodernity and Historians of Education", in Roy Lowe, *History of Education Vol. I, Debates in the History of Education*, London and New York: Roultedge Falme, 2000, p. 293.

Perspective)和《科学和图像：班级社会史》(Silences and Images: The Social History of the Classroom) 两本书，运用后现代主义的方法重新撰写教师史和班级史。在《专业性的政治：教师和课程》(The Politics of Professionalism: Teachers and the Curriculum) 一书中，麦卡洛克（G. McCulloch）、赫尔斯比（G. Helsby）和柯尼特（P. Knight）彻底挑战了过去教育史的写作，指出"从20世纪40年代至90年代间教师位置的变化，教育史研究忽视了教师和他们的日常生活史研究"[①]。在这本书里，麦卡洛克等从后现代主义理论到教育史研究在实践中的运用给予了明确的阐释。

在后现代主义各种思潮的冲击下，新一代教育史学家开始对主流教育史学进行批判和反思，他们提倡关注教育中的文化和心理因素、重视研究方法的多元化，推动英国教育史学向着后现代教育史学迈进，促使英国教育史学研究不断多元化。后现代时期，教育史学家采用拓宽后现代主义批判的路径，即运用后现代思维模式研究教育史。自20世纪80年代以来，英国教育史学在后现代主义的冲击下，经历了显著的变化，在一定范围内，后现代教育史学已经得到承认和实践，英国教育史学的课题在不断扩大。其结果就是原来教育史学的传统不断瓦解，"大写教育史"走向衰落，"小写教育史"不断兴起。

二 否定西方和国家中心式教育史研究

正如前面所说，后现代主义否定"西方中心主义"和"民族中心主义"，将西方和本民族之外的历史纳入到历史学中。20世纪80年代以来，这一思想开始影响到教育史研究，学者开始否定西方中心主义和民族国家中心的教育史研究，越来越多地关注少数族群的教育史研究以及教育在文化殖民中的作用与地位。

1981年，在《1555年至1958年，英国黑人定居者》(Black Settlers in Britain, 1555 - 1958) 一书中，费尔（N. File）和鲍尔（C. Power）认为英国历史上的黑人同样创造着英国历史，尤其是从印度、巴基斯坦、孟加拉国、东非和西印度群岛移居到英国的黑人，他们在接受英国文化的同时，也将自己本民族的教育和文化传统传递给英国人民，在一定程度上影

[①] G. McCulloch, G. Helsby, P. Knight, The Politics of Professionalism: Teachers and the Curriculum, London: Continuum, 2000, p. 4.

响并改进了英国本民族的教育和文化。并且,在黑人群体中,有一些人取得了很大的成就,推动了当时英国社会的改革和发展,这些人均应被记入历史之中。费尔和鲍尔的少数族群同样参与创造历史的思想,影响了英国教育学者对种族教育的关注。在《种族主义,多样性和教育》(Racism, Diversity and Education)论文集中,收录了《黑人透视英国教育》(Black Perspectives on British Education)、《多元文化社会中的社会化学校》(Socialization in Schools in Multicultural Societies)等关于帝国主义时代英国教育体系和意识形态之间关系的论文。主编加德(J. Gundara)、琼斯(C. Jones)和金伯利(K. Kimberley)认为英国是一个多民族、多种族的国家,因此,教育要发展,国家要进步,教育就要兼容性发展,不仅包括两性的平等教育,同时还包括少数种族和白人文化的平等,必须抵制教育中的种族歧视。1984年,约翰·麦肯齐(J. Mckenzie)将英国教育史上的种族歧视作批判的靶子,撰写了《宣传和帝国》(Propaganda and Empire)一书。约翰·麦肯齐认为在英国历史上,学校通过教科书、期刊、儿童漫画、广播、电影院、展览和新闻等一些方式宣传本民族在道义和文化上的优越性,歧视少数族群的文化传统。在反对种族歧视的呼声中,英国教育史学会做出了回应,并采取了相应的措施改变英国教育史研究中种族歧视现象。1986年,教育史学会以"1890年以来的英国少数种族的教育"为主题召开了为期一天的会议,这次会议就少数种族的英国化问题进行了讨论。在《1890年至1939年,曼彻斯特的教育和犹太移民的英国化》(Education and the Anglicization of Jewish Immigrants in Manchester, 1890 - 1939)一文中,这位来自于非洲的作者认为:必须认识到"教育历史中种族和黑人的存在"[①]。

1986年,教育史学家曼根(J. A. Mangan)将教育史研究中反"西方中心主义"和"民族中心主义"的呼声推向高潮,以《游戏道德规范和帝国主义:观念传播的方面》(The Games Ethic and Imperialism: Aspects of the Diffusion of an Ideal)为题论述了英国公立学校之外观念的传播。曼根认为受到教育的殖民地人民在英国公立学校和大学发展中同样起着重要的作用。之后,曼根将"殖民地教育史"作为一个专门领域进行了系统研

[①] R. Aldrich, "Central Issues in History of Education: An English Perspective", in Roy Lowe, History of Education Vol. I, Debates in the History of Education, London and New York: Roultedge Falme, 2000, p. 263.

究。在《基督教和帝国的游戏领域：帝国的福音运动》一文中，曼根论述了欧洲文化帝国主义和非洲、亚洲殖民地新世界观念的关系。曼根认为，西方人总是把近代科学看成文明的显著标志，19世纪西方征服者带着新的科技到达殖民地，除了科学技术之外，他们还带去了基督教，意图通过基督教来征服和同化殖民地人民。另外，教师和教育管理者将橄榄球、足球、棒球等游戏教给了殖民地人民，通过这些游戏培养殖民地人民成为忠诚、朴实的绅士。如果可能，他们将通过游戏培养殖民地人民成为基督教教徒。在曼根看来，在殖民地，英国足球运动事实上起着监督和管理学生生活的一种方式。在《游戏道德规范和帝国主义：观念传播的方面》这本书里，曼根使读者在一个更宽泛的背景下看到了英国教师和管理者在殖民地教育中所起的作用，有助于我们理解帝国主义的意识形态在殖民地的发展。曼根分析了公立学校和帝国之间的关系。大学学院的领导者们，如肯德尔（G. Kendall）、诺伍德（C. Norwood）等将英帝国的道德规范带到殖民地，他们的职责是通过教育再生产英帝国的道德规范，对殖民地人民进行意识形态的控制——曼根称为"霸权形式"（Hegemonic Paradigm）。通过文本分析，曼根揭示了英国殖民者的教育文化殖民策略，通过影响殖民地国家学校的课程，将英帝国的文化渗透进殖民地国家的民族之中，显示英帝国的种族优越性，进而抑制殖民地人们的自由思想。之后，曼根研究了在苏丹、加拿大、非洲、印度等殖民地，教师在传播教育观念和种族优越感中的作用。

　　曼根的工作在教育史学界产生了很大影响，在他的影响下，更多的学者开始关注文化帝国和帝国文化的教育霸权问题，教育作为后殖民时代文化霸权的手段被关注。1993年，曼根将这类作品整理成论文集《帝国课程：英国殖民地时期的种族图像和教育》（*The Imperial Curriculum: Racial Images and Education in the British Colonial Experience*）公开出版。这本论文集共收录了12篇论文，进一步发展了殖民地和少数种族教育史研究。他们主要论述了帝国主义、教育和种族之间的关系，以及教育、课程和课本在帝国统治殖民地人民过程中所起到的作用。他们认为教育文化殖民与经济、政治殖民等交织在一起，同时，殖民地教育文化还对宗主国的教育文化产生了影响，应该从殖民地人群的视角研究殖民地和宗主国的关系，并避免将教育与帝国主义的关系简单地看成是帝国教育向殖民地单向流动的缺陷，尝试关注西方教育文化与殖民地教育文化之间的互动关系。后殖民主义的教育史研究应该能够探究不同文化的教育思想和实践特色,它不仅要在原有的概念框架内添加新的研究主题,还要迫使框架本身发生变化。1997年,曼根和驹达武(Komagome Takeshi)将比较史学的理论置于殖民地和少数种族教育史研究这样一个更广阔的背景之中,坚持教育在文化上具有多元性的基本立场,比较了英国和日本在殖民统治时期的文化、意识和教育的控制策略,阐明殖民扩张与现代教育之间的因果关系。曼根的一系列著作通过对体育运动、游戏和基督教等在帝国主义势力扩张中的影响,来唤起人们对殖民地和少数种族教育史的关注。曼根对史料取自书信体、自传体、学校杂志以及作为文件的学校日常生活的记录,在方法论上,教育史研究再一次转向了经验的重构。殖民地和少数种族教育史研究的兴盛,反映了教育史学者站在后现代主义立场上,将教育史研究的视线从"西方""本民族"转移到"地方"和"少数种族",这是在传统和马克思主义教育史学中很少看到的,教育史的研究范围被进一步拓宽了。

三 呈现心理和生活的教育叙述史研究

马克思主义教育史学将教育历史的演变和社会变迁结合起来剖析教育结构和社会结构之间的关系。女性主义教育史学虽然关注到教育史中的女性,但是,在阐释女性在教育历史中的作用和地位时,仍是将女性教育和阶级、社会、经济联系起来,而对文化因素关注得很少。新叙述史在西欧的兴起和发展,很快被英国教育史学家意识到,一场新叙述史和教育史的联姻活动在悄然进行。

首先,心理学取向的教育史研究盛行,教育史研究从社会环境转向环境中的个体。

20世纪,在英国,心理学通过智力测验将教育不平等合理化,加上心理学主要强调对个体的分析,忽略了社会背景的分析,因此,一直被马克思主义教育史学者排斥在外,并作为教育史学变革的阻力。到女性主义者那里,虽然,在描述女性教育经历时,运用到心理学的方法,但是,女性主义者并没有给予明确的阐释和界定。而后现代主义者认为,事实上,马克思主义者在反对智力测验时,已经将心理学方法运用到教育史研究中。例如,在20世纪40年代晚期的曼彻斯特大学,西蒙对智力测验的批判,就是"建立在心理学的理论和方法基础之上的"①。在《心智测验:一个反常的科学和它的社会史》(*IQ and Mental Testing*: *An Unnatural Science and Its Social History*)一书中,埃文斯(B. Evans)和韦茨(B. Waites)运用心理学方法批判智力测验作为英国意识统治、社会管理和选拔人才的工具。而在《能力、优势和测量:1880—1940年,智力测验和英国教育》(*Ability*, *Merit and Measurement*: *Mental Testing and English Education* 1880 – 1940)一书中,萨瑟兰(G. Sutherland)对智力测验的分析开始持中立的态度,但是,却运用叙述的方式介绍了智力测验在英国教育发展中的作用。1995年,在《智力测验:1860—1990年,英格兰的教育和心理学》(*Measuring the Mind*: *Education and Psychology in England*, 1860 – 1990)一书中,伍尔德里奇(A. Wooldridge)公然支持心理学的方法,换句话说,伍尔德里奇尝试提高心理学理论和方法在教育史学界的地位。像西蒙一样,伍尔德里奇认为教育心理学将心理学理论与政策和政治问题密切联系起来。但是,和西蒙又不同,伍尔德里奇认为在20世纪,与其说统治教育思想的心理学家是知识界的精英,还不如说比传统教育家更保守和进步。他们将智力测验和以儿童为中心的教育联系起来。他们的工作使儿童进入到不同的教育机构,选拔人才不再以社会阶级地位为依据,而是依靠儿童的天性发展。他们是左派的支持者,是右派顽固的对手。在理论上,他们批判和破坏社会等级制度;在实践上,他们为劳工阶层的儿童进入精英群体提供了更多的机会。

在笔者看来,英国学者关于智力测验的争论继续进行,不论怎样辩论,他们研究的基础都是建立在心理学理论和方法之上的。随着心理学方法的广泛运用,教育史由社会环境分析转向教育中的个体,主要表现在三个方面:一是关于教育过程中学生的描述,如以儿童为中心的进步主义教育的历史分析作品不断涌现。在《心理学的发展和以儿童为中心的教育学:早期教育中皮亚杰的插入》(*Developmental Psychology and the Child - Centred Pedagogy*: *the Insertion of Piaget into Early Education*)一文中,沃克丁(V. Walkerdine)将皮亚杰心理学理论和早期教育联系起来。布莱霍尼(K. Brehony)在此基础上论述了19世纪晚期英格兰的福禄贝尔运动的影响和特征。二是教育过程中,家长对教育和教育改革的态度和反映,

---

① B. Simon, *The Life in Education*, London: Lawrence and Wishart, 1998, p. 56.

主要体现在"家庭策略法"在教育史研究中的运用。三是教育过程中教师经验的介绍。在《专业性的政治：教师和课程》的第四章"黄金时期的记忆"（Memories of a Golden Age）中，麦卡洛克、赫尔斯比和柯尼特详细地分析了教师关于 20 世纪 90 年代国家课程和教育改革的记忆，通过教师的回忆展现了 90 年代国家课程改革的激进性以及政治性目的。教师的记忆呈现出不同的图像：一部分教师因为教师专业性自由的丧失而拒绝改革；另一部分教师很支持改革。这些记忆的差异展现了关于 90 年代教师在初等学校的作用的不同评价。在麦卡洛克等看来，因为记忆来自于童年、受教育和直接的教学经验，还深受家庭成员、同事和其他熟人记忆的影响，所以教师们集体记忆的影响比他们呈现出的观点更复杂。教师集体记忆已经走出了早期关于记忆的作品范式，不再强调记忆的个体性和心理学特征，而是强调记忆的社会结构。记忆和历史、个人记忆和集体记忆的联结成为分析教育历史的关键因素。记忆成为教育史研究的一个主题，有助于我们测量出教师们对目前教育改革的真正态度。[1]

从某种程度上说，英国学者将心理学的方法引入教育史研究，扩大了教育史研究的外延，将教育史研究的核心从社会环境的分析转向了日常生活中的个体，这里的个体不再是教育思想家、教育管理者、立法者等精英人物，而是教育者、家长、学生等最普通的人，关注个体对教育改革的态度、评价及其心理状态等，这样教育史研究的内容也相应地从精英转移到普通人，从巨大的非个人结构转移到日常生活的各种现实，从宏观历史转移到微观历史。但是，从根本上来说，这类教育史学家并未从根本上否定教育史学的传统研究方法，它和传统的研究方法也不是一种更新换代的关系，而是更为强烈地体现出一种互补性。正如麦卡洛克所说："应将教育管理者、立法者关于教育改革的记忆和一线教师的集体记忆联系起来考虑，底层社会和上层社会的记忆、直接个体和社会群体的记忆，互相说明，互为补充，共同烘托起教育改革的历史气氛和特征。"[2]

其次，新叙事史对教育史研究的影响，除了心理学方法的引介外，还体现在人类学取向的教育史研究出现，即日常生活史视野下的教育史研究

---

[1] G. McCulloch, G. Helsby, P. Knight, *The Politics of Professionalism: Teachers and the Curriculum*, London: Continuum, 2000, pp. 42–52.

[2] G. McCulloch, G. Helsby, P. Knight, *The Politics of Professionalism: Teachers and the Curriculum*, London: Continuum, 2000, p. 52.

兴盛。他们反对马克思主义教育史学中社会结构分析的高高至上的地位，倡导社会教育史研究从宏观教育史学转向微观的文化教育人类学叙述上。20世纪80年代早期，日常生活史进入教育领域，国际教育学者加入到日常生活史的研究群体之中，其中也包括英国教育学者。

在《教师的生活和工作：改变时代的国际观点》(The Life and Work of Teachers: International Perspectives in Changing Times) 这部论文集里，共收录了16篇论文，其中4篇是英国教育史学者的作品。这4篇文章既有理论的探讨，也有实证的研究，详细地分析了教师的日常生活和工作。在《专业知识和教师的生活和工作》(Professional Knowledge and the Teacher's Life and Work) 一文中，艾弗·古德森（I. Goodson）强调教师是研究教育历史演变的关键因素，但是，古德森反对传统教育史学家将教师概念化和理论化，而应将教育史研究中教师从课堂转向课堂之外的生活中。通过教师的日常生活来分析教育改革和新政策实施后对教育的影响，并听取教师自己关于教育改革和教育政策的看法。在《秘密花园中的政治：英格兰和威尔士的教师和学校课程》(The Politics of the Secret Garden: Teachers and the School Curriculum in England and Wales) 一文中，麦卡洛克批判马克思主义教育史学者对教师生活和记忆的忽视。他将研究的中心集中在教师的自由和自治如何受学校课程变革的影响，分析了过去50年英格兰和威尔士教师和学校课程之间关系的政治性特征的某些变化。麦卡洛克发现："通过最近的改革，英格兰和威尔士的教师已经失去了自由，他们的工作被考试大纲所规范。"[1] 在《多样性的真实和争论性的事实：英格兰教师职业特征的变化方面》(Multiple Truths and Contested Realities: The Changing Faces of Teacher Professionalism in England) 一文中，吉尔·赫尔斯比（G. Helsby）从对教师职业文化为期两年半的研究所得的数据中，总结出教师职业和工作的某些变化趋势。通过对英国初等教育教师的细心深入的访问，赫尔斯比对英格兰教师职业特征变化的复杂原因进行了分析，发现国家课程改革（The National Curriculum）并不是仅仅扮演着剥夺教师的自由的作用，在某种程度上，也推动了教师自身的发展。此外，赫尔斯比建议"对教师的采访和对政策制定者和教育家的采访综合起来，

---

[1] G. McCulloch, "The Politics of the Secret Garden: Teachers and the School Curriculum in England and Wales", in C. Day (ed), *The Life and Work of Teachers: International Perspectives in Changing Times*, London: Flamer Press, 2000, p. 26.

这样才能真正理解提供教师职业性的国家需求程度"①。在论文集里，尤其要提到的是克里斯托弗·戴（C. Day）的《改变的故事和职业的发展：承诺的代价》（Stories of Change and Professional Development: The Costs of Commitment）一文。在这篇文章中，克里斯托弗·戴通过讲故事的方式叙述了《1988年教育改革法》（The 1988 Educational Reform Act）对接受兼职硕士学位课程的14位教师的生活和职业的影响，进而分析了教师职业生涯及其改变的原因，从而对这次改革的评价平添了一个新的观察维度，以往研究将类似的改革归因于政策的制定者，而克里斯托弗·戴将焦点集中在处于政权底层的教师身上，认为"教师的声音是评价英格兰和威尔士教育改革的关键因素"②。

之后，英国学者对教育过程中个体的日常生活研究进入了系统化和理论化的时期。在《从生活中学习：教育领域里的生活史研究——教育背景的定性研究》（Life History Research in Educational Settings: Learning from Lives-Doing Research in Educational Settings）一书中，艾弗·古德森和帕特·赛克斯（P. Sikes）对日常生活史方法在教育史研究中的运用作了较为系统的阐述。古德森和赛克斯认为生活史的方法在教育领域的运用，主要包括教师生活和职业中不同领域的经验和感觉、课程和学科发展、教学实践、管理方面等，同时，生活史的方法有助于理解教育、学校和教育经验。在这本书里，古德森和赛克斯借助人类学的方法唤起人们对依附集团——在历史中沉默无语并处于边缘地位的人们的重视，将他们纳入教育历史的研究中，尝试重建他者的实际经历，并站在他们的立场上叙述教育变迁的过程。这样做不仅是重新叙述也是重新解释教育变迁。生活史取向的教育史研究最大的问题就是史料问题，因为这类依附集团的人民通常没有留下任何文献史料。唯一有效的史料就是教师撰写的报告，如当教师评价教育改革时，研究者可以通过他们的愤怒或者喜悦而收获有用的信息。

---

① G. Helsby, "Multiple Truths and Contested Realities: The Changing Faces of Teacher Professionalism in England", in C. Day (ed), *The Life and Work of Teachers: International Perspectives in Changing Times*, London: Flamer Press, 2000, p. 93.

② C. Day, "Stories of Change and Professional Development: The Costs of Commitment", in C. Day (ed), *The Life and Work of Teachers: International Perspectives in Changing Times*, London: Flamer Press, 2000, p. 109.

古德森和赛克斯认为可以"通过个人传记和群体传记重建生活和教育方式"。[1]

四 重视语言和文化因素的教育史研究

正如前面所说,在60年代,英国的马克思主义教育史学自觉地进行文化转向,大大拓展了教育史研究的视野和范围。虽然,马克思主义教育史学者强调的文化只是狭义的观念和思想,但是,在某些方面,已经和新文化史拥有了更多的交汇点。在这一风气之下,文化教育史研究和写作大为盛行。至后现代主义时期,教育史学者将文化扩展至广义的语言文化层面,几乎无所不包地囊括了人类活动的各个领域,文化因素对教育的影响和作用得到了越来越多的认可和重视。80年代,伴随着国际教育史学进入后修正阶段,新文化史理论和方法对英国教育史学产生了广泛的影响,出现了教育史文化的倾向,对教育史的解读和阐释呈现出日益多元的趋势,主要表现在以下两个方面:

第一,对福柯新文化史理论和方法进行广泛的讨论和运用。在《规训与惩罚:监狱的诞生》(Discipline and Punish: the Birth of the Prison)一书中,米歇尔·福柯(M. Foucault)批判了社会史研究的基本预设前提,没有对国家、阶级斗争和立法程序中追溯权力的运作,而是,尝试在情感、意识、爱情中寻找支配权力的隐匿规则,在生物学和语言学中追溯权力的变迁。正如美国新文化史学家林·亨特(L. Hunt)所说:"在福柯那里,话语实践中之实践因素使其不能够为历史方法提供持久性的基础。然而,人的科学……必须被历史地解构成因时随势变化的'权力之微观技术'的产物,这一过程本身就是方法。"[2] 最不济,这种方法也做到了"词与物之间的交叉"。1977年,《规训与惩罚:监狱的诞生》翻译成英文,对英国教育史学界产生了一定的影响。教育史学者认为福柯理论在教育史阐释过程中存在一定的难度以及在一些实例研究中,福柯理论甚至存在一定的矛盾性。他们就福柯理论和方法的可信性进行了讨论和争辩,正如英国教育史学家霍斯金(K. Hoskin)所说,"福柯的方法即使在细节上存在内在的矛盾性,但是,福柯对诊断的解释有助于阐释现代学校教育的

---

[1] I. Goodson, P. Sikes, *Life History Research in Educational Settings: Learning from Lives - Doing Research in Educational Settings*, London: Open University Press, 2001, p. I.

[2] [美]林·亨特编:《新文化史》,姜进译,华东师范大学出版社2011年版,第38页。

'理性的权威',福柯的'系谱学'方法给教育史研究提供了新的调查方法和思考模式"①。

1979年,英国教育史学会会刊《教育史》刊登了福柯理论和方法在教育史研究中运用的文章。在《诊断、规训权力和理性的学校教育》(*The Examination, Disciplinary Power and Rational Schooling*)一文中,霍斯金指出:"在《规训与惩罚:监狱的诞生》一书中,福柯关于现代性诊断系统中理性权威的观念以及知识和权力关系的论述,这些观点对于重新审视英国教育史具有重要的指导作用。我正是运用福柯的理论和方法对1850年之后的牛津和剑桥地方机构进行分析的,这篇文章的基本方法就是分离差异性和寻找反转,抓住差异性并将置以寻找渗透在所有社会关系中的权力的表现,最终追求的是知识的本质观、学生和教师的关系、回答和评估的形式等方面的连续性。"② 同时,霍金斯也指出福柯对历史的阐释存在一定的错误,即惩罚最初来自于18世纪的监督,而不是起源于12世纪的欧洲大学。但是,这些并不能降低福柯文化史研究方法的贡献和价值,福柯的研究内容和方法仍然是教育史学者需要继续关注和研究的。80年代,柯蒂斯在《西部加拿大教育国家的形成:1836—1871》(*Building the Educational State: Canada West, 1836 - 1871*)、《男人选择真正的政府吗?》《加拿大西部监察,教育和国家形成Ⅲ》(*True Government by Choice Men? Inspection, Education, and State Formation Ⅲ Canada West*)、《人口政治学:1840—1875年的国家形成、统计和加拿大政府》(*The Politics of Population: State Formation, Statistics, and the Census of Canada, 1840 - 1875*)中都运用福柯理论和方法对加拿大学校和教育国家的形成进行了分析。进入90年代,福柯的新文化史研究模式使得教育史学家关注细节的调查。威廉·里德(W. A. Reid)在《奇怪的课程:学校教育制度类型的起源和发展》(*Strange Curricula: Origins and Development of the Institutional Categories of Schooling*)③ 一文中批判福柯强调课堂起源于18世纪的不真实性,而是起源于16世纪或者17世纪早期。但是,里德认同福柯关

---

① G. McCulloch and W. Richardson, *Historical Research in Educational Settings*, London: Open University Press, 2002, p. 75.

② 同上书,第75页。

③ W. A. Reid, Strange Curricula: Origins and Development of the Institutional Categories of Schooling, *Journal of Curriculum Studies*, Vol. 22, No. 3, 1990, pp. 203 - 216.

于早期学校教育的监督和干预起源于课堂内的教学。里德通过历史梳理探索课程的历史演变进程并探究课堂的概念是如何形成的。在里德看来,在课堂里,通过课程计划实现了早期的监督和干预。随后,教育史研究出现了新的研究主题,教育史研究转向语言层面,集中在对地方教育权力的分散和集中、在教育过程中语言权力的建构、教育行为的正常化和异常化、语言在教育发展过程中的作用等新的领域。

第二,涌现众多新文化史范式下的教育史作品,如书籍史、阅读史、识字史、学校物质文化史等。20世纪70年代,伴随着史学的语言学转向,教育史学家开始对出版的书籍和读者进行关注,尤其关注阅读和书籍在个体生活中扮演的角色。这一时期,学者多是从人口整体上测算识字的程度,集中在阅读、书籍对于个体的知识、精神、物质和娱乐的影响。因此,对书籍、俱乐部、出版社、期刊等文献的历史研究出现。1960年,在《过去和现在》期刊上,刊登了斯通的《19世纪英格兰的识字》(Literacy in Nineteenth-Century England)一文。斯通建议英国教育史学者和历史学者应对英国历史上识字或读写能力进行测算,这是历史学的文化转向的重要表现。这篇文章对英国教育史学者的影响很大,在《大众教育史》一书中,西尔弗用了大段篇幅介绍和分析了英国民众的识字情况。

1976年,《牛津教育评论》(Oxford Review of Education)刊发了《1500年至1850年,英格兰大众识字的文化起源》(The Cultural Origins of Popular Literacy in England, 1500–1850)[①]一文。作者托马斯·拉克(T. Laqueur)通过历史调查阐述在1500年至1850年之间,识字文化是如何进入和怎样进入英国的。拉克认为英格兰大众识字的需求是工业化、经济需求、学校教育、写作记录、家庭史的反映,识字的文化起源是书本、财产记录、政治压制、诗歌、交流、大众语言和文化控制。1979年,在《1066—1037年,从回忆到书写记录:英格兰》(From Memory to Written Record: England, 1066–1037)一书中,克拉奇(M. T. Chanchy)从多元化的角度阐述了英国中世纪的教育历史。一方面,克拉奇调查了诺曼征服之后的两个半世纪英国的大量文献,认为"13世纪时期,英格兰就已经有800万篇描写小农和农奴的文章;另一方面,通过识字率的增长,克拉

[①] T. Laqueur, The Cultural Origins of Popular Literacy in England, 1500–1850, Oxford Review of Education, Vol. 3, No. 2, 1976, pp. 255–275.

奇论述了这一时期书籍对民众教育文化水平的影响。克拉奇发现，13世纪，人民需要掌握英语、法语、拉丁语三门语言，这些都刺激了当时读写能力的增长"①。

1986年，《书写的世界：传承中的识字》(The Written World: Literacy in Transiton)一书出版。该书作者认为口述方法的出现挑战了印刷品的出版，"在书写世界里，读写能力发生着怎样的变化"②。1987年，威廉·马斯登（W. Marsden）利用生态学方法研究了与传播相关的初等教育供给。马斯登得出的结论是：人们未能清楚地认识文献和大众教育的重要性。他向教育史学者提出这样的疑问：阅读能力和书写能力哪一个更重要？读写能力在工作和生活中有什么作用？又是如何影响社会、政治、性别和家庭关系的?③ 基思·托马斯（K. Thomas）认为读写能力的研究是教育史学者需要关注的一个新的研究对象。1987年，他在皇家历史协会（Royal Historical Society）的讲座中，以现代早期英格兰的识字研究为例，讲述了人类学方法在读写能力历史研究中的运用。之后，史蒂芬斯（W. B. Stephens）的一系列作品④详细考察了读写能力与学校教育之间的关系，以及读写能力的社会重要性问题。在史蒂芬斯看来，自1840年以来，下层市民的读写能力的需求是和商业、服务业的增长、福音和功利性出版物的大量刊发、政治、经济和文化分不开的。史蒂芬斯在统计学的基础上进行的多元化研究，避免了烦琐的解释。他关于国民读写能力的观点揭开了具体区域研究的序幕，开始对不同地区的读写能力进行研究，每一项研究中都探讨读写能力、学校教育和社会、经济、文化结构和儿童劳动力之间的关系。新文化史与教育史的结合，除了上述新的教育史研究对象外，还有，物质文化史的相关研究。1988年，布里格斯的《维多利亚时

---

① M. T. Chanchy, *From Memory to Written Record: England, 1066 - 1037*, London: Edward Arnold, 1979, p. 261.

② G. Baumann, *The Written World: Literacy in Transiton*, Oxford: Clarendon Press, 1986, p. 197.

③ W. E. Marsden, *Unequal Educational Provision in England and Wales: The Nineteenth Century Roots*, London: The Woburn Press Gainsborough House, 1987.

④ 史蒂芬斯的作品主要有：W. B. Stepens, *Education, Literacy and Society, 1830 - 1870: The Geography Diversity in Provincial England*, Manchester, 1987; Anticipating this Work was W. B. Stephens (ed), *Studies in the History of Literacy, England and North America, Educational Adiministration and History Monograph*, No. 13, Leeds, 1983; W. B. Stepens, Literacy in England, Scotland, and Wales, 1500 - 1900, R. Lowe (ed) *History of Education Vol. III, Studies in Learning and Teaching*, London and New York, 2000, pp. 451 - 477.

代的物品》(Victorian Things)一书出版，标志着物质文化史研究在英国的兴起。教育史学者将更多的注意力集中在教室、学校、教堂、家庭等的装饰以及学校建筑上，以此来说明教育观念的变化。

综上所述，在后现代时代，英国教育史学在否定西方中心论和民族中心论的基础上，少数种族、殖民地、教育中个体心理和日常生活、教育中的异化和同化、识字、学校文化等众多微观的个案研究不断兴起，并逐渐形成一种研究风气。在笔者看来，后现代主义教育史学的发展，意味着英国教育史学中教育史话语的改变，主要体现在以下几方面：（1）教育史学的核心由教育史中的环境—社会背景转向环境中的人。但是教育史研究对象不是回到传统教育史学的教育家、政策制定者和管理者，而是历史中默默无闻的个体的教育和生活经验，如教师、学生、家长等。（2）教育史研究的内容从马克思主义和女性主义教育史学的经济、阶级、性别和社会因素转到人的情感、日常生活、文化和心态上。（3）教育史的编纂方法也就从整体的解释分析研究转向个体实例的叙述。但是，新叙述教育史家在强调叙述对教育史研究的重要性的同时，也没有完全拒绝分析，在某些程度上，除了包含对教育事件的描述外，也包括对社会结构和性别结构的分析。（4）在教育史和其他学科的关系上，从马克思主义借鉴社会学、经济学和人口统计学的方法转变为借鉴心理学、人类学和语言学的方法，更多认同教育史和历史的艺术性和文化性。相应地在史料的选择和运用上，不仅仅停留在史实的表面分析上，还试图进入人们的潜意识和前提假设的分析，力图揭示教育行为背后的文化象征意义。

在这种话语转换的背后，微观和多元代替了传统教育史学、马克思主义教育史学和女性主义教育史学所倡导的教育史主流：民族国家教育史、工人阶级史和女性教育史，教育史是什么？教育史研究的主流是什么？教育史学家从一些较小的题目来回答，研究课题越来越分化。英国教育史学在朝着多样化和多元化发展的同时，呈现了"碎片化"的态势。笔者认为，后现代主义否定"西方中心论"和"民族中心论"，提倡对弱势个体和地区的教育文化和传统的关注和尊重，是毋庸置疑的。但是，这并不代表要忽视本民族国家的教育传统和文化，也不代表着忽视社会环境来孤立地看待教育环境中的个体。虽然，后现代教育史学无法通过叙述民族国家的教育历史形成现代民众的民族认同和国家认同，但是，借着多元和微观的教育史叙述，使得不同地区的人民及群体通过教育史找到认同感，培养群体之间的凝聚力，这仍是教育史研究的重要功能。因此，我们必须具有全球性思维，以文化和教育内部为切入点，将微观和个体放入整个社会和环境的脉络中寻求解释，找出意义，以建立具有地方特色的教育史——即所谓的"全球思维，本地行动"（Think globally but act locally），这将是笔者在下一章要探索的问题。

本 章 小 结

20世纪70年代，英国教育史学转向了马克思主义。在广泛的社会背景下，教育史学者运用阶级分析工具，以自下而上的视角重新分析了英国教育体制的形成与发展。在阐释过程中，教育史学者自觉地关注假设、理论和方法，建立学校与家庭、经济、国家、社会之间的关系，力求呈现教育史的全貌。20世纪80年代，一批女性主义者对马克思主义教育史学构建整体教育史的目标产生了怀疑和批判，认为马克思主义教育史学者从底层看教育史文献时，忽视了工人阶级女性的教育经历以及她们在社会发展和自身进步中所扮演的角色。女性主义教育史学者指出教育史的创造者不只是男性，女性也参与了教育史的创建过程；教育不只是为男性设计和服务的，因此，在教育史的编写过程中，不应在语言上将女性的经验隐藏和边缘化。女性主义的批判给英国教育史学提供了一种全新的方法和视角，推动英国教育史学从马克思主义转向女性主义。教育史研究内容从"他"的教育史转向"她"的教育史。口述史方法的广泛运用改变了教育史的呈现方式。

在女性主义教育史学兴起的同时，还有一股教育史学力量在颠覆着传统教育史学的形象，那就是后现代主义。在后现代主义的冲击下，英国教育史学者否定"西方中心论"和"民族中心论"，开始关注和撰写殖民地和少数种族的教育史；在新叙述史和教育史的联姻过程中，教育史研究从社会环境转向历史中的个体——教师、学生和家长，从经济和社会背景分析转向个体的日常生活和个体心理的描述；在新文化史的影响下，教育史学者运用福柯方法重新解读教育史，书籍史、阅读史、识字史和学校物质文化史等作品不断涌现，众多微观的个案研究不断兴起，并逐渐形成一种研究风气。"大写教育史"走向衰落，"小写教育史"走向兴盛，形成了英国教育史学多元化发展的趋势。

第五章　英国教育史学的新旧整合

20世纪90年代之后，英国教育史学界与国际教育史学者进行合作和交流，重点攻关教育史领域的专题研究，推动英国教育史学走向全球维度。

——威廉·理查森

如前所述，在20世纪70年代至90年代中期，英国新教育史学在自身发展历程中，随着关注的焦点和理论基础的不同，新教育史学范型内部也开始发生转向，形成了三个不同的教育史学流派：一是以阶级为分析范畴的马克思主义教育史学；二是以性别为分析范畴的女性主义教育史学；三是以语言和文化为分析范畴的后现代主义教育史学。新教育史学流派从不同的视角和维度解构传统教育史学，颠覆传统教育史学的形象，微观和多元代替了传统教育史学的民族国家教育史主流模式。在多元化发展的同时，英国教育史学也面临着新的困境，教育史学陷入碎片化和相对主义危机。20世纪90年代末，英国教育史学者发起重新评价传统教育史学的呼声，新旧教育史学之间进行了重新的整合，"大写教育史"复活，英国教育史学开始走向全球教育史学时期。

第一节　英国教育史学新旧整合的背景

20世纪90年代以来，英国教育史学转向"大写教育史"，主要受史学的全球化转向、新右派教育运动的复活、教育史学科的危机三个方面的深刻影响。20世纪80年代，"大写历史"的兴起，为教育史家以整合的眼光看待英国教育史提供了理论基础，而新右派教育运动的复活、新左派抵抗和制衡新右派的教育政策，要求教育史学者重新书写教育史，重新确立教育在民族国家形成过程中的作用。在比较教育家和教育史家安迪·格林的作品中可以确切地看到，20世纪80年代末，英国教育史学科面临的新困境，教育史在师资培训中的作用日渐衰落，教育史学者为提高新一代教师的人文水准和专业水准，需要重新确立教育史研究的理论和方法体系，重新定义教育史和相邻学科的关系。

一 全球史推动教育史研究视角的转变

20世纪70年代，以劳伦斯·斯通为代表的新叙事史在英国史学界占据统治地位，英国史学呈现后现代化趋势。历史学家回归了史学的叙述传统，但却丧失了叙述兰克式民族国家历史的信心，历史学陷入碎片化和细致化的危机之中。而在20世纪80年代之后，英国为克服经济危机的困境，逐渐在政治、经济、文化等诸多方面与世界其他国家保持更加紧密的联系。同时，随着亚非民族解放运动的胜利，英帝国主义殖民体系的瓦解，许多民族民主国家诞生，并在世界事务中发挥着越来越重要的作用。国际政治、经济、文化等关系变得越来越密切，经济全球一体化的趋势明显。在这样的背景下，"全球史"在英国重构历史的呼声中被史学家关注。乘着经济全球化趋势之风，至20世纪90年代，"全球史"已成为英国史学的主流，促使英国史学家重新书写世界历史和英国历史。

1955年，巴勒克拉夫以一种不同于马克思主义史学的思路，在《处于变动世界中的史学》论文集中最先明确提出全球史观。之后，在《泰晤士世界历史地图集》《当代史导论》《当代史学主要趋势》等著作中，巴勒克拉夫阐释和论证了全球历史研究及全球史观，推动西方学术界对全球化问题和世界历史的研究。正如巴勒克拉夫所说："今天历史学著作的本质特征就在于它的全球性……世界史研究的重要任务之一是建立全球的历史观，即超越民族和地区的界限，理解整个世界的历史观。"[①] 在他看来，全球史通过否定"西方中心论"，进而将世界不同时代不同地区的不同民族的历史都纳入到历史研究领域内。因此，历史学家应从"全球性眼光"来考察世界历史的演变进程。随后，英国史学家遵循时代变化的需要，在新的世界格局和历史条件下，重新构建和解释世界历史发展历程。从理论上来说，随着"西方中心论"的逐渐破灭，建立宏观的全球史体系的需求不断高涨，历史学家只能以全球史观为指导，寻求全新的世

---

① ［英］杰弗里·巴勒克拉夫：《当代史学主要趋势》，杨豫译，上海译文出版社1987年版，第42页。

界历史阐释模式，并解释世界历史的整体发展过程和未来发展趋势。学者们普遍意识到，只有超越单一民族和种族的狭隘界限，才能正确分析各种力量和群体在创造世界历史中地作用，从而准确地诠释人类历史的发展，重现世界历史的发展过程。

全球史的写作目的主要有两个：一是迎接经济全球化的挑战，分析经济全球化在世界历史进程中的意义，可以看作"大写历史"的复苏和重生。但是，全球史视域下的"大写历史"与兰克式以民族国家的兴起和政治事件为主线的"大写历史"不同。全球史是超越民族国家的领域，质疑和挑战民族国家史学，在全球维度内重构世界历史。正如美国史学家王晴佳教授所说："如果民族国家史学与世界史和全球史之间，存在一种张力，那么这一张力在全球化的背景下，已经演化成一种公开的对立。"① 二是挑战"西方中心论"。二战以后，史学家和社会科学家都在尝试从各种角度采取各种方式来摆脱"西方中心论"，虽取得的成效不一，但是，其意愿已经表达得很清晰。如在《西方的兴起》一书中，麦克尼尔强调文明的交融和文明之间的相互借鉴，西方文明的兴起和发展同样受益于其他文明。麦克尼尔的观点影响了后来的全球史学者。在《全球通史》中，斯诺夫里阿诺斯（L. S. Stavrianos）开篇就明确指出在文明的发展过程中，西方与东方之间没有差别，不存在不重要和重要的文明，提倡建立全球史观。在《新全球史》一书中，本特利（J. Bentley）和齐格勒（H. Ziegler）进一步摆脱民族中心论或者西方文明论的观点，指出文明的多样性，强调文明或地区的多元传统及相互碰撞和互动，正是在这种不同文明和地区之间的交流和碰撞中，推动人类社会历史的进步和发展。王晴佳教授认为："这两本全球史，都试图超越民族国家和西方中心论史学，用'文明'、'区域'等不同的角度来考察世界历史的演化和走向。"②

全球史的兴起是世界史学界的新趋势，推动历史学家探讨"大写历史"的研究以及探究历史发展因果规律。20世纪90年代末，这一思潮开始影响英国教育史学界，推动英国教育史学从后现代主义的冲击和碎化危机中走出来，进行新的范型转换。在《西方教育观念史》（*A History of Western Educational Ideas*）一书中，丹尼斯·劳顿（D. Lawton）和彼得·戈登（P. Gordon）认为："历史学的全球化，已经深刻影响了大学的发

---

① 王晴佳：《新史学讲演录》，中国人民大学出版社2010年版，第105页。
② 同上书，第106页。

展，推动我们重新思考和检视经过后现代主义洗礼之后的教育史研究领域，检视英国和世界各国之间的教育互动，重新思考教育史研究与社会现实之间的关系。以全球史观为指导，让教育史研究更多地为社会现实和社会改革提供服务，以便它们之间产生更多的互动。"①

二 教育领域"左""右"势力的制衡

20世纪70年代，伴随着经济危机的加剧，工党和保守党政府所共同支持的凯恩斯主义经济路线已经无力应付各种危机，英国政府陷入尴尬的局面。进入80年代，撒切尔政府上台，逐渐改变政策路线，从引导宏观经济路线转为货币主义，将市场机制引入到国家福利领域，削减国家的福利开支。并通过大规模减税来刺激社会供给以便稳定国家的货币供应量。减少国家干预，突出市场作用。国家政策的理念从国家干预转向突出市场的调控作用，从强调平等转向强调效率。

在教育方面，随着新右派政治上的显著胜利和重建19世纪自由主义的社会路线，致使战后学者们一直在努力构建的教育平等理念被破坏。1986年，在保守党的会议上，前教育大臣肯尼思·贝克（K. Baker）明确指出"新的城市技术学院将完全独立于地方政府的控制"②。1987年，撒切尔夫人期望大部分学校将选择退出地方当局的控制并且成为独立的国家学校。右翼的希尔盖特集团（The Hillgate Group）认为所有的学校都应该属于"个人信托，他们的存在与否取决于他们满足客户的能力"③。事实上，1988年《教育法案》致使英国国家教育部门走向一个完全市场导向的系统，将学术和知识阐述成一种文化至上和反平等主义的思想。新保守主义者将拯救英国文化免受外国文化侵蚀视为自己的任务。机会平等政策、多元文化和反种族主义以及让学校教育更契合工人阶级学生等，这些观点被认为逐渐削弱了英国教育体制中长期占主导地位的传统价值观和等级结构。希尔盖特集团的新保守主义和新自由主义期待地方政权的结束，反对执法机关用权力来腐蚀年轻人的思想和灵魂。可以看出，保守党内新

---

① D. Lawton, P. Gordon, *A History of Western Educational Ideas*, Woburn Press, London: Portland, 2002, p. 4 (Introduction).

② C. Chitty, *Towards a New Education System: the Victory of the New Right?* London: Routledge, 1989, p. 201.

③ The Hillgate Group, *Whose Schools? A Radical Manifesto*, London: Routledge, 1986, p. 7.

保守主义和右派的新自由主义之间的争论并没有涉及教育的本质——围绕是否希望有一个强大的国家课程。正如记者彼得·威尔比（P. Wilby）在《独立》（The Independent）中所说："保守党今日的回归将意味着自1944年以来的国家教育体制的崩溃。"①

与此同时，国外激进主义者提出的教育改革无用论漂洋过海来到英国，如鲍尔斯（S. Bowles）、金蒂斯（H. Gintis）和阿尔都塞、布迪厄（Bourdieu Pierre）的《资本主义美国的学校教育》（Schooling in Capitalist America）、《意识形态与国家机器》（Ideology and Ideological State Apparatuses）、《教育、社会与文化的再生产》（Reproduction of Education, Social and Culture）等。另外，在科尔曼（J. Coleman）报告和詹克斯（C. Jencks）报告中，均提出教育在促进工业化社会发展方面不能产生积极的效果，学校并不能影响社会财富和收入分配。而在这一时期，旨在推动贫困儿童教育发展的"先行计划"也早早地以失败而告终，这些因素都助长了新右派的威风，强化英国新右派不进行教育改革的观念。

面对国内外的政治、经济和意识形态的变化，国内新右派势力的上涨，教育的竞争化和市场化导致教育领域的多样性、差异性和碎片化态势。在这样的情况下，教育究竟应该由市场调控还是由国家干预？教育在民族国家的形成和发展过程中到底是否发挥着作用？如果发挥作用，该怎样改革以实现教育的社会功能？如果进行教育改革，那么教育改革的动力、方向和未来趋势又是什么？这些问题一直困扰着20世纪80年代之后的英国教育学者。在《教育的未来在哪里》（The Future in Education: Which Way?）一书中，西蒙明确指出"即使右翼智囊团的领袖亚当·斯密（A. Smith）也认为教育太重要也太特殊了，不应该留给变幻莫测的市场"②。在《教育与社会秩序，1940—1990》（Education and Social Order, 1940-1990）一书中，西蒙将教育史研究的焦点转向了教育政策史。这种教育政策史有别于沃森、弗里茨·杨的教育政策史，"沃森和杨主要向公众展示政治家起草教育政策的历史基础，为教育体制的渐进变革和教育

---

① C. Chitty, "The Changing Role of the State in Education Provision", in R. Lowe (ed), History of Education Major Themes, Volume II, Education in Its Social Context, London and New York: Roultedge Falme, 2000, p.297.

② B. Simon, The Future in Education: Which Way? University of Newcastle upon Tyne School of Education Centenary Lecture: 25 September 1990.

事业的持续进步寻找合理化的解释"[1]。而西蒙"寻求一种有别于传统教育史学的教育政策史研究，运用葛兰西的霸权理论和历史叙述方法，分析了英国政党和政府教育政策的关系，把各种政党如何操纵和控制国内教育改革昭示于众，并以此达到激励民众为争取教育改革胜利而努力奋斗的政治目的"[2]。在《在教育供给中国家角色的变化》(*The Changing role of the state in education provision*)[3] 一文中，克莱德·奇蒂（C. Chitty）认为20世纪80年代，保守派将学校完全交给市场，而如何通过教育来确保社会中的分层才是保守党的真正议题。同时，奇蒂也呼唤保守党政府能够引入国家教育体制，以便能够通过公共教育来传达和创造民主教育和大众文化的价值观。

90年代，对新右派的教育市场化和民族国家教育体系终结论进行猛烈抨击的是比较教育史家安迪·格林。格林以"后现代主义和国家教育"为命题，论证了民族国家教育体系远没有过时的观点以及教育市场化的不合理。在格林看来，尽管在教育史的写作过程中，教育史学者已经运用了后现代主义的方法，但是，至今还没有后现代主义教育理论和教育史学理论，原因是后现代主义未能给教育理论和教育史学理论提供有价值的东西，反而带来了很多不利的影响。在后现代主义的影响下，政府将教育过多地交给了市场，通过市场调节形成的教育体系，更强调供给和产出之间的不均等，并未能建立真正的教育市场民主。伴随着择校和家长、学生的自主性导致了学校的多元性，学校的精力主要集中在如何提高家长重视的学业成绩上，为获得更大的市场，教师需要承担学校管理、市场和筹措资金等方面并不擅长的责任，导致教师没有精力完成教育这份本职工作，最终造成学校教育质量的下降。

在格林看来，后现代主义肯定边缘文化和边缘文化价值的时候，却通过课堂文化政治的自由市场，以强大的主流话语使其他文化和声音继续边

---

[1] G. McCulloch, "Publicizing the Educational Past", in D. Crook and R. Aldrich (ed), History of Education for the Twenty - First Century, London: University of London Institute of Education, 2000, pp. 9 - 10.

[2] 延建林：《布莱恩·西蒙与二战后英国教育史学》，北京师范大学博士论文，2003年，第90—91页。

[3] Clyde Chitty, "The Changing Role of the State in Education Provision", in Roy Lowe (ed), *History of Education VII, Education in its Social Context*, London and New York: Taylor& Francis Group Routledge Falmer, 2000, pp. 285 - 302.

缘化，而教育最终呈现不均等的现象。格林以"后现代主义反对国家共同课程"为批判的靶子，将民族国家教育和后现代主义联系起来分析。为建立教育的多元性，应该取消单一文化的和排外性的国家课程，但是，应当采取的措施，格林认为不是全部取消国家课程，而是使国家课程能够形成具有包容性和真正多元的模式。通过19世纪欧洲民族国家教育体系起源的历史研究，格林论证了教育在民族国家形成过程中所起的作用，从而否定了后现代主义者提出的"民族国家教育体系终结论"。[①] 格林认为："19世纪欧洲发展起来的民族性国家教育体系（national educational system）为包含巨大差异和分裂的社会做出了巨大的贡献。当拉夏洛泰（La Chalotis）第一次在法国呼吁建立民族性国家体系的时候，法国还是一个说着无数种语言的分裂的社区联合体。像涂尔干（Durkheim）后来指出的那样，民族性国家教育体系建立的主要原因在于加强社会团结和培养民族凝聚力——或是用更为葛兰西式的方式来说，是提高由统治阶级预先决定的受全民欢迎的文化霸权地位。因为当时教育对国家形成的作用越来越多地包括了满足经济需求的社会、政治规则的需求。然而，并没有理由让我们认为现代国家不期望教育体系发挥涂尔干所界定的功能；只要这种情况存在，就很难同意后现代主义关于多样化和碎片化是时代要求的论断。"[②] 正是通过对19世纪英国、法国、美国教育体系起源的比较研究，格林批判了后现代主义关于"民族国家教育体系终结论"的观点，尝试重建"大写教育史"，勾勒出教育在民族国家形成过程中的作用。

三 深陷全面危机中的英国教育史学科

20世纪80年代末，历史学者和教育史学者之间的分裂加剧。在《英国教育心理期刊》（*British Journal of Educational Psychology*）、《英国教育研究》（*British Journal of Educational Studies*）、《教育管理和历史期刊》（*the Journal of Educational Administration and History*）和《教育史》（*History of Education*）等教育类期刊上刊发的教育史类文章，大约只有3%的文章是由历史学者发表的。而《过去与现在》（*Past and Present*）、《当代史期刊》（*Journal of Contemporary History*）、《教会史期刊》（*Journal of Eccle-*

---

① [英]安迪·格林：《教育、全球化与民族国家》，朱旭东、徐卫红等译，教育科学出版社2004年版，译者序言第3页。
② 同上书，译者序言第30页。

siastical History)、《医药史》(Medical History)、《今天史》(History Today)、《苏格兰历史评论》(Scottish Historical Review)、《工党史研究协会公告》(Bulletin of the Society for the Study of Labour History) 和《经济史评论》(Economic History Review) 等历史学类期刊，在 20 世纪 60 年代和 70 年代时，刊发了大量教育学者的文章。到 80 年代末，教育学者的文章已经很少，并且几乎没有专业历史学者参加英国教育史协会的会议了。教育学者和历史学者之间的分裂已经很明显，教育史学科远离了历史学。

另外，撒切尔夫人所推崇的新自由主义市场运作和新保守主义的国家干预，力求实现减少国家干预与加强国家权威相统一。也就是说，撒切尔夫人期望在自由和干预之间找到一个平衡点。因此，这一时期，英国师资培训带着保守主义和自由主义的双重痕迹。我国台湾著名教育史学家周愚文教授认为："在教师教育政策上，1979 年保守党主政后主要有三项重要的转变，一是在养成机构上，强调以中小学为主，而非大学；二是在课程安排上，以学校事务为主，忽视教育理论的学习；三是加强中央政府的干预。"[①] 伴随着基础教育的市场化，随之而来的是师资培训的市场化倾向明显。对学校来说，教师的素质、教师的培训和学校的声誉是环环相扣的，相互影响的。因此，学校愿意为在职教师提供师资培训的条件。而对教师来说，教育市场化导致职业竞争的压力很大，教师本人愿意通过进修学习和培训来提高自身的专业技能。无论教师还是学校，在师资培训的课程上，都是倾向于实用主义，希望教师通过学习能够解决本学校内的实际问题。随着学校自治原则的深入，师资培训被看作学校自己的事情，不再是大学教育学院和师资培训学院的职责。学校以实效性为原则，结合本校的实际状况，进行师资培训，以便解决教学场景的具体问题。之后，新自由主义更提出教师工作非职业化的口号，允许学校以市场为导向，招聘未接受过专业培训的人担任教师，以学徒的身份进入学校工作，进行"现学现教"。这样，导致教师专业化水平极低，师资培训课程更多地交付给中小学，远离了高校教育学院和师资培训中心，致使教育史学科在教育学院和师资培训中心的地位急剧下降，甚至一度面临被撤出师资培训课程的危机。

随着教育史学科地位的下降，越来越多的教育史学者开始反思，开始

[①] 周愚文：《英国师资养成课程演变与教育学术发展的关系》，《教育研究所集刊》1995 年第 36 卷，第 161 页。

批判教育史研究中研究内容和研究方法等存在的诸多缺陷。1987年，英国教育史学会就此论题进行了讨论，认为英国教育史学者应该采取一些措施恢复教育史学科的学术地位。与此同时，教育学界也掀起一股批判英国平庸教育的思潮。正如英国学者约翰·米利肯（J. Milliken）指出："80年代末，学校背上平庸和经济上无所作为的骂名。同世界上其他国家一样，在英国，人们纷纷指责学校和其他教育机构没有能够提供适当的和有质量的教育。之后，一系列改革开始，政府通过系列法律政策来改变这种局势。"① 学者们认为教育质量下降的主要原因可以归咎于政府的教育市场化以及师资培训的失败。在这种情况下，学者们呼唤师资培训除了专业技能的培训之外，还应注重理论知识的学习和研究工作，应该培养具有高素质的教师群体。正如德国教育学者波斯尔斯韦特（T. N. Postlethwaite）所说："20世纪90年代初，教育研究领域最重要的一大进展就是要努力揭示教师专业知识的本质特征，并研究如何对此加以使用。"②进入21世纪之后，师资培训的专业知识受到普遍关注和重视，集中在三个方面："一是教师需要什么知识；二是教师具有什么知识；三是教师怎样发展他们的知识"。③ 但一般认为师资培训的最大问题就是缺乏理论知识的学习，缺少理论和实践的交流和沟通。这些改革措施，一方面，在一定程度上提高了教育史学科在教育学院和师资培训学院的地位，推动教育史重新作为师资培训的基础课程。另一方面，教育史也获得了更多的外界支持。"90年代之后，利弗休姆基金会（the Leverhulme Trust）、纳菲尔德基金会（the Nufield Foundation）以及经济和社会研究理事会（Economic and Social Research Council）对英国教育史研究提供了大量资助，出版了大量英国教育史作品，学者们开始关注和研究伦敦地区教育福利事业的历史以及教育与职业部的文化与历史。"④ 奥尔德里奇和克鲁克（D. Crook）认为："进入21世纪，教育史正面临着新的变革，根据英国教育史学会会刊

---

① ［英］约翰·米利肯：《高等教育中后现代主义与专业主义》，黄伟达译，《国际高等教育研究》2005年第4期，第19—29页。
② ［瑞士］T. 胡森、［德］T. N. 波斯尔斯韦特：《教育大百科全书》（第8卷），郭华等审译，海南出版社2006年，第455页。
③ 范良火：《教师教学知识发展研究》，华东师范大学出版社2003年版，第14—18页。
④ 贺国庆、张薇：《英国教育史研究的历史和现状》，《河北大学学报》（哲学社会科学版）2004年第2期，第4页。

《教育史》出版的成果，英国教育史开始以相当强劲的势头进入 21世纪。"①

麦卡洛克认为 20 世纪 90 年代之后，英国教育史作品主要有五个潮流："一是"新文化史"的文化和语言转向仍在教育史研究中产生着影响；二是妇女教育史和社会性别教育史日益扩展；三是在对后现代主义的不断批判和反思过程中，教育史研究和社会科学之间出现新的联合；四是在对民族国家教育体系终结论的批判声中，新的民族国家教育史研究出现；五是全球化不断冲击和影响着教育史研究，英国教育史学开始迈向全球维度。"② 笔者认为尽管所有这些潮流都在挑战自 19 世纪末建立的支配教育史学家的民族国家的中心地位，但是，民族国家仍然在教育史写作中得以存留，只是以一种新的形式发展——传统教育史学复活。除了传统教育史学的调整之外，新教育史学也发生了变化，在经济全球化的趋势下，面对后现代主义教育史学带来的碎化，英国教育史学者加强与国际教育史学者的交流和合作，进行跨国和跨文化的比较教育史研究，从宏观上考察教育的发展历程，"大写教育史"再生。

第二节　传统教育史学的再生

如上所述，后现代主义带来英国教育史学相对主义和碎片化趋势明显。进入 90 年代，一些英国教育史学者开始进行"综合"的趋势，尝试运用新的方法研究教育与民族认同，教育与国家形成的关系，传统教育史学再生。说它是再生，主要体现在三个方面：一是教育史回归师资培训课程，但是，这与传统教育史学时期，作为师资培训课程的教育史学科不同。教育史学者不是围绕国家干预教育事件对教育政策、教育机构、伟大思想家和教育改革者和实践者的歌颂，而是围绕"国家课程改革"进行课程史、教师史、学生史和学习史研究，让教师、教育史研究者、学生和教育管理者、教育政策制定者等精英人士一起讨论国家的教育改革；二是重建教育史研究的方法体系，在强调教育史保持历史学的某些特征时，注

---

① D. Crook, R. Aldrich, *History of Education for the Twenty – First Century*, London: Institute of Education, University of London, 2000, p. X.

② G. McCulloch, *The Routledge Falmer Reader in History of Education*, London and New York: Routledge Taylor & Francis Croup, 2005, p. 9.

重教育史与社会科学的关系，寻求教育史研究的理论基础和指导；三是重构教育史研究的主流，反思教育史传统，重新思考教育和民族认同的关系，民族国家教育史研究复活。

一 教育史回归师资培训课程

20 世纪 80 年代后期，一方面，政府取消了师资培训课程中的学科方法，另一方面，教育史研究忽略了教师职业的专业性和实践性，致使教育史作品远离了师资培训的需要，教育史学科在高校中的地位不断下降。为此，英国教育史学者采取了一系列措施改变教育史学科的处境。

首先，重新评价教育史学科的价值，呼唤教育史回归师资培训课程。20 世纪 90 年代中期之后，随着对英国教育质量批判之声不断兴起，教育学者认为欲提高英国教育质量，必须提高教育学科的专业性，其中也包括教育史学科。1996 年，哈格里夫斯（D. Hargreaves）率先指出英国教育史研究中最致命的缺点就是理论研究者和实践者之间的割裂。[①] 目前，教师教育、教育研究和大学教育机构都在进行改革缩短理论研究和实践研究之间的距离，因此，教育史学科也应做出相应的调整，以适应整个教育学科和大学的改革。对于教师来说，教学应该作为一门专业，不仅需要掌握教学的实践技巧，还需要掌握理论知识，尤其是要学习教育史。因此，教育史学科必须作为教师培训的一门基础课程，这样才能提高教师的专业性。哈格里夫斯通过教育研究中的理论和实践的割裂现象，进而批判教育史研究中存在的不足，来实现通过教育史学科等整个教育学科的变革提高教师的专业性。之后，一批教育学者回应了哈格里夫斯的观点。在《教育研究：一个批判的声音》（*Educational Research：A Critique*）一书中，图利（J. Tooly）和达比（D. Darby）批判教育研究中理论和实践的割裂现象是导致英国目前教师质量下降的主要原因。要改变这种状况，图利和达比认为必须重视基础学科对教师培训的作用，其中，教育史学科和心理学科一样是教师培训的基础学科。在《教育背景的案例研究》（*Case Study Research in Educational Settings*）一书中，迈克尔·巴锡（M. Bassey）针对教育研究者与实践者之间的割裂问题进行阐释。巴锡认为"根据不同类别的教育研究提出不同的研究方法，促使理论能够较为清晰地阐明教育政策

---

① D. Hargreaves, *Teaching as a Research-based Profession：Possibilities and Prospects*, London: TTA, 1996.

并指导教育实践"①。上述教育学者对教育研究中理论和实践的割裂现象、教师质量下降的批判，都或多或少的涉及教育史学科。他们认为欲提高教师质量，必须重视教师培训中的理论学习，其中，教育史就是一门基础学科。至90年代末，英国教育史学者开始回应教育学者们发起的提高教师质量的呼声，认为教育史研究的核心正在遭受破坏，教育史研究领域的理论与实践脱离的现象明显，应重新审视作为师资培训课程的教育史。

进入21世纪，英国教育史学者开始就"教育史学科在大学中的地位"进行了讨论，重新确立教育史学科在教育学科和师资培训课程中的基础地位。教育史学者麦卡洛克承认目前英国教育研究过于理论化和空洞化，但是，他也指出作为教育研究的基础学科的教育史，是学者理解教育理论和实践的最重要的手段，因此，必须提高教育史学科的地位。在《英国教育研究，1940—2002》(*Educational Studies in the United Kingdom, 1940 - 2002*)②一文中，同样是教育史学者的理查森通过回顾和梳理1940年至2002年之间英国教育研究，发现这期间英国教育研究虽然研究范围扩大了，研究方法革新了，但是，学者们却很少对教育研究的理论体系进行关注，缺乏教育研究的理论基础。理查森认为教育界对教育史学科价值的争论证明了教育研究中概念呈现不确定性和碎片化，这恰恰也证明了最需要做的是建构教育的概念框架，这个概念能够包括理论和实践，并且能够紧密地联系宽泛意义上的社会工作，而不是教条主义的概念。在理查森看来，应该将教育研究作为一个整体研究领域从问题形态中解放出来，提供教育学者一个稳固的教育学原则的学科框架，教育史学科亦是如此。

当传统教育史学、马克思主义教育史学以及女性主义教育史学的作品遇到后现代主义的质疑和批判时，就需要重新建构新的理论阐释框架。在《我们仍旧需要教育史吗?》(*Do We Still Need History of Education*)③一文中，劳通过自身的教育史研究实践经验论述了教育史学科的进步，并指出教育史学科在师资培训课程中的重要地位。与此同时，澳大利亚著名教育史学家克雷格·坎贝尔（C. Campbell）教授和杰弗里·谢灵顿

---

① M. Bassey, *Case Study Research in Educational Settings*, Buckingham · Philadelphia: Open University Press, 1999, p. 178.

② W. Richardson, Educational Studies in the United Kingdom, 1940 - 2002, *British Journal of Educational Studies*, Vol. 51, No. 1, 2002, pp. 3 - 56.

③ R. Lown, Do We Still Need History of Education, *History of Education*, Vol. 31, No. 6, 2002, pp. 491 - 504.

（G. Sherington）教授指出，欲解决教育史学科衰落的问题，其关键的一点就是"推动教育史回归师资培训课程，主要通过两个路径来完成：一是教育史研究转向课程史的研究，突出对各个学科的意义；二是批判社会科学方法指导下的教育史研究，重新评价传统教育史学的作品，重视教育政策史的研究"①。奥尔德里奇在同意坎贝尔和谢灵顿观点的基础上，提出教育史学科的有用性除了方法上和研究内容的更新之外，还需要表现在教育史学家的职责方面必须做出相应的调整。

这场关于教育史学科的价值性的讨论，除了涌现了一批重新评估传统教育史学的作品外，还表现在大学教育学系的教育史研究的革新上，形成了各个大学教育史研究的特色。如伦敦大学教育学系将教育史学科作为教育学固定的基础学科，教育政策史是其主要的研究领域，并设立布莱恩·西蒙教授职位（The Brian Simon Chair）；罗汉普敦（Roehampton）成立了以福禄贝尔学院（Froebel College）和福禄贝尔机构（The Froebel Institute）作为研究教育史和儿童研究的中心；伯明翰大学的"伯明翰大学研究中心"（The Domus Centre at the University of Birmingham）主要关注教育和学校的新史学发展，以及提倡跨学科的研究方法。其成员不仅有教育史学者，还有其他专业的学习者和研究者。该中心的作品，主要集中在新方法的发展，如视觉；新的研究对象，如性别和社会科学史、学校材料史；新旧的融合，如传统教育和文化学习。另外，还有温彻斯特大学的妇女教育史研究中心（The Centre for the History of Women's Education at the University of Winchester）通过鼓励和支持博士生进行教育史研究来推动教育史学科的发展。妇女教育史研究中心的学者主要研究跨学科方法在教育史研究中的运用，主要作品多发表在《妇女史评论》（Women's History Review）期刊上。作为传统教育史学的根据地，剑桥大学也形成了剑桥特色的教育史研究中心，主要研究教师的生活和工作，在教育口述史方面取得卓越的成绩。这些研究中心都一致鼓励研究生研究和举办系列学术研讨会，来推动教育史学科的发展。"从伯明翰、温彻斯特和剑桥的研究来看，教育史研究的中心兴趣和方向正在循环，传统教育史学的主题又回到教育史研究

---

① C. Cambell, G. Sherington, the History of Education: the Possibility of Survival, *Change: Transformations in Education*, Vol. 5, No. 1, 2002, p. 64.

中"①，这些都一定程度上推动了教育史回归师资培训课程，促进教育史学科的发展。

其次，围绕"国家课程改革"进行课程史、教师史、教学史和学习史研究。教育史学科要复兴，必须回归师资培训课程，主要与教育实践密切联系，关注班级生活，推动教育史研究转向课程史研究。1998 年，在《国家的课程》(*A Curriculum for the Nation*) 一文中，奥尔德里奇指出 21 世纪教育史研究需要重新评价国家课程，而学校课程教学和质量的评价是最重要的方面。课程史研究能够消除历史研究远离教育实践的缺陷，让教育史研究者、教师、教育实践者、教育政策制定者和管理者一起讨论当前教育改革和课程改革。② 1999 年，在《学科知识》(*Subject Knowledge*) 一书中，古德森 (I. Goodson) 专门撰写了"课程史的需要"(*The Need for Curriculum History*) 一部分，阐释了课程史对于教育史研究的重要性，对于师资培训的重要性。在古德森看来，课程史研究是"教育史密切联系教育实践的重要途径，是对当前课程改革和课程研究的回应"③。在课程史研究过程中，教育史学者最重要的任务是弄明白课程改革策略、课程研究和历史的关系，找出课程的传统优势，为当今课程改革提供一些资料。在教育史学者看来，教育史转向各门课程的历史研究，能够有助于教师正确评价课程改革的功效，以及在充分掌握课程发展历史脉络的基础上有利于教师专业知识的提高和教育技能的发展。

以地理课程为例，尽管一些期刊已经发表了英国地理教育的文章，但是，从历史的角度，系统地阐述英国学校地理教育发展脉络的作品仍然急需。英国学者雷克斯·沃尔福德 (R. Walford) 的《1850 年至 2000 年，英国学校的地理学：形成一个不同的世界》(*Geography in British School 1850 - 2000：Making a World of Difference*) 一书正是为了满足这种需求的产物。沃尔福德在开篇就指出"本书不是为地理学研究者所撰写的，而是为地理教育课程的普通教师和读者而写，主要是趣闻、轶事、文献资料

---

① J. Goodman, I. Grosvenor, Educational Research - History of Education a Curious Case, *Oxford Review of Education*, Vol. 35, No. 5, 2009, p. 607.

② R. Aldrich, *Lessons from History of Education*, London and New York: Routledge Taylor & Francis Group, 2006, pp. 129 - 140.

③ I. Goodson, "The Need for Curriculum History", in R. Lown (ed), *History of Education*：Ⅷ；*Studies in Learning and Teaching*, London and New York: Routledge Falmer. Taylor&Francis Group, 2000, p. 93.

和语言的混杂体"①。该书采用编年体的叙述方式,将主题和时间联系起来,这一方法主要是在撰写19世纪至20世纪前半期地理教育的发展中运用。沃尔福德也关注到问题取向的研究,主要是论述二战以后地理教育的发展。由于兼顾叙述和问题取向,在坚守时段的王牌时,某些主题有一定的重复。沃尔福德的作品是和国家课程领导的地理协会(The Geographical Association in the Lead–up to the National Curriculum)密切相关的,是为地理工作小组(Geography Working Group)服务的。所以,书中介绍的一些课程改革事件是作者参与的。沃尔福德通过讲故事的方式,向读者展现了一个有别于传统课程史研究的画面,让教师能够从课程本身来评价课程改革,以便教师在教学中明白哪些策略应该坚守,哪些策略是应该改进的。正如马斯登(W. E. Marsden)所说:"该书最大的贡献就是扩大了课程史的阅读群体,让教师很容易地就掌握了本课程的发展进程。"② 课程改革也涉及教育的目标的评价,因此,这一时期,从历史的角度评述教育目标的作品也开始涌现。2000年,在《历史观点中的教育目标》(*Educational Standards in Historical Perspective*)③ 一文中,奥尔德里奇指出了阐释教育目标历史的重要性,随着社会的发展,不同时期教育目标也在发生变化。教师只有掌握了教育目标的历史,才能更好地理解国家课程改革,以便更好地从事教学工作。

除了课程史之外,教育史学者还对教师史、教学和学习史进行关注。1996年,在"作为研究型专业的教学"讲座中,哈格里夫斯提醒了英国教育史学者教学作为一门专业,它的历史是什么?教师在这一过程中又有着什么重要地位,而相对而言,教学过程中的另一方学生—学习的历史又是怎样的呢?正如奥尔德里奇所说,"这些问题都是英国教育学者要尝试了解和解决的问题。只有解决了这些问题,才能从各个层面全面地理解国家课程改革"。④ "从2000年至2009年,《教育史》期刊刊发的366篇论

---

① R. Walford, *Geography in British Schools*, 1850–2000: *Making a World of Difference*, London: Woburn Press, 2001. Perface.

② W. E. Marsden, Reviews on "Geography in British Schools, 1850–2000: Making a World of Difference", *History of Education*, Vol. 31, No. 4, 2001, p. 394.

③ R. Aldrich, *Lessons from History of Education*, London and New York, Routledge Taylor&Francis Group, 2006, pp. 143–154.

④ Ibid., p. 153.

文中，其中关于教师教育的文章共 23 篇，占 7.2%。"[①] 与 20 世纪 80 年代末相比，论文数量在增加。关于教学和学习的历史，从 21 世纪，英国几位著名教育史学家编写的教育史论文集中可以看出，教学和学习史都作为重要的领域单独出来，如劳的四卷本《教育史》(History of Education)论文集、麦卡洛克的《教育史的读者》(The RoutledgeFalmer Reader in History of Education)、奥尔德里奇的《从教育史中得到的》(Lessons from History of Education)。从上面的论述可以看出，无论是教育学者，还是教育史学者都在呼唤教育史回归师资培训课程，并采取一定的措施推动教育史学科的复兴。他们力求建立教育史和国家教育改革，教育实践之间的密切联系，以此来提高教育史学科的有用性和价值。

二 重建教育史研究方法体系

传统教育史学排斥教育史和历史学、社会科学的关系，强调教育史学的自主性，更多凸显教育史的叙述性。马克思主义教育史学家将教育史和社会学、人口统计学和经济学、历史学等学科联系起来，跨学科研究方法明显。女性主义虽然已经借鉴了人类学的方法，但是更多地还是强调经济和社会背景中的分析。伴随着后现代主义对英国教育史学的冲击和瓦解，教育史远离了社会学、经济学和人口统计学，转向了人类学、心理学和语言学，更多突出教育史的叙述性。进入 21 世纪，英国教育史学者多次就教育史的学科属性进行讨论，认为教育史学科有着特殊的学科属性，一方面，作为师资培训课程的教育史必须密切关注教育实践和教师培训；另一方面，作为一门研究型的专业学科，教育史也应借鉴社会科学的理论和方法，密切教育史和教育学、历史学以及社会科学的关系，重视理论和方法的研究和运用。

早在 1996 年，针对一些教育研究者试图创造一个知识体系，然后去证明、测量或者取代原来的系统方法，哈格里夫斯就指出"教育史研究的专业性，不像医药和自然科学那样，不是一个累积的过程"[②]。奥尔德里奇认为教育史研究通过编年史的方法提供了累积的模板，但是，与自然

---

① 孙益、林伟、罗小连、孙碧：《2000 年以来英国教育史学科发展研究》，《教育学报》2010 年第 5 期，第 123—124 页。

② D. Hargreaves, *Teaching as a Research - based Profession: Possibilities and Prospects*, London: TTA, 1996, Perface.

科学不同的是，教育史研究需要呈现出教育研究中所创造、证明或取代的知识体系内部的差异性。换句话说，教育史最重要的是"体现连续性，而不是断裂性；阐释问题，而不是纯粹地叙述历史"[①]。古德曼和玛尔悌恩认为目前需要解决的问题是教育史如何吸收社会科学的理论和方法，但是，又不会失去历史学的某些特点，如史料、文本、口述、视觉等。玛格丽特·佐勒·布斯（M. Z. Booth）则认为"需要将社会科学的理论和方法和历史学研究的特殊性联系起来，这样在研究教育体系的历史发展进程时，才能真正把握其复杂性"[②]。布斯以斯威士兰（Swaziland）的教育体系的历史发展为例证明了在殖民地非洲领域内建立正式教育体系背后社会政治背景的复杂性。布斯认为现代主义、后现代主义或者后结构主义者在研究殖民地教育体系的历史发展时缺乏对教育设计者动机的比较。因此，只有运用国际政治学、社会学和经济学的理论和方法，才能挖掘出在他们的动机背后隐藏着的帝国权力和殖民化的关系、殖民地人口内部的关系和英国殖民地内部管理之间的关系。莫里斯－马修斯（K. Morris－Matthews）研究团队同意布斯的观点，认为在理解殖民地学校和民族认同的关系时，必须将政治学及其他社会科学与教师和学生的历史联系起来进行研究，这样就能摆脱后现代主义教育史学的简单添加殖民地教育史的困境。在《作为二元文化工程的历史研究：寻找新西兰本土学校体系的新观点》（*Historical Research as a Bi-cultural Project: Seeking New Perspectives on the New Zealand Native Schools System*）一文中，莫里斯－马修斯研究团队正是通过将理论和叙述联系起来，通过学生和教师的口述证词，运用政治学关于文化、种族和民族的不同理论，解释了本土学校如何影响本民族认同。

进入 21 世纪，英国教育史学者对历史学、社会科学的理论和方法的关注更多，并且已经形成了系统的教育史学理论体系，其中，以麦卡洛克的贡献最大。2000 年，麦卡洛克的《教育背景下的历史研究》（*Historical Research in Educational Settings*）一书出版，这是进入 21 世纪的第一本论述教育史和历史学、社会科学的作品。在这本书中，麦卡洛克通过梳理和

---

① R. Aldrich, *Lessons from History of Education*, London and New York: Routledge Taylor & Francis Group, 2006, p. 153.

② M. Z. Booth, Settler, Missionary and the State: Contradictions in the Formulation of Educational Policy in Colonial Swaziland, *History of Education*, Vol. 32, No. 1, 2003, p. 35.

回顾国际教育史学的历史演变过程，主要包括英国、美国、澳大利亚和加拿大四国的教育史学，评述了传统教育史学的创立和20世纪50年代国际新教育史学的兴起。在麦卡洛克看来，在英国，新教育史学发展至80年代，在福柯理论和女性主义的冲击下，已经出现了碎片化和相对主义的趋势。同时，麦卡洛克指出正是由于英国教育史学界缺乏本学科的理论和方法体系，才是碎片化和相对主义出现的主要原因。因此，麦卡洛克呼吁英国教育史学者寻求社会科学的方法、如社会学、心理学、经济学、地理学、文化学和人类学等相邻学科的理论和方法，指导英国教育史学的发展，构建本学科自己的方法论体系，进而重新评价传统教育史学和新教育史学。之后，在史料、编纂方法和研究方法方面，麦卡洛克提出了自己的观点，在构建英国教育史学方法论体系方面做出了尝试。在麦卡洛克的影响下，更多的英国教育史学者参与到构建英国教育史学方法论体系的学术研究中。2004年，麦卡洛克将这些学者的论文整理成论文集出版，即《教育、历史和社会科学中的文献研究》（*Documentary Research in Education, History and the Social Sciences*）。在这本论文集里，麦卡洛克首先论证了教育史学方法论和文献证据的关系，减少了在编写文献资料论文集中的琐碎化问题。该论文集收录了戴豪斯的问卷调查法研究、戈登的访谈法、思朋斯（Spence）的小说叙述方法、玛尔悌恩的人物传记法以及沃尔夫的国家政策报告调查法等。在麦卡洛克看来，"教育史研究应该建立在史料的基础上，建立在民族国家基础上，进行问题取向和叙述取向联合的教育史研究，寻求历史学和社会科学的理论和方法指导。也就是说，关注教育中的问题，是当今教育学者、历史学者和社会科学家普遍关注的问题"①。

沿着这一思路，2011年，在《为教育史而努力》（*The Struggle for History of Education*）一书中，麦卡洛克更详细地阐释了教育史和教育学、历史学和社会科学之间的关系。麦卡洛克认为传统教育史学疏远了与历史学和社会科学之间的关系，拒绝任何理论和方法的指导，但是却保证了教育史和教育学之间的关系，成为师资培训课程的基础课程。马克思主义教育史学关注社会学、人口统计学和经济学的理论和方法，却失去了教育史的历史叙述性和教育学的主体地位。女性主义和后现代主义在努力将个体

---

① G. McCulloch, *Documentary Research in Education, History and the Social Science*, London and New York: RoutledgeFalmer, 2004, p. IX.

拉回到教育史时,却忽略了社会科学的理论和方法。因此,在 21 世纪,英国教育史学者首先要做的就是重构教育史与教育学、历史学和社会科学之间的关系。在麦卡洛克看来,教育史学科要复兴其中最关键的就是通过借鉴教育学、历史学和社会科学的理论和方法,构建教育史学科的理论方法体系。麦卡洛克认为:"通过教育学关于学校供给和不同类型的教育机构的分类等理论,有助于帮助教育史学家阐释教育问题、教育机会以及寻求推动教育发展和进步的动力;通过历史学关于变化、时间连续性、人类需求等理论,可以有助于教育史学者理解过去历史中教育的变革、教育事件的连续以及教育过程中个体的需求。通过社会科学,如社会学、心理学、经济学等学科的理论和方法,可以帮助教育史学者运用观察实验的理论和方法叙述过去的社会问题。"[①]

除了重建教育史与历史学和社会科学的关系之外,麦卡洛克还指出教育史学家应对后现代主义教育史学的策略。麦卡洛克认为,在 80 年代至 90 年代,尽管大部分英国教育史学者不完全同意后现代主义的理论和方法,仍旧相信历史和历史作品的真实性。但是,他们还是坚持绝对的"行动和事实"教育史,坚持教育史研究的语言学转向,一致认为叙述是教育史学家最好的表达观点和撰写教育史作品的方法,导致英国教育史学远离了理论。之后,英国教育史学会以"理论、方法和教育史"为主题召开年会。学者们一致批判后现代主义教育史学对理论的忽视,应避免将教育史带回到孤立的"行动和事实"的历史之中,建议建立教育史学理论和方法体系。在英国教育史学会对理论和方法的呼声中,英国教育史学者将不同的理论和方法运用到教育史研究中,如奥尔德里奇的"教育史的三个功能"(The Three Duties of the Historian of Education)、麦卡洛克的"方法论问题"(Methodological Issues)、玛尔悌恩的"传记理论"(Biographical Theory)等,尝试从不同的视角构建英国教育史学方法体系。

三 复活民族国家教育史研究

传统教育史学是国家干预教育史的赞歌,实质上是一部国家教育史。新教育史学从阶级、性别和文化等层面,以自下而上的视角来解构传统教育史学,致使教育史研究的焦点从"民族"和"国家"转变到不同的个

[①] G. McCulloch, *The Struggle for the History of Education*, London and New York: Taylor & Francis, 2011, p. 4.

体身上，由此，带来了教育史学的相对主义和碎片化。为改变这种状况，一些教育史学者开始重新关注教育、民族和国家的关系，重建教育史和民族认同的关系，复活民族国家教育史研究。但是，这与先前的传统教育史学所创立的以民族国家教育机构、教育政策和教育体制史为主的研究，迥然不同。他们更多地关注教育在民族认同和民族国家形成和发展中的作用，而不是讴歌国家在教育发展中的作用。并且，教育史学者也不再仅仅局限于本民族和本国的教育史研究，而是运用跨国跨文化的方法进行民族国家教育史的比较研究。

(一) 反思教育的民族传统

传统教育史学主要追溯教育传统的起源，讴歌国家、精英人物和教育机构在教育传统形成过程中的作用。1983 年，艾瑞克·霍布斯鲍姆（E. Hobsbawm）和特伦斯·兰格（Terence Ranger）所编写的论文集《传统的发明》（Inverntion of Tradition）出版，"传统是被发明的"观点深刻影响了英国教育史学者。受其影响，一部分教育史学者认为国家特殊时期的教育传统，一般是学者们发明和创造而来，以便支持民族国家，使民族国家教育改革合理化或历史化。

以教育体制的民族传统为例。在《维多利亚时期苏格兰的教育机会：学校和大学》（Educational Opportunity in Victorian Seotland：Schools and U-niversities）一书中，罗伯特·安德森（R. Anderson）以"民主神话构成"为主线，考察了苏格兰教育体制的民族传统。安德森认为传统教育史学赞扬的苏格兰的教育传统起源于 17 世纪至 18 世纪的观点是不正确的。因为，所谓的苏格兰教育传统是 19 世纪初英国教育史学者发明的。他们通过发明教育传统来颂扬苏格兰本民族教育的民族特性和民族传统，加强苏格兰人民的民族认同，最后，抵制英格兰教育的影响。在民族国家建立之后，基于政治和社会目的，教育史学者通过回溯过去教育历史的发展，发明一种本民族的教育传统，以形成本民族的民族认同。安德森借鉴"传统的发明"的观点，重新审视了教育的传统。以此为切入点，安德森重构了新时期教育史和民族认同的关系。在《19 世纪欧洲初等学校的观念》（The Idea of the Seondary School in Nineteenth Century Europe）[①] 一文中，安

[①] R. Anderson, The Idea of the Seondary School in Nineteenth Century Europe, *Paedagogica Historica*, Vol. 40, No. 1, 2004, pp. 93 – 106.

德森认为教育在民族国家意识形成过程中起着重要的作用,在欧洲多民族的共同体中,民族国家的建立过程更多地依赖统一的教育,教育与政治权力运用又有着千丝万缕的关系。安德森通过19世纪欧洲初等学校观念的比较,得出英国教育的民族传统。

20世纪90年代,社会学家、政治科学家、文化理论家和人类学家对认同(Identity)及形成进行了讨论,认为认同有不同的种类,包括社会认同、性别认同、性认同、种族认同、国家认同等。因此,在历史研究中,应关注现代和后现代、差异和相似、中心和边缘、记忆和损失等问题。鉴于此,英国教育史学家开始就"教育史的英国特性"进行讨论。1998年,英国教育史学会以"教育与民族国家认同"(Education and National Identity)为主题召开年会。与会学者就教育在民族认同中的作用进行了交流和讨论。学者们一致认为民族认同在历史研究中的地位不断升高,应该审视教育和民族认同的关系。对于教育史学家来说,需要"阐释和揭露民族意识传播进程的本质以及对历史上教育机构的影响"①。这次年会提交了许多从不同视角和方法来探究教育和民族认同之间关系的文章,主要有伊恩·格罗夫纳(I. Grosvenor)的《没有其他地方像家:教育和民族认同的形成》(There's no Place like Home: Education and the Making of National Identity)、福斯特(S. J. Foster)的《为美国民族认同的斗争:在美国历史书本中种族群体的处理》(The Struggle for American Identity: Treatment of Ethnic Groups in United States History Textbooks)、古德曼(J. Goodman)的《摧毁或形成民族国家? 伊丽莎白·汉密尔顿(1758—1816),民族认同和一个著名女性教育家》[Undermining or Building up the Nation? Elizabeth Hamiton (1758 - 1816), National Identities and an Authoritative Role for Women Educationists]、利蒙德(D. Limond)的《苏格兰教育是无用的:在尼尔的早期牧师的书中苏格兰民族认同的建构》(All Our Scotch Education is in Vain: The Construction of Scottish National Identity in and by the Early Dominie Books of A. S. Neill)、迈尔斯(K. Myers)的《置换的民族认同、公民身份和教育:1937年,剑桥的西班牙避难儿童》(National Identity, Citizenship and Education for Displacement: Spanish Refugee Children in Cambridge, 1937)、坎宁安(P. Cunningham)和加德纳

---

① R. Lowe, Education and National Identity, *History of Education*, Vol. 28, No. 3, 1999, p. 232.

(P. Gardner) 的《挽救国家的孩子：英格兰和威尔士的教师和战时撤退以及民族认同的建构》(Saving the Nation's Children: Teachers, Wartime Evacuation in England and Wales and the Construction of National Identity)、菲利普斯 (R. Philips) 的《20 世纪晚期英格兰和威尔士的历史教学、民族国际的独立和政治：一项比较史研究》(History Teaching, Nationhood and Politics in England and Wales in the Late Twentieth Century: A Historical Comparison)、马太 (K. M. Matthew) 和詹金斯 (K. Jenkins) 的《它是谁的国家？通过学校教育为新西兰毛利人建立新的民族认同》(Whose Country Is It anyway? The Construction of a New Identity Through Schooling for Maori in Aotearoa/New Zealand) 等。罗伊·劳认为上述作品与传统教育史学的民族国家教育史不同，他们是从政治、哲学、课程控制等不同的视角和理论以及民族认同的概念的本质探究教育构建民族认同中的作用。

　　加雷思·埃尔温·琼斯 (G. E. Jones) 认为传统教育史学家一般追求英国教育的整体性，包括英格兰、威尔士、苏格兰教育。在巴纳德的《1760 年至今的英国教育简史》和柯蒂斯的《英国教育史》都在尝试叙述一个完整的英国教育历史故事。但是，一个疑问自然在学者面前展现，威尔士、苏格兰、英格兰是否存在不同于英国整体民族传统的地方传统或者个体传统？如存在，传统又是什么？琼斯的追问引起英国教育史学者关于地区教育传统的思考。琼斯提醒英国教育史学者应该站在个体成员的立场上，研究教育在威尔士、苏格兰和英格兰的民族认同形成过程中的作用。而伊恩·格罗夫纳认为重新阐释教育在 19 世纪和 20 世纪英国民族认同形成中的作用，必须首先界定认同的概念、分析民族认同的变异性、形成和分类及其存在的偶然性特点。格罗夫纳认同尼迪克特·安德森 (B. Anderson) 关于民族是一个想象的共同体的观点，认为 19 世纪末英国班级的形成已经孕育了民族国家的共同体。因此，在分析教育在形成过程中的作用时，教育史学者应该将教育扩展至校园之外，不仅考虑正式课程的影响，还要考虑隐形课程对民族认同的影响。"教师、书本、模型、班级、团队、照片、教室、教堂、博物馆等等，这些都会在民族认同形成过程中起着作用"。[①] 在伊恩·格罗夫纳看来，种族、民族和宗教认同，是

---

① I. Grosvenor, "There's no Place like Home: Education and the Making of National Identity", in G. McCulloch (ed), The RoutledgeFalmer Reader in History of Education, London and New York: Routledge Taylor & Francis Group, 2005, p. 284.

最为强烈的认同感,但是,当这种认同感仅是建立在地域、性别和阶级等利益集团上,当达到集团的目的后,这种认同感就会消失。但是,如果这种认同建立在文化的基础上,认同感就会变得相对比较稳固。因此,伊恩·格罗夫纳认为,20世纪90年代之后,英国社会发生了明显的变化,统治者通过颁布新的教育政策以形成新的民族认同。因此,教育史学家的关注点也从个体转移到政治、教育政策和民族认同上[1],通过文化相互影响和相互干预的观点来分析20世纪90年代的英国教育在民族认同形成中的作用。

进入21世纪,教育史学家已经开始尝试从总体的层面思考教育传统的连续和变化的机制,以此来分析教育传统和民族认同的关系。对教育传统的重新解释成为教育史研究的热点。在《重新发明过去:英国教育的传统》(Reinventing the Past: The Case of The English Tradition of Education)一文中,麦卡洛克和科林·麦凯格(C. McCaig)指出传统有不同的变体,在不同的时段,以不同的形式出现。如1920年代诺伍德(C. Norwood)所陈述的教育传统;1940年,克拉克所说的教育和社会变革的传统,以及战后教师职业的自主权的理想等,这些传统以不同的变体来适应时代的变化。总体的民族认同是固定的和稳定的,而教育认同和教育共同体就像其他任何存在物一样都有变化和消融的过程,而这些变化可能突然并且迅速产生,也可能缓慢并且渐渐积聚。因此,必须从长时段的分析方法来研究教育和民族认同的关系,及教育在民族认同形成中的作用。由于外部社会环境的作用和内部群体之间及权力的重新组合,造成每一代人对教育传统的不同理解。因此,教育史学者通过先前存在的价值观、象征物、记忆等重新选择、组合和编纂,对民族国家的教育传统重新阐释。也就是说,在民族国家刚独立之后,民族或民族国家的教育史,就会带着斗争、解放或牺牲主题的民族认同的"英雄"想象。但到了下一代那里,就会转向更加开放和实用的民族认同,强调教育的多元包容性为主旋律,通过主旋

---

[1] 这一时期关于政治、教育政策和民族认同关系的分析的作品有: K. Jenkins, K. M. Matthews, *Hukarere and the Politics of Maori Girls' Schooling*, 1875 – 1995, Palmerston North: Dunmore Press, 1995; S. J. Foster, *Red Alert, The National Education Association's National Commission for the Defense of Democracy through Education Confronts the "Red Scare" in American Schools*, 1945 – 1955, PHD, dissertation, University of Texas at Austin, 1996; R. Phillips, History Teaching, Nationhood and the State: a Study in Educational Politics, London: Cassell, 1998; I. Grosvenor, *Assimilating Identities: Racism and Educational Policy in Post 1945 Britain*, London: Lawrence & Wishart, 1997.

律追溯民族教育历史中其他群体性的教育传统，而教育变革自然是民族认同的一种形式。

（二）重构教育史研究的主流

在对教育传统的反思过程中，学者们不断认为重建教育和民族认同的关系，其核心是要重构教育史研究的主流，以此来解决后现代主义教育史学带来的碎片化和相对主义的问题。90年代之后，以安迪·格林为代表的一批教育史学者发起复活民族国家教育史的呼声，来抵制激进主义和后现代主义所倡导的教育改革无用论和民族国家教育体系终结论的观念，并试图通过探求英国教育的民族特性来寻找解决当今英国教育问题的钥匙。格林认为民族国家承担着国家道德、教育、文化和政治发展的责任。通过教育有助于传递统治阶级的政治、文化和经济信仰，有助于培养合格公民，以实现人民对国家忠诚的合法性。格林提醒英国教育史学者应注意20世纪90年代以来英国国内和国际发生的变化，重新思考教育在民族国家的作用，确立教育在社会改革过程中的作用，最终，通过教育改革来实现社会的变革。格林让英国教育史学者们的视线重新回到民族国家和社会变迁。格林将跨民族教育史研究和葛兰西霸权理论成功引入到英国教育学界，以"密切相关"和"彼此互动"的思路来解释英国、法国和美国教育体系的起源。在格林的影响和带动下，教育和社会变迁的关系成为英国教育史学的主题，并推进了英国教育史建构方式向跨民族化转变。

在《教育与国家形成：英、法、美教育体系起源之比较》（*Education and State Formation: The Rise of Education Systems in England, France and the USA*）一书中，格林围绕"国家形成"的概念来解释现代教育制度起源，分析了国家形成与教育之间的关系，指出了教育在国家形成过程中的作用。格林认为："一国的公共体系和国家形成的过程相关，与政治形态、经济和社会情况相关。国家形成指的是现代国家建立的历史过程，不仅包括政治行政部门以及组成'公共范畴'的所有政府控制的机构的组建，也包括使国家权力合法化、巩固民族和民族'特点'的意识形态和集体信念的形成，正是国家形成的不同形态——教育发展也是这个过程的一部分——导致不同教育体系的教育发展水平各有特色，且参差不齐……运用马克思主义传统理论中的观点，并参考葛兰西的霸权理论，就能深刻地了解国家形成的不同形态及其衍生的国家教育体系之间的关系。葛兰西霸权理论——其核心是对国家教育和教化功能的集中性所持的信念——以及他的其他一些富有启发性的有关意识形态及教育著作,给人们提供了理解国家教育的历史起源的基础。"①

在格林那里,马克思、恩格斯和葛兰西的理论为人们理解国家教育制度的形成提供了一种具有丰富启发价值的思路。"第一,国家形成过程是国家逐步包围、控制、规范、监督和严格管理市民社会的过程,其中包括对教育的控制和规范。教育制度就是国家控制教育的基本形式和结果。第二,教育既是国家控制的对象,又与国家形成过程中的意识形态方面的关系极为密切。"② 同时,通过跨国跨文化的比较方法,格林论证了英国教育的民族特性。正如我国学者所说:"从整本书来看是一种例证比较。作者运用马克思主义的国家理论命题和概念分析来解释英国、法国、美国和德国教育制度形成的起因和发展阶段。各国教育制度的探讨均自成一章,同时各国教育制度的探讨又成为一个整体。因而,人们既可以在其中读到国家教育制度的一般性质,又可以读到各国教育制度的具体特点。"③

随着人类历史逐渐由局部的分散走向统一的整体,世界历史的进程表现出最重要的特征就是经济全球化趋势越来越鲜明。经济全球化改变了民族国家对教育需求的目标。在经济全球化时期,应该如何看待民族国家教育史研究呢?在《教育、全球化与民族国家》一书里,格林认为经济全球化时期,并不是预示着民族国家教育体制的终结,民族国家教育体系不是早期工业社会发展的一种技术需要。在当今经济全球化时期,民族国家教育体系同样在发挥着重要的作用。格林以新加坡的国家教育体系为例,论证了经济全球化时期内,教育在形成新加坡社会凝聚力和民族认同中的作用。格林指出,在经济全球化的时代,民族国家的"中央政府通过新形式的缔约管理,运用目标设定、质量控制和以绩效为本给予资助的整个机构,极大地加强了对教育、健康等领域的控制。另一方面,许多发达国家发现,要保持社会凝聚力和团结越来越困难,个人主义的发展和生活方式的多元化、世俗化、社会流动和稳定社区的衰落都在起作用。"④ 因此,在经济全球化时期,教育史研究从"教育在国家形成中的作用"转向

---

① [英]安迪·格林:《教育与国家的形成:英、法、美教育体系起源之比较》,王春华等译,教育科学出版社 2004 年版,第 88 页。
② 同上书,译者序言。
③ 同上书,译者序言。
④ 安迪·格林:《教育、全球化与民族国家》,朱旭东等译,教育科学出版社 2004 年版,中文版序言,第 10 页。

"教育在培养社会凝聚力中的作用"。尤其在多元文化和多民族国家里,更要注重教育在促进社会团结和稳定方面的作用。这一观点,可以从 2010 年英国教育史学会的年会主题:"公民、宗教和教育"中看出英国教育史学界对教育在民族国家中重要作用的认识。

那么,在经济全球化时期,究竟运用什么样的方法或方式研究民族国家教育史呢?格林认为跨国跨文化的比较法有助于阐释民族国家教育的特性。格林看来,"全球化并没有消除社会的差异,只要存在可分析的社会差异,比较方法就依然会是一种最强大的工具……《教育、全球化与民族国家》一书就是试图通过系统的跨国比较来理解社会背景和教育体系、过程之间的互动关系。它们表明了在教育发展中仍然存在着道路决定论,国家之间的差异还将继续。"① 由此也能看出,格林在全球史观的指导下,运用历史比较研究的方法,对于当代教育中的一些重大教育理论和实践问题进行重新阐释,针对后现代主义和全球化的民族性国家教育体系终结论而提出民族性国家教育体系远没有过时的观点,并进一步回应了经济全球化对民族国家教育史研究的挑战。

格林的贡献在于让教育史学者的视线从"小写教育史"转向"大写教育史",从微观转向宏观,尤其运用比较史学的方法,从宏观上对英国现代教育的发展进程作了理论回顾、反思和阐释。在《教育、全球化和民族国家》一书中,格林提倡教育史研究要跳出欧洲和西方思维的局限,将教育史研究的视线投向日本、新加坡等亚洲国家。格林呼吁摒弃西方中心主义的理论形态,尝试采用更加广阔的全球观,在更加广泛的全球教育史视野中,以"全球史观"来考察民族国家教育体系的起源和形成。随后,在对待人类文明和世界教育历史的东西方发展进程与作用的态度问题上,许多英国学者呼吁树立全球教育史观作为看待人类教育进程的基本理论。人们逐渐认识到,教育史学家确实要建立超越单一民族和某个中心地区的狭隘界限的世界教育史体系,才能正确分析世界教育史的各种力量因素,从而准确地诠释人类的历史,重现世界历史的发展进程。从 20 世纪 60 年代开始,英国教育史编纂的著作中的教育史观和研究视野,已经实现了由"西方中心论"到"文化多元论"再到"全球教育史观"阶段的转变。其结果是,在 20 世纪 90 年代末,在英国教育史编纂理论发展和教

---

① 安迪·格林:《教育、全球化与民族国家》,朱旭东等译,教育科学出版社 2004 年版,中文版序言。

育史学实践过程中，全球教育史观和全球教育史写作的时代已露端倪。

第三节　走向全球的英国教育史学

20世纪末期，伴随着经济全球化的发展，越来越多的英国教育史学者把目光转向了全球视野，英国教育史学进入了一个走向全球的新阶段，主要表现有三个方面：（1）重视教育史研究的组织化和机构化，强调广泛的国际交流和合作，提倡专业研究领域中的重点攻关，关注当代问题，突出教育和社会变革的关系，充分阐述当代教育史学发展的基本趋势；（2）强调教育史中心和边缘的互动，从宏观层面上综合考察人类教育的多样性以及教育运行机制的同一性，以此来说明不同民族、文化和国家等不同形态的人类教育组织在全球中的互动关系；（3）提倡进行教育史的比较研究，并"促成一种跨民族跨文化的交流"，最终意味着全球教育史的撰写从跨文化的视角考察教育史在全球范围内的变化，揭示各个文明的教育意识所经历的变化及其相互关系。

一　重视教育史研究的国际交流和合作

如前所述，在20世纪60年代由美国发起的新教育史学运动，当加拿大和澳大利亚教育史学者均已参加到美国新教育史学运动时，英国教育史学才给予了关注，但是，也没有像加拿大和澳大利亚学者的态度强烈。20世纪90年代中期以后，在经济全球化进程中，人口流动空前频繁，包括种族、民族和国家在内的各种人类关系不断重组。全球经济互相关联，市场高度一体化，各种文化之间的互相借鉴与影响日趋明显，而破解诸如环境、生态之类的时代课题又迫切需要集中全人类的智慧与行动。于是人们开始怀疑建立在分类法基础之上的国别教育史研究是否能够真正对世界教育历史作出正确而全面的解释，是否能够真正为人类解决当代问题提供有益的经验。正是在这种情景下，1999年，在《教育史》（Paedagogica Historica）期刊上刊登了《在世纪转折点时期的欧美教育史的发展情况》（The History of Education: State of the Art At the Turn of the Century in Europe and North America）一文。美国教育史学者尤尔根·赫布斯特（J. Herbst）明确指出："目前欧美国家的教育史已经没有新鲜的观点。大部分作品要么是填补空白的记录，要么是关注一些被忽略的问题和群体，而关于当代问题，如班级里的宗教、教学的演化、反歧视行动、性骚扰、文化战争和政治情形等，教育史学家要么忽略不计，要么就是敷衍了事。无论修正主义还是传统教育史学派，都已经过时了。"① 在当今，经济全球化不仅影响着政府的政治和经济政策、公民的政治生活和经济生活。同时，经济全球化也是一种文化和学术现象，影响着人们的思维方式和研究视角。在教育史研究中，如果运用全球化的思维方式，将会得出与之前不同的结论和判断。因此，赫布斯特呼吁教育史学家不要再对阶级、种族、性别和文化等分析范畴进行无休止的重复着老的颂歌，而应该做的是在经济全球化背景下应该在哪些地方运用这些分析范畴，以及怎样运用它们。赫布斯特的批判立刻在国际教育史学界引起广泛的回应，一场关于经济全球化时期教育史研究的学术价值及研究路径的讨论展开了。

关于这次国际教育史学全球化趋势的讨论，英国教育史学者积极参与并给出了明确的回应。伯明翰大学（University of Birmingham）尼克·贝姆（N. Peim）教授首先给予了回应，"尽管尤尔根的观点和语言太过偏激，但是，尤尔根的论文让我们从哲学层面上重新思考教育史学科：教育史是什么——由哪些因素组成、它和其他学科的界限是什么、教育史研究的对象是什么——中心是什么，边缘是什么、教育史研究的方法是什么……我所推崇的方法是比较教育史的方法"②。在《我们仍旧需要教育史：它是中心或是边缘》(*Do We Still Need History of Education: Is It Central or Peripheral?*) 一文中，劳从三个方面回应了尤尔根的观点："首先，回顾了近50年来教育史学发生的改变，以及这些改变对于实践教育史家意味着什么；其次，教育史观念发生了哪些变化；最后，教育史研究方法发生了哪些变化。"③ 劳认为经济全球化的背景下，教育史研究发生的最重要变化是教育观念的变化，加强国际教育史学者的交流与合作，重点攻关教育史领域内的专题研究。乔伊斯·古德曼（J. Goodman）和伊恩·格罗夫纳（I. Grosvenor）认为英国教育史学者主要通过两个方式与国外教育史

---

① J. Herbst, The History of Education: State of the Art at the Turn of the Century in Europe and NorthAmerica, *Paedagogica Historica*, Vol. 35, No. 3, 1999, pp. 738 – 739.

② N. Peim, The State of the Art or the Ruins of Nostalgia? The Problematics of Subject Idntity, its Objects, Theoretical Resources and Pratices, *Paedagogica Historica*, Vol. 37, No. 3, 2001, pp. 653 – 660.

③ R. Lowe, Do We Still Need History of Education: Is It Central or Peripheral?, *History of Education*, Vol. 31, No. 6, 2002, pp. 491 – 504.

学者交流与合作，一方面是参加国际教育史学会年会（the International Standing Conference of the History of Education）；另一方面是参加澳大利亚—新西兰教育史学会（the Australian and New Zealand History of Education Society）。与美国和加拿大教育史学会交流很少，在1994年至1999年期间，仅有一篇英国学者的文章刊登在美国的《教育史期季刊》（History of Education Quarterly）上，没有一篇文章刊登在加拿大的《教育中的历史研究》（Historical Studies in Education）。

1991年和1992年，国际教育史专题组的成员分别相聚在莫斯科、苏茨里尔、苏黎世和巴塞罗那等地，就东西方大学教育史的研究与教学中的问题展开了讨论。英国著名教育史家布莱恩·西蒙和理查德·奥尔德里奇都参见会议，并提交了《教育史的重要性》和《我看教育史》两篇文章，与马克·第帕普、琼·斯密斯（J. Smith）等国际著名教育史学家进行广泛的交流。在马克·第帕普后来的回忆中，这样评价英国教育史学的发展：英国教育史学家布莱恩·西蒙所提倡的社会教育史，是教育史研究领域远未结束的一个话题，他推动国际教育史学界对社会教育史研究的关注，引领国际教育史学进行社会教育史研究。① 之后，英国教育史学者就某些教育专题研究与国际教育史学者进行了交流和合作，如妇女、女孩教育和女教育者的活动专题研究、宗教、道德和公民专题研究、教育学研究、史料研究以及科学技术和教育史的关系等专题研究。国际教育史学会为英国教育史学学习者和研究者提供了一个辩论的舞台，学者们对当今教育的热点问题进行争论，力求形成一致的看法。国际教育史学会的会刊《教育史》（Paedagogica Historica）是英国学者参与国际教育史学交流和合作的关键期刊。2004年至2008年，在《教育史》期刊刊登的118篇文章中，其中有23篇是英国学者撰写的。另外，还有英国教育学者参加国际教育史学会年会提交的一些论文。这些论文的主题大致可以分为五类：第一，学校设计学和环境史（the History of Design and Environment）；第二，学校教育的物质（the Materiality of Schooling）；第三，性别和教育的关系；第四，教育机构和观念的发展；第五，儿童教育史研究（History of Education for Children）。这些文章大部分是运用新的方法或新的史料理解

---

① M. Depaepe, It's a Long Way to... an International Social History of Education: in Search of Brain Simon's Legacy in Today's Educational Historiography, *History of Education*, Vol. 33, No. 5, 2004, pp. 531–544.

过去教育的发展过程，进而重新定义教育的概念。

2002 年，英国教育史学会和澳大利亚和新西兰教育史学（Australian and New Zealand History of Education Society，ANZHES）联合举办年会，举办地为威尔士南部海港城市斯旺西（Swanse）。会议主要讨论了经济全球化背景下的教育史研究，教育史的中心与边缘的关系，尤其是英国与曾经的殖民地澳大利亚和新西兰之间的教育关系。这次年会所取得的学术成就和社会影响都前所未有。英国学者与澳大利亚和新西兰学者进行了广泛的交流，并就未来教育史研究的方向进行了讨论。学者们一致认为教育史研究应该打破区域的界限，在历史、政治、经济、文化方面重新梳理教育的发展历程。跨文化的比较教育史研究，更是受到一致的认可。2007 年，在纪念英国废除奴隶贸易 200 周年时，英国教育史学会以此为契机，对全球化与教育的关系问题展开了讨论。澳大利亚的一些教育学者也参加了这次年会。英国著名教育史学家奥尔德里奇认为进入 21 世纪，教育学者最重要的是要重新审核教育的目的。我们生活的环境已经发生变化，有限的资源内，人口不断增加，我们关注的不再是物种的起源，而应该是物种的灭绝，尤其是人类自己。对人类种族的这些威胁，教育涉及多少？确保人类种族的生存，教育能做的是什么？奥尔德里奇认为教育可以提供有关灾害的书籍和文献资料，普及环境保护和可持续发展的意识，教育目的应从"为社会""为自身进步"转变成"为生存"，因此，作为人类史分支的教育史，应该在自然史和地球史的范围内重新定位。教育史研究应该进行跨国、跨地区和跨文化的比较研究。[1]

除了学术会议的交流合作之外，英国教育史学者还编辑论文集，进行跨民族的比较教育史研究，将当代各国教育史学研究的主要观点和方法介绍给英国教育史学学习者和研究者。如 2000 年，劳主编的四卷本《教育史的主题》（*History of Education Major Themes*）论文集，收录了 1957 年至 2000 年之间的国际教育史学者的 111 篇论文，最能够体现英国教育史学术界对当代教育史学问题的理解。在这套论文集里，广泛涉及当代国际教育史学发展潮流的各个主要派别，以二战后教育史学的争论、社会背景中的教育、教学的研究和教育系统研究为主线梳理了二战后西方教育史学的发展脉络。这套论文集是国际教育史学家合作而成，其中三分之二的问题

---

[1] R. Aldrich, Education for Survival: an Historical Perspective, *History of Education*, Vol. 39, No. 1, 2010, pp. 1 – 14.

主要集中在英国和美国的教育史学的发展，强调英国和其他国家的比较，反映了英国教育史研究走向国际化和比较的趋势。2005 年，在《教育史的伟大读者》(The Routledge Falmer Reader in History of Education) 论文集中，加里·麦卡洛克从高等教育、教育的非正式机构、教育和社会改革和不公平、课程、教师和学生、教育、工作和经济、教育和国家一致性八个方面阐述了当今教育史写作的关键问题，指出了跨文化比较研究在教育史研究中的重要性。就当代教育史学的发展途径来看，英国教育史学家几乎形成一致的意见，认为当代教育史学要更全面、更客观地研究人类的历史发展和规律，应该关注心理学、气候学、生物学和社会学等学科的丰富研究成果，关注传统教育史学和新教育史学所忽视的各种历史因素和力量，充分利用其他社会学科为教育史研究提供的研究成果，促进教育史学自身的演变。

从上面不难看出，英国教育史学者与国际教育史学者的交流合作不断加强，交流的形式和渠道也日趋多样化，引介国外教育史学的著作、邀请国外教育史学者来英国讲学、参加国际教育史学术会议、与国际教育史研究机构建立合作关系等等，通过这些交流和合作，英国教育史学者在教育史研究的学术理念、研究方向、课题的选择、研究方法、课题运行机制、研究队伍组建等方面实现了与国际教育史学前沿接轨，英国教育史学者的创新性成果也陆续面世并为同行们所称道，一定程度上提高了英国教育史学者的国际地位。在吸收和借鉴国际教育史学的先进经验的基础上，英国教育史学者整合了各种学术资源，拓宽了教育史研究的视野，提升了英国教育史学自身的研究水平。

二 强调教育史中心和边缘之间的互动

传统教育史学强调教育史研究的西方和民族国家中心，在马克思主义、女性主义和后现代主义对"西方中心论"进行颠覆性的批判和反思后，教育史学家开始在新的历史观念指导下重新书写教育史，主张放弃欧洲中心观和民族国家观，转向一种整体性的、深层次的文化教育的比较研究。在后现代主义者看来，"西方中心论"指导下建构的教育史仅仅立足于西方教育经验，忽视了欧洲以外的教育经验，应该对殖民地的教育经验进行关注。研究者指出，即使作为当代西方教育代表的英国和美国，也不是简单地将教育体制移植到美洲、澳洲、非洲和亚洲，而是印第安纳教育、澳洲、非洲黑奴教育文化和欧美教育文化融合的产物，其元素是多种，而非一种。那么，在经济全球化时期，教育史的中心和边缘是一种什么关系呢？究竟如何处理中心和边缘？全球教育史学家认为教育史的中心和边缘不再仅仅是指帝国和殖民地国家的关系，而是扩展到所有不同的地区、人群，阐述历史上中心和边缘"相遇"之后，教育影响的相互性和双向性。

早在1966年，在《距离的暴政：距离怎样形成澳大利亚历史》（*The Tyranny of Distance*: *How Distance Shaped Australia's History*）一书中，杰弗里·布雷尼（G. Blainey）探讨了"距离"在澳大利亚历史中央统一政府形成过程中的作用，探讨了英国和殖民地澳大利亚之间"距离"的关系。布雷尼认为"距离"是澳大利亚的特征，正像山脉是瑞士的标志一样。在澳大利亚，大部分人民、资源、机构甚至思想都是来自于欧洲。因此，澳大利亚从欧洲真正独立出来，是一个非常重要和困难的问题。麦卡洛克和劳认为布雷尼将殖民过程称为"艺术的绑架"，强调19世纪至20世纪新的运输方式的影响，"距离"是这一时期的主角。但是，他却忽视了教育中的距离及其影响。同时，麦卡洛克和劳还认为"距离"也是19世纪新西兰的特征。知识的传播缩短了新西兰和其他地区的距离。书本、杂志、信件和会议甚至比铁路和轮船还重要。在19世纪后期和20世纪初期发展的正规教育系统生动地反映了新西兰的移民与祖国之间的文化交流。尽管，"距离"将他们与亲人、朋友和祖国分开，但是教育让他们与祖国之间的距离缩短了。教育价值和课程帮助殖民者用一个"非正式社会机构的栅栏"（a barrier of familiar social institutions）将自己与祖国连在一起。

2000年，英国文化史学家彼得·伯克（P. Burke）的《知识的社会史：从古腾堡到狄德罗》（*A Social History of Knowledge*: *From Gutenberg to Diderot*）一书出版。在这本书中，伯克阐述了从印刷术的发明到《百科全书》（*Encyclopedia*）的出版，知识的传播方式的演变。伯克强调个体间和相互影响在知识传播中的作用，批判简单地认为知识是从欧洲传播到世界其他地方的观点是不对的，这种从中心到边缘的观点，是一种帝国主义的政治表现，忽略了边缘到中心的知识传播。同时，还指出过去史学家过多地关注知识在传播过程中的增长，忽略了由于专业化和知识的分类，以及与其他民族知识的冲突所带来的知识的流失和缩减。伯克的观点被英国教育史学者普遍接受。麦卡洛克和劳一致同意伯克的观点，认为"教育作为知识传播的一种方式，必须考虑知识传播过程中的'中心和边缘'的关系"①。

马克思主义教育史学家一般认为殖民者通过教育再生产与宗主国相似的社会阶级，进而与土著居民的文化价值冲突，致使本土文化的衰变或灭绝。进入 21 世纪，"土著居民抵制殖民者文化"进入学者们的视线。以 19 世纪，澳大利亚、新西兰和英国之间的关系为例，2001 年，在《英国人的旅行》(*English Passengers*) 一书中，马修·尼尔 (M. Kneale) 运用编年史的方法，记述了 1857 年至 1858 年期间，一艘走私轮船从英国到澳大利亚的一次命运多舛的旅行。在这艘船上，有技术不好的海员、牧师杰弗里·威尔逊 (G. Wilson) ——他是寻找伊甸园狂热的宗教徒、托马斯·伯特 (T. Potter) ——他是科学种族理论家，以证明"撒克逊种族"的优越性为自己的事业。当到达澳大利亚时，他们发现土著居民——皮维 (Peevay)，因为殖民者对他家人和社区的镇压和杀害，皮维开始实施一些报复行为。殖民者与土著居民的冲突与对立是不同文化、不同知识形态碰撞的结果。而故事的结局是，土著居民皮维决定寻求新的社区，并教社区人们知识，"我们对世界缺乏了解。我需要教给土著居民知识，教他们法律、写作、白人的欺骗技巧和《圣经》的虚假。他们必须知道每一件事情，以便他们能够更好地承受。或许有一天，他们能够打败殖民者"②。马修从殖民地的抵制到寻找一种自救方法到最后打败殖民者的思路，论证了土著居民对殖民者的影响。这种教育史的写作方式，在之前的教育史学者那里是看不到的。

威廉·怀特 (W. Whyte) 描述了 1860 年至 1910 年期间的"公立学校团体"的形成及发展。在怀特看来，如果把互相关联的整体作为研究的基本单位，迄今为止，人类教育历史应该只能分为两个时代阶段：一个是自人类出现至 19 世纪中叶的"非民族国家教育体系"阶段，另一个是 19 世纪中叶之后至今的"民族国家教育体系"阶段。怀特以"公立学校团

---

① G. McCulloch, R. Lowe, Introduction: Centre and Periphery – Networks, Space and Geography in the History of Education, *History of Education*, Vol. 32, No. 5, 2003, p. 458.

② M. Kneale, *English Passengers*, London: Penguin, 2001, pp. 449 – 450.

体"为纽带,形成政府、家长、学生和学校之间互相关联的共同体。[①] 林恩和凯·怀特黑德则以两位英语教师和政府官员在英国和澳大利亚的工作为例,形成中心与边缘之间的交往枢纽。[②] 坦尼娅·菲茨杰拉德记录了1820年至1830年,新西兰女传教士玛丽安·科尔达姆·威廉姆斯(M. C. Williams)和简·纳尔逊·威廉姆斯(J. N. Williams)绘制的教育网络图。[③] 玛尔悌恩则认为20世纪50年代以前,中心和边缘的教育供给是以阶级为基础的网络,谢娜·西蒙(S. Simon)则在网络里对中心和边缘的内部和外部实施改革,尝试改变这种网络系统。而怀特黑德则通过分析《海外教育》(Oversea Education)期刊的创立与撤销的起因,反映英国殖民地教育政策的变化。[④]

  还有一些学者,分析了英国历史上的教育事件如何在世界范围内引起的连锁反应。比如论述英国教育政策以及教育制度如何先后影响澳大利亚和新西兰的中小学教育,进而影响大学的建立。又如美国、法国、德国的国家干预教育的政策如何影响了英国的国家教育体系的建立。英国教育史学者指出,必须重新认识1860年教育改革对近代英国教育面貌的改造作用,19世纪末印度、澳大利亚、新西兰等地发生的一系列重大教育事件,无不和英国1860年教育改革法有着千丝万缕的联系。至此,英国教育史学者通过与国内外学者的交流和争论,为打破教育史的中心和边缘之间的关系奠定了新的基础。麦卡洛克和劳认为:"中心和边缘的关系决不是一个单项的关系,不是稳定的和可预见效果的关系,而是相互的和动态的关系。在英国和澳大利亚之间,教育和知识的传播是相互的和动态的,并且,这种互动已经形成了我们当今的世界。"[⑤]

  不难看出,英国教育史学家呼唤开创一种"以全球为一体"的教育史学,其宗旨是说明人类教育经历了同样的历史。其方法是从宏观层面综合考察人类教育的多样性与运行机制的同一性,来说明民族、国家和文化

[①] W. Whyte, Building a Public School Community 1860–1910, *History of Education*, Vol. 32, No. 6, 2003, pp. 601–626.

[②] L. Treihewey, K. Whitehead, Beyond Centre and Periphery: Transnationalism in Two Teacher/Suffragettes' Work, *History of Education*, Vol. 32, No. 5, 2003, pp. 547–559.

[③] T. Fitzgerald, Cartographies of Friendship: Mapping Missionary Women's Educational Networks in Aotearoa/New Zealand 1823–1840. *History of Education*, Vol. 32, No. 5, 2003, pp. 513–527.

[④] G. McCulloch, R., Lowe, Introduction: Centre and Periphery – Networks, Space and Geography in the History of Education, *History of Education*, Vol. 32, No. 5, 2003, p. 459.

[⑤] Ibid., p. 459.

等不同形态的人类教育组织在"动态交往网络"——全球中的互动关系。换句话说，用"互动模式"来取代先前的"主导模式"，即宗主国和殖民地之间的互动、精英人物和底层人民之间的互动以及文化和个体、宏观和微观之间的互动来取代传统教育史学的国家主导模式、马克思主义教育史学的阶级主导模式、女性主义教育史学的性别主导模式和后现代主义教育史学的文化和微观主导模式。全球教育史研究的小舟驶入渺无边际的大海，周围是厚实的民族国家教育史和区域教育史的岛屿，自然不能指望某种跨越古今、无所不包、横空出世的大手笔。相反，全球教育史研究意味着英国教育史学逐渐走向多重视角，既要重视宏观又要关注微观，权衡全球教育和民族国家教育之间的关联；既要关注全球视野下区域内部的教育多元性特色，又要审视各种区域教育的全球维度。

三　倡导全球视野下的比较教育史研究

经济全球化促使西方文化和教育传播到世界各个地方。在这一过程中，西方以普遍和理性化的方式占据着主导和支配的作用，它戏剧性地改变了东方国家人民的物质和精神世界，同时，也迫使非西方国家的人民重新思考如何确保本民族文化传统的特点，即创建并保持民族性。在经济全球化过程中，东西方文化之间展开一种更高程度的冲突、理解和交融。教育史学者不仅在其中担负着维护本民族教育认同感的使命——建构民族国家教育史，同时，也面临着兼顾全球性视野的责任——建构普遍教育史。对于教育史写作而言，不同民族教育的传统与教育思想的全球化之间似乎存在着一种张力，而解决的最佳途径就是进行教育史的比较研究，促成一种跨民族跨文化的交流，其最终意味着全球教育史的撰写——从跨文化的视角考察教育史在全球范围内的变化，揭示各个文明的教育意识所经历的变化及其相互关系。

在英国，比较法在教育研究中的运用已经有上百年的传统。在英国教育史学兴起之初，比较方法就开始流行，只是并未能形成一个比较教育史学派，也并未被教育史学家作为教育史研究的一个重要研究方法。20世纪90年代之后，随着比较教育学科的兴盛，比较教育学家也开始进行教育史研究，如安迪·格林。比较法在教育史研究的地位得到确立。21世纪初，比较法成为英国教育史学界重要的一个方法。2001年，英国教育史学会以"教育史研究中的比较取向"为主题讨论了比较教育史研究的问题，如教育史研究中是否应加强比较教育史学的建立？比较教育史学的方法论是什么？比较法在教育史研究中意义如何？应该如何运用？等等。

加里·麦卡洛克和大卫·克鲁克（D. Crook）指出"过去英国教育史研究太过于孤立，未能建立不同民族国家之间的社会、文化、经济等现象和问题的比较分析和研究，致使教育史研究缺乏比较的视野"。[1] 在麦卡洛克和克鲁克看来，教育史研究的国际比较研究功用主要有：首先，也是最显而易见的，通过比较能够较为详细深入地阐释教育史。早在20世纪70年代初期，布里格斯（A. Briggs）指出："比较研究的核心是发现不同社会之间的异同。在教育领域的比较，大部分是对不同国家教育体系进行比较，分析其中异同的文化和社会原因。"[2] 以罗宾·亚历山大（R. Alexander）的《文化和教育学：初等教育的国际比较》（*Culture and Pedagogy: International Comparisons in Primary Education*）为例，作者从政治、制度和历史三个方面分析了英、法、印度、俄罗斯和美国教育体系的起源，评估五国初等教育的发展，从而得出五国初等教育的民族特色。加里·麦卡洛克和大卫·克鲁克认为比较方法并不是只运用到教育体制史的研究上，还应扩展至学校史、班级史、教育学史和学习史。其次，比较法能够让我们理解教育史上的互动关系。劳德（H. Lauder）指出："当代全球化趋势下，政策及其影响是学者们关心的话题，而比较法最能清晰地阐明政策的本质。"[3] 在劳德看来，全球教育史撰写的核心是揭示教育思想全球化的过程，这也就意味着首先是展示不同地域教育史发展的丰富性，总结多元化的教育实践经验，进而才能说明主流和边缘的复杂关系。因此，进行跨文化的教育史比较，用以重新界定不同教育史传统的共性与个性是解构欧洲中心的教育史学体系，建立多元现代性的全球教育史学的基础。

笔者根据文献分析，发现英国教育史学家所进行的全球范围教育史比较研究分为两种：第一，教育史的专题比较。这是从比较课题范围方面的区分，这类研究大多是将个别教育事件、某个教育机构、妇女和儿童教育

---

[1] G. McCulloch, D. Crook, Introduction: Comparative Approaches to the History of Education, *History of Education*, Vol. 31, No. 5, 2002, p. 397.

[2] A. Briggs, The Study of the History of Education, *History of Education*, Vol. 1, No. 1, 1972, p. 6.

[3] H. Lauder, The Dilemmas of Comparative Research and Policy Importation, *British Journal of Sociology of Education*, Vol. 21, No. 3, 2000, p. 465.

史、教师、学生和教育体制等放在两种或多种广阔的社会背景中进行研究。如安迪·格林将英国、法国和美国的国家教育体制发展的差异性放在三国政治与经济发展以及精英社会群体的来源和社会等级制度的背景中进行解释。以儿童教育史研究为例，在《1850—1918 年，英格兰和美国的幼儿教师培训》（Kindergarten Teacher Training in England and the United States 1850 - 1918）一文中，克里斯滕·登鲍斯卡（K. Dombkowski）从专业、政治和公众支持三个方面比较了在 1850 年至 1918 年期间的英格兰和美国幼儿园运动。登鲍斯卡认为无论是英格兰还是美国，幼儿园运动的成败一定程度上受到政治的影响，而通过幼儿教师的培训来进行意识形态的控制，是其政治性最好的表现。[①] 在教师史方面，在《教育学知识和维多利亚时期盎格鲁—美国教师》（Pedagogic Knowledge and the Victorian Era Anglo - American Teacher）一文中，拉森（M. A. Larsen）指出当布莱恩·西蒙提出为什么英格兰没有教育学时，西蒙引用了《教育百科全书》（Cyclopaedia of Education）里关于英格兰缺乏对教育学研究的兴趣，在英国"教育学"一词很难立足，是一个外来词汇的观点。西蒙分析了教育学被忽视的历史原因，并声称在英国教育史上，对待教育理论和实践的方法是业余的，并且具有高度的实用主义倾向。拉森认为西蒙让教育学者明白了教育学理论的重要性，继西蒙之后，学者们从教师的角度分析了英国缺乏教育学和教学法的原因，大量作品涌现，但是，从跨文化比较的视角分析这一问题的作品还很少。拉森通过英格兰、加拿大安大略省、苏格兰和美国东北部的档案资料的分析，发现尽管英国、美国、加拿大、英格兰和苏格兰的大众教育体系发展和结构存在着差异，但是，资料显示，从 1830 年至 19 世纪末，在这几个国家中，学校对教育学和教学法的重视程度却惊人的相似。初等学校的教师被要求能够精通教育学和教学法的科学研究，哲学家和教育改革家对教育原理和实践的兴趣也很大。[②] 而在《警惕比较：高等教育政策和实践方面的思想》（Comparing with caution: thoughts on aspects of higher education policy and practice）一文中，廉·泰勒（W. Taylor）指出比较法的关键之处是得出其不同点，而不是比较其相似

[①] K. Dombkowski, Kindergarten Teacher Training in England and the United States 1850 - 1918, *History of Education*, Vol. 31, No. 5, 2002, pp. 475 - 489.

[②] M. A. Larsen, Pedagogic Knowledge and the Victorian Era Anglo - American Teacher, *History of Education*, Vol. 31, No. 5, 2002, pp. 457 - 474.

性。泰勒认为经济全球化背景下,教育并不是仅仅呈现了一致性和一体化,而是在各国之间存在着差异性。因此,他从高等教育政策、体制和产出等几方面比较了英国和法国高等教育的政策和实践的差异性。[①] 泰勒的文章实际上为我们提供了一个比较教育史研究的模板或者标准体系。教育史学家通过以上专题比较研究,尝试通过比较异同,说明教育史中的"互动"的历程与机制。

第二,教育史的总体性比较或者整体性比较。这类比较一般是对不同国家的教育结构、教育思想、教育政治等的比较,而不是仅仅对某单一方面、教育机构、社会群体教育或教育事件的比较,以追求各个方面构成的整体为目标。这类比较的出发点是,教育史中某一现象和事件基本上出现在所有的社会之中,只是在每一个社会中出现的时间不同,表现的尺度不同或者以不同的功能和形式展现出来。这类研究可以有各种不同的形态,可以考察不同国家教育的差异性,也可以分析它们之间的同一性,但关键是在历史和比较中分析教育发展进程的普遍性。如在《对教育发展的解释——历史和比较的视角》(*Explaining Educational Expansion*: *An Agenda for Historical and Comparative Research*)一书中,克雷格(J. G. Craig)和斯皮尔(M. Spear)认为二战后由于国际舆论和国际组织的强大压力,各国相继开始进行扫盲运动。克雷格和斯皮尔运用跨国比较法分析了二战后西班牙、葡萄牙和希腊等国家的扫盲运动的起因,认为工业化程度、城市化、特定宗教信仰的强度、民主化程度、国家官僚政治的发展等因素是其主要原因。换句话说,作者试图在寻求不同社会的内在逻辑,通过比较西班牙、葡萄牙和希腊国家扫除文盲的差异性,并尝试寻求这些差异性之间的关系。总体性的比较教育史一般在选题时会注重理论的方向,并且集中在理论所认为的基本方面进行比较。如彼得·弗洛拉(P. Flora)在广泛搜集资料的基础上,从现代化理论的角度,比较了19世纪至20世纪欧洲内部西欧国家的教育与福利国家、人口增长、城市化、劳动力等之间的关系的异同。[②]

综上所述,在经济全球化时期,"英国教育史学者强调需要对民族社

[①] W. Taylor, Comparing with Caution: Thoughts on Aspects of Higher Education Policy and Practice, *History of Education*, Vol. 31, No. 5, 2002, pp. 410-411.

[②] P. Flora, *State, Economy and Society in Western Europe*, 1815-1970, London: Thames and Hudson, 1984.

会、经济、文化、区域、城市和社会群体之间展开比较。比较的单位不是以分开的形式存在，应该强调不同比较单位之间的相互联系和相互影响，以此，来实现准确地把握各国教育史的特点。在比较过程中，有宏观的考察，也有微观的研究。在整个研究过程中，宏观和微观之间经常进行交流和互动。同时，借助跨文化的比较方法，教育史学者通过与国际教育史学者的交流和合作，可以分享其他国家教育发展的经验和不足，消除对其他民族国家教育和文化的某些偏见，在沟通和交流之中构建具有本民族特色的教育史研究体系。"[1] 总而言之，当今世界经济全球化的趋势下，对教育史学者提出两个要求：一是探讨和分析教育经济全球化过程的历史发展；二是在全球化背景下，运用跨民族、跨文化和跨地区的比较方法，重新研究和编写教育历史。这两个要求，对当今英国教育史学者提出了重要的挑战，如何应对这些挑战，从一定程度上说，预示了英国教育史学未来的发展方向。

本 章 小 结

20世纪90年代末，英国教育史学者发起重新评价传统教育史学的呼声，新旧教育史学进行了重新的整合。新旧教育史学的整合主要受三方面因素的影响：一是经济全球史的兴起为英国教育史学者以整合的眼光看待教育史提供了理论基础；二是新右派教育运动的复活，新左派抵抗和制衡新右派的教育政策，要求教育史学者重新书写教育史，重新确立教育在教育改革和民族国家形成过程中的作用；三是教育史在师资培训课程中地位的不断下降，教育史学科的价值受到前所未有的质疑和批判。在上述因素的刺激和推动下，英国教育史学开始新的调整和转换。

一方面，传统教育史学以一种新的形态出现，教育史回归师资培训课程，围绕"国家课程改革"进行课程史、教师史、学生史和学习史研究，让教师、教育史研究者、学生和教育管理者、教育政策制定者等精英人士一起讨论国家的教育改革；在强调教育史保持历史学的某些特征时，注重教育史与社会科学的关系，寻求教育史研究的理论基础和指导；反思教育史传统，重新思考教育和民族认同的关系，重构教育史的主流——跨国跨

---

[1] G. McCulloch, David Crook, Introduction: Comparative Approaches to the History of Education, *History of Education*, Vol. 31, No. 5, 2002, p. 400.

文化视野下民族国家教育史的比较研究。除了传统教育史学的调整之外，新教育史学也发生了变化，在经济全球化的趋势下，面对后现代主义教育史学带来的碎片化，英国教育史学者加强与国际教育史学者交流和合作，强调教育史中心和边缘的互动，进行跨国和跨文化的比较教育史研究，从宏观上考察教育的发展历程，"大写教育史"再生。

结　语

　　本书以英国教育史学传统范型的创立为切入点，围绕传统教育史学、新教育史学和全球教育史学范型的转换过程，探究英国教育史学传统与变革的历史演变规律，并预测英国教育史学的未来发展趋势。如前所述，19世纪末至20世纪初，英国教育史学已基本上形成了国家干预教育的历史赞歌模式。自20世纪60年代至70年代，在内外因素的推动下，英国新教育史学兴起。这是在反思传统的基础上，英国教育史学进行的一次范型转向。20世纪70年代至90年代中期，由于关注的焦点和理论不同，英国新教育史学在自身发展历程中也开始发生转向，形成了不同的教育史学流派，英国教育史学呈现多元化发展趋势。新教育史学流派之间、新教育史学和传统教育史学之间呈现出断裂和继承的创新特征。20世纪90年代末至2011年，面临英国教育史学碎片化和相对主义的困境，在经济全球化的推动下，英国教育史学出现新旧整合的现象，"大写教育史"复活，英国教育史学开始走向全球教育史学的时期。纵观英国教育史学的历史演变轨迹，存在两条主线：一是教育史和师资培训、教育政策的关系；二是教育史研究的理论和方法体系，即教育史、历史学和社会科学的关系。无论是20世纪60年代新旧教育史学的争论，还是21世纪全球史观下大写教育史的复归，都主要围绕这两条主线进行。不难发现，英国教育史学紧紧围绕两条主线进行改革，在尊重传统的基础上进行改革，在传承传统的基础上创新教育史研究方法，保证了教育史学的连续性，形成了渐进的变革和发展模式，推动了教育史学科的复活和繁荣发展，其经验是值得我们学习和借鉴的。

　　第一，围绕教育史和教育政策、师资培训的关系，扩大教育史研究的范围。在英国，伴随着国民教育体制的建立和教师专业化的提升，教育史逐渐成为论述国家干预教育的逐项政策可行性的分析工具，并作为师资培训的一门课程出现。在传统教育史学兴起之初，在模仿欧洲大学尤其德国教育史学的基础上，奎克创立了英国教育史研究的传记传统，后经布朗宁的《教育理论史》得到完善和发展。一方面，进入20世纪，伴随国家干预教育的改革力度加强，政府颁布许多法律和政策干预教育。在法律政策颁布之前，需要从历史的角度论证法律政策的可行性，出现了以利奇和迈克尔·萨德勒为代表的教育机构史和教育政策史研究。另一方面，随着教师专业化的需求，需要从教育实践和理论的视角撰写师资培训的教育史教材，涌现了以亚当森和柯蒂斯为代表的英国教育思想史和教育制度史研究。英国教育史学也从简单的模仿和移植西方教育史学，转向了构建英国本民族特色的教育史学。在这期间，教育史研究对象也相应地从"西方教育史"转向"英国教育史"。在整个传统教育史学阶段，英国教育史学者为满足师资培训和教育政策的需求，教育史研究的范围不断扩大。教育史学者建立在"西方中心论"的基础上，围绕教育思想史、教育制度史和机构史以及教育政策史研究，阐释国家在教育发展过程中的作用，将教育史描述成由国家精英所引领的国家干预教育的逐渐进步的历史。

二战后，伴随着人民民主意识的上升，围绕教师培训和工党一系列教育政策的颁布，在英国"共产党历史学家小组"的帮助下，琼·西蒙、布莱恩·西蒙等一批教育学者从自下而上的视角重新观察教育史。20世纪60年代，教育史已经成为英国大部分学院和大学进行师资培训的主要课程，教育史作为一门独立的学科已经得到普遍的认可和讲授。进入70年代，一方面，伴随教育社会学引进师范课程，以及学生可以自主地选择不同学科，学生多选择实用性的课程，致使教育史学科面临生存的危机。另一方面，由左派所推崇的一些教育改革，如批判心智测验、综合中学改组运动、教育平等改革等，需要重新阐释英国教育史上的教育政策，以实现由民间草根和女性力量所推动的教育改革。英国教育史学转向了马克思主义和女性主义，试图从阶级和性别的分析范畴构建一幅整体教育史的图像。进入80年代之后，伴随着撒切尔政府上台，新右派政治上显著的胜利，在福利国家政策上，以市场机制为主导。教育政策的理念也从强调平等转向强调效率，师资培训模式由国家干预转向由市场调控的本校教师培训模式，重视教学实践，故教育史退出师资培训课程。教育市场化，致使师资培训的市场化，由此，带来英国教育史学呈现众多微观的个案研究，碎片化和相对主义盛行。90年代中期之后，伴随着新左派学者对新右派教育市场化和民族国家教育体系终结论的抨击，以及英国政府关于全球化政策的颁布，英国教育史学者开始一系列的综合措施，大写教育史再生。一方面，围绕"国家课程改革"进行教育史研究，呼唤教育史回归师资培训课程，复活民族国家教育史；另一方面，从宏观历史的视角重构世界教育历史，重视国际交流和合作，英国教育史学开始走向全球教育史学。

纵览英国教育史学的整个历史演变过程，无论是传统教育史学、新教育史学流派和全球教育史学之间的转换，还是各个教育史学派内部的演化，都是紧紧围绕本国师资培训的改革和教育政策的颁布所进行的相应变换。每一次范型转换，不像美国教育史学界对批评、颠覆的追捧，英国教育史学家侧重于围绕师资培训课程和教育政策的颁布与抵制来扩大教育史研究范围，以实现英国教育史学范型的转换。因此，英国教育史学的历史演变过程始终处在传统和变革之间。正如彼得·坎宁汉所说："英国教育史学没有'新'与'旧'双峰对峙的局面。教育史学如同历史，其变化也是渐进的而非突变的，正像其他方面的人类行为一样，连续性是学术研究的特征"。[1]

第二，围绕教育史和相邻学科的关系，构建教育史研究的方法体系。英国民族和德意志民族不同，对思辨和形而上学的理性主义嗤之以鼻；和法兰西民族也不同，并不强调理想和富于逻辑条理的思维方式。英国人注重实践经验，讲究实用性，在思维方式上，英国人表现出明显的经验主义特征。因此，在教育史学的创立和变革的历史演变过程中，同样是呈现出经验主义的特征，主要体现在围绕教育史与相邻学科的关系上。

传统教育史学强调教育史学的自主性，认为教育史是一门人文学科，运用历史叙述的方式描述教育历史，很少运用社会科学的方法对教育问题进行分析，因此，教育史作品中就缺少了分析和解释。1940年，克拉克将社会学的方法引入英国教育研究和教育史研究中。在克拉克看来，英国教育学科和教育史学科要变革，不是要彻底废除传统教育和教育史研究，而是，通过引入"社会学"的方法来调整和改变传统教育研究和教育史研究，以便能够适应现在的社会状况。克拉克发起的教育史研究社会学化，并未在英国教育史学界引起讨论和激烈的回应。学者们不是花大量的精力去批判传统教育史学，也不是论证和阐释社会学理论的可行性，而是，将社会学方法运用到众多个案研究上，有对传统研究对象的社会学分

---

[1] P. Cunningham, Educational History and Educational Change: The Past Decade of English Historiography, *History of Eduducation Quarterly*, Vol. 29, No. 2. 1989, pp. 78 – 79.

析，也有一部分学者运用社会学方法研究新对象。换句话说，在之后的教育史作品中，都在不同程度上运用社会学的方法研究教育史。经历过社会学洗礼后的英国教育史学，到70年代至90年代中期，由于借鉴的理论和方法不同，呈现不同的教育史学流派。马克思主义和女性主义更多关注社会学、经济学、政治学等学科的方法，运用阶级和性别的分析范畴进行教育史研究。后现代主义关注人类学、心理学和语言学的方法，从文化和语言层面重构教育史学。90年代末至今，英国教育史学者一致认为教育史学科有着特殊的学科属性。一方面，作为师资培训课程的教育史必须密切关注教育实践和教师培训；另一方面，作为一门研究型的专业学科，教育史也应借鉴社会科学的理论和方法，密切教育史和教育学、历史学以及社会科学的关系，重视理论和方法的研究和运用。英国教育史学者认为教育史学者需要做的不是争论是否应该借鉴社会科学的理论和方法，而是要弄明白如何吸收社会科学的理论和方法，但是，又不会失去历史学的特点。

无论马克思主义、女性主义、后现代主义，还是当今的全球教育史学者，均未对其他学科的理论和方法进行过多的介绍和争论，而是在其他学科的方法指导下进行具体的教育史研究，涌现出众多的跨学科研究作品。正如我国学者所说："英国人对任何未被经验证明的事物，都习惯于用一种冷淡的、漠然的态度对待，决不像有些民族那样轻易地热烈拥抱一种新理论或扑向一种新事物。"[①] 正是这种态度和精神，当英国人考虑和处理问题时，总是以实际需求和运用为重点，而不是想到经典或权威。相邻学科的理论和方法是一些有待实证的短期的和实际的试验，如果行不通，则注定要被抛弃。正如奥尔德里奇所说："教育史研究不只是要提供一些累积的编年事实，而且，还要证明这些知识体系内部的差异性和连续性。因此，英国教育史学最大的特征就是不太关心理论，而是高度的经验主义特征"。[②] 在借鉴相邻学科的理论和方法的基础上，通过具体的实证研究证明方法的可行性，构建英国教育史研究的方法体系。

综上所述，不难看出，英国教育史学通过具体的教育史研究，不断丰富教育史研究方法和扩大教育史研究范围。虽然它一直行走在传统与变革

---

① 钱乘旦、陈晓律：《在传统与变革之间——英国文化模式溯源》浙江人民出版社1996年版，第345页。

② R. Aldrich, *Lessons from History of Education*, London and New York, Routledge Taylor & Francis Group, 2006, p. 153.

之间的温和渐进式的发展道路上,但是却顺应甚至在某些方面引领着国际教育史学的发展潮流。就国际教育史学而言,呈现着这样的主体趋势:从传统的国家干预教育的赞歌、多元文化的教育史研究转向全球教育史的构建,从而更加关注实践,更加强调教育史知识与具体的教育境遇之间的关联。英国教育史学不仅在教育政策史、民族国家教育史、社会性别教育史、教育改革史、课程史、全球教育史等方面体现当今教育史学的发展趋势,而且,英国教育史学扎根于教育实践,诉诸教师培训,闪动着"参与国家教育改革和师资培训"的灵光。这些,在反映英国教育史学发展状况的同时,也呈现了英国教育史学的独特性和先进性,并给我国乃至世界其他国家的教育史研究提供了借鉴意义。

参考文献

英文类

1. Abrams, P., *Historical Sociology*, London: Open Books. 1982.
2. Adamson, J. W., *Pioneers of Modern Education in the Seventeenth Century*, New York: Teachers College, Columbia University, 1905.
3. Adamson, J. W., *A Short History of Education*, Cambridge: Cambridge at the University Press, 1919.
4. Adamson, J. W., *A Guide to the History of Education*, London: London Society for Promoting Christian Knowledge, 1920.
5. Aldrich, R., *An Introduction to the History of Education*, London: Hodder& Stoughton, 1982.
6. Aldrich, R., *The Real Simon Pure: Brian Simon's Four Volume History of Education in England*, History of Education Quarterly, Vol. 34, No. 1, 1994: 73 – 80.
7. Aldrich, R., *Lessons from History of Education*, London and New York: Routledge Taylor&Francis Group, 2006.
8. Alexander, R., *Culture and Pedagogy: International Comparisons in Primary Education*, Oxford: Blackwell, 2000.
9. Anderson, R., *Educational Opportunity in Victorian Scotland: Schools and Universities*, Oxford: Oxford University Press, 1983.
10. Anderson, R., *The Idea of the Scondary School in Nineteenth Century Europe*, Paedagogica Historica, Vol. 40, No. 1 – 2, 2004: 93 – 106.
11. Armytage, W. H. G., *Four Hundred Years of England Education*, Cambridge: Cambridge University Press, 1964.
12. Armytage, W. H. G., Foster Watson: 1860 – 1929, *British Journal of*

Educational Studies, Vol. 10, No. 1, Nov, 1961.

13. Barnard, H. C. , *A History of English Education from 1760*, London: University of London Press, 1947.
14. Bradshaw, D. , The History of Edcuation its Place in Coures for the B. ED. Degree, *History of Education Society Bulletin*, Vol. 3. No. 1. 1968.
15. BrickmanW. W. , Revisionism and the Study of the History of Education, *History of Education Quarterly*, Vol. 4, No. 6, Dec, 1964: 209 – 223.
16. Brickman, W. W. , *Early Development of Research and Writing of Educational History in the United States*, In Brickman, W. W. , *Educational Historiography: Tradition, Theory and Technique*, 1982.
17. Browne, J. , My Life in the History of Edcuation, *History of Education Society Bulletin*, Vol. 23, No. 1, Spring, 1994.
18. Browning, O. , *An Introduction to the History of Educational Theories*, London: KeganPaul, Trench, Trubner & co. Ltd. Dryder House, 1905.
19. Bryant, M. , *The Unexpected Revolution: a Study in the History of the Education of Women and Girls in the Nineteenth Century*, London: Institute of Education, 1979.
20. Bryant, M. , My Life in the History of Edcuation, *History of Education Society Bulletin*, Vol. 22, No. 1, Spring, 1993: 33 – 39.
21. Bryce, J. , *The Parliament Hisotory of the Education Act* 1902, London: The Liberal Publication Department, 1903.
22. Butterfield, H. , *The Whig Interpretation of History*, London: G. Bell and Son, 1931.
23. Chanchy. M. T. , *From Memory to Written Record: England*, 1066 – 1037, London: Edward Arnold, 1979.
24. Cohen, S. , New Perspectives in the History of Education, *History of Education*, Vol. 2, No. 1. Spring, 1973: 79 – 96.
25. Cohen, S. , The History of Edcuation, 1900 – 1976: Use of the Past, *Harvard Edcuation Review*, Vol. 46, No. 3, 1976: 298 – 330.
26. Cohen, M. , Gender and "Method" in Eighteenth – Century English Education, *History of Education*, Vol. 33, No. 5, 2004: 585 – 595.
27. Compayré, G. , History of Education, in Monroe, P. , *A Cyclopedia of*

Education, Vol. 3, New York: Macmillan Young, 1911.

28. Clarke, F., *Edcuation and Social Change, an English Interpretation*, London: The Sheldon Press, 1940.

29. Crook. D., R. Aldrich, *History of Education for the Twenty – First Century*, London: University of London Press, 2000.

30. Cunningham, P., *Local History of Education in England and Wales: a Bibliography*, Leeds: Museum of History of Education University of Leeds, 1976.

31. Cunningham, P., Educational History of Educational Change: The Past Decade of English Historiography, *History of Education Quarterly*, Vol. 29, No. 1, Spring, 1989: 77 – 94.

32. Curtis, S. J., *History of Education in Great Britain*, London: University Tutorial Press, 1947.

33. Day, C., *The Life and Work of Teachers: International Perspectives in Changing Times*, London: Flamer Press, 2000.

34. Dent, C., *The Training of Teachers in England and Wales 1800 – 1975*, London: Hodder and Stoughton, 1977.

35. Depaepe, M., It is a Long Way to an International Social History of Education: in Search of Brain Simon's Legacy in Today's Educational Historiography, *History of Education*, Vol. 33, No. 5, 2004: 531 – 544.

36. Depaepe, M., Professionally Relevant History of Education for Teachers: Does it Exist? Reply to Jurgen Herbst's State of the Art Article, *Paedagogica Historica*, Vol. 37, No. 3, 2001: 629 – 630.

37. Dyhouse, C., *Girls Growing up in Late Victorian and Edwardian England*, London: RKP, 1981.

38. Dyhouse, C., Social Darwinistic Ideas and the Development of Women's Education in England, 1880 – 1920, *History of Education*, Vol. 5, No. 1, 1976.

39. Dyhouse, C., Good Wives and Little Mothers: Social Anxieties and the School – Girls Curriculum, 1890 – 1920, *Oxford Review of Educaiton*, Vol. 3, No. 1, 1977.

40. Dyhouse, C., Miss Buss and Miss Beale: Gender and Authority in the

History of Education, In F. Hunt (ed), *Lessons for Life, The Schooling of Girls and Women* 1850 – 1914, Oxford: Basil Blackwell, 1987.

41. Eaglsham, R., *The Foundation of 20th Century Education in England*, London: RKP, 1967.

42. Evans K., *The Development and Structure of the English Educational System*, London: University of London Press, 1975.

43. Flett, K., Sex or class: the education of working – class women and men in mid – nineteenth – century England, *History of Eduation*, Vol. 24. No1. 2, 1995: 159 – 164.

44. Gaither, M., Globalization and History of Education. Some Comments on Jurgen Herbst's " The history of education: state of the art at the turn of the century in Europe and North America", *Paedagogica Historica*, Vol. 37, No. 3, 2001: 645 – 646.

45. Gomersal, M. Discussion Papers. Sex or class: the education of working – class women 1800 – 1870, Woman' work and education in Lancashire, 1800 – 1870: A reply to Keith Flett, *History of Eduation*, Vol. 18, No. 1, 1989: 145 – 162.

46. Goodman, J., Martin, Jean, Editorial: History of Education – Defining a Field, *History of Education*, Vol. 33, No. 1, 2004: 5 – 22.

47. Goodman, J., Martin, Jean, Breaking Boundaries: Gender, Politics, and Experience of Education. *History of Education*, Vol. 29, No. 5, 2000: 383 – 388.

48. Goodson, I. Pa. S., *Life History Research in Educational Settings: Learning from Lives—Doing Research in Educational Settings*, Lundon: Open University Press, 2001.

49. Goodman, J., & Grosvenor, I., Educational Research——History of Education a Curious Case, *Oxford Review of Education*, Vol. 35, No. 5, 2009: 601 – 616.

50. Gordon, P., etal (eds). *History of Education: the Making of a Discipline*, London: the Woburn Press, 1989.

51. Gordon, P., etal (eds). *Education and Policy in England in the Twentieth Centry*, London: the Woburn Press, 1991.

52. Gordon, P., (eds). *The Study of Education a Collection of Inaugural Lectures*, Vol. I, London: Woburn Press, 1980.
53. Green, A., *History, Sociology and Education*, London: Metheuen, 1971.
54. Green, A., *Local Studies and the History of Education*, London: Metheuen, 1972.
55. Green, A., *History of Education in Europe*, London: Metheuen, 1974.
56. Green, A., *Education and the State Formation: The Rise of Edcuation Systems in England, France and the USA*, London: The Macmillan Press, 1990.
57. Green, A., History of Education Society Constitution, *History of Education Society Bulletin*, Vol. 22, No. 1, 1992.
58. Hargreaves. D., *Teaching as a Research – based Profession: Possibilities and Prospects*, London: TTA, 1996.
59. Hargreaves A., *Changing Teachers, Changing Times: Teachers' Work and Culture in the Postmodern Age*, London: Cassell. 1994.
60. Harrigan, P. J., A Comparative Perspective on Recent Trends in the History of Education in Canda, *History of Education Quarterly*, Vol. 26, No. 1, 1986: 87 – 94.
61. Harrison, J. F. C., Education in Victorian England, *Higher Education Quarterly*, Vol. 10, No. 4, 1970: 485 – 491.
62. Harrison, J. F. C., *A History of the Working Men's College 1854 – 1954*, London and New York: Routledge Taylor &Francis Group, 1954.
63. Harrison, J. F. C., *Learning and Living 1790 – 1960: A Study in the History of the English Adult Education Movement*, London and New York: Routledge Taylor & Francis Group, 1961.
64. Herbst J., The History of Education: State of the Art at the Turn of the Century in Europe and North America, *Paedagogica Historica*, Vol. 35, No. 3, 1999: 738 – 739..
65. Herbst J., The New History of Education in Europe, *History of Education Quarterly*, Vol. 27, No. 2, 1986: 55 – 62.
66. Heward, C., Public School Masculinities: an Essay in Gender and Power, in G. R. Walford (ed.), *Private Schools: Tradition, Change and Diversi-*

ty, London: Chapman, 1991.

67. Hirst, P. H. , *Educatioal Theory and Its Foundation Disciplines*, London: Routledge& Kegan Paul, 1983.

68. Hirst. P. H. , Simon Says: a Response from Two Nineteenth – Century Educators, *History of Eudcation*, Vol. 33, No. 5, 2004: 597 – 602.

69. Hoskin, K. , Examinations an the Schooling of Science, in R. Macleod (ed), *Days of Judgement: Science, Examinations and the Organisation of Knowledge in Late Victorian England.* Driffield: Nafferton Books, 1982.

70. Hoskin, K. , The Examination, Disciplinary Power and Rational Schooling, *History of Education*, Vol. 8, No. 2, 1979: 135 – 146.

71. Hoskin, K. , Foucault under Examination: The Crypto – Educationalist Unmasked, in S. J. Ball (ed), *Foucault and Education*, London: Routledge, 1990.

72. Humphries, S. , Gardner Phil, *Hooligans or Rebels? An Oral History of Working Class Children and Youth*, 1889 – 1939, Oxford: Blackwell Oxford, 1981.

73. Hutton, H. , Kalish Philip, Davidson's Influence on Educational Historiography, *History of Education Quarterly*, No. 4, 1966.

74. Jarman, T. L. , Studies in the History of Education, *British Journal of Educational Studies*, Vol. 1, No. 1, 1952: 64 – 66.

75. Johnson, R. , Educational Policy and Social Control in Early Victorian England, *Past & Present*, No. 49. Nov. 1970: 96 – 119.

76. John S. Mackenzie, Essays on Educational Reformers, by Robert Herbert Quick, *International Journal of Ethics*, Vol. 1, No. 2, 1891: 257 – 259.

77. Kandel, L. , *History of Secondary Education: A Study in the Development of Liberal Education*, Massachusetts: Houghton Mifflin. Boston, 1930.

78. Kelly, T. , *A History of Adult Education in Great Britain*, Liverpool: Liverpool University Press, 1970.

79. Knight, C. , *The Making of Tory Edcuation Policy in Postwar Britain 1950 – 1986*, London: The Falmer Press, 1990.

80. Laqueur, T. , The Cultural Origins of Popular Literacy in England, 1500 – 1850, *Oxford Review of Education*, Vol. 3, No. 2, 1976: 255 – 275.

81. Lauder, H., The Dilemmas of Comparative Research and Policy Importation, *British Journal of Sociology of Education*, Vol. 21, No. 3, 2000: 465 – 475.

82. Lawson, J., *A Social History of Education in England*, London: Methuen, 1973.

83. Lawton, D., Gordon, P., *Western Educational Ideas*, London: Woburn Press, 2002.

84. Leach, A. F., *The Schools of Medieval England*, London and New York: Routledge Taylo & Francis Group, 1915.

85. Leach, A. F., *The Schools at the Reformation*, London and New York: Routledge Taylo & Francis Group, 1896.

86. Leach, A. F., *The Schools of Medieval England*, London: Methuen & CO. Ltd, 1915.

87. Leach, A. F., *Educational Charters and Documents 598 to 1909*, Cambridge: at he University Press, 1911.

88. Léon, Antoine, *The History of Education Today*, UNESCO, 1985.

89. Lowe, R., *Trends in the Study and Teaching of History of Education*, Leiceste: History of Education Society, 1983.

90. Lowe, R., *Education in the Post – war Years: a Social History*, London: Routledge, 1988.

91. Lowe, R., (ed) *History of Education: Major Themes* (4vols), London and NY: Roultedge Falme, 2000.

92. Lowe, R., Postmodernity and Historians of Education, *Paedagogica Historica*, Vol. 11, No. 2, 1996: 307 – 323.

93. Lowe, R., Do We Still Need History of Edcuation: Is It Central or Peripheral? *History of Education*, Vol. 31, No. 6, 2002: 491 – 504.

94. Maclure, J. S., *One Hundred Years of London Education*, 1870 – 1970, London: Allen Lane the Penguin Press, 1970.

95. Maclure, J. S., *Educational Documents England and Wales*, 1860 *to the Present Day*, London: Methuen, 1973.

96. Maclure, J. S., *A History of Edcuation in London*, 1870 – 1990, London: Allen Lane the Penguin Press, 1990.

97. Mangan, J. A., *The Imperial Curriculum: Racial Images and Education in the British Colonial Experience*, New York: Routledge, 1993.

98. Marks, P., Femininity in the Classroom, in J. Mitchell, and A. Oakley. *The Rights and Wrongs of Women*, Penguin, Harmondsworth, 1976.

99. Marsden, W. E., *Unequal Eudcational Provision in England and Wales: The Nineteenth Century Roots*, London: The Woburn Press Gainsborough House, 1987.

100. Marsden, W. E., Reviews on "Geography in British Schools, 1850 – 2000: Making a World of Diffence", *History of Education*, Vol. 31, No. 4, 2001.

101. Martin, J. Thinking Education Histories Differently: Biographical Approaches to Class Politics and Women's Movements in London, 1900s to 1960s, *History of Education*, Vol. 36, No. 4, 2007: 515 – 533.

102. McCann, P., *Popular Education and Socialization in the Nineteenth Century*, London: Methuen & Coltd, 1977.

103. Mcculloch, G. R., W., *Historical Research in Educational Setting*, Buckingham & Philadelphia: Open University Press, 2000.

104. Mcculloch, G., Disciplines Contributing to Education? Edcuation Studies and Disciplines, *British Journal of Educational Studies*, Vol. 50, No. 1, 2002: 100 – 119.

105. Mcculloch, G., Virtual history and the history of education, *History of Eudcation*, Vol. 32, No. 2, 2003: 145 – 156.

106. Mcculloch, G. Helsby, G., Knight, P., *The Politics of Professionalism: Teachers and the Curriculum*, London: Continuum. 2000.

107. Mcculloch, G., Lowe, R., Introduction: Centre and Periphery – Networks, Space and Geography in the History of Education, *History of Education*, Vol. 32, No. 5, 2003: 457 – 459.

108. Mcculloch, G., *The Routledge Falmer Reader in History of Education*, London and New York: Routledge Taylor & Francis Croup, 2005.

109. Mcculloch, G., Watts, Ruth, Introducation: Theory, Methodology, and the History of Education, *History of Education*, Vol. 32, No. 2, 2003: 129 – 132.

110. Mcculloch, G., *Documentary Research in Education, History and the Social Science*, London and New York: Routledge Falmer, 2004.
111. Mcculloch, G., *The Struggle for the History of Education*, London and New York: Taylor & Francis, 2011.
112. Mcculloch, G., McCaig, Colin, Reinventing the Past: The Case of The English Tradition of Education, *British of Journal of Educational Studies*, Vol. 50, No. 2, 2002: 238 – 253.
113. Mcculloch, G., David C., Introduction: Comparative approaches to the History of Education, *History of Education*, Vol. 31, No. 5, 2002: 397 – 400.
114. McDermid, J., Gerder and Geography: the Schooling of Poor Girls in the Highlands and Islands of Nineteenth – Century Scotland, *History of Education Review*, Vol. 32, No. 2, 2003: 30 – 45.
115. Montmorency, J. E. G., *The Progress of Education in England: The Sketch of the Development of English Educational Organization From Early Times to the Year* 1904, London: LKnight, 1904.
116. Moore, L., Young Ladies' Institution: the Development of Secondary Schools for Girs in Scotland, 1833 – 1870, *History of Education*, Vol. 32, No. 3, 2003: 249 – 272.
117. Musgrave, P. W. *Society and Edcuation in England Since* 1800, London: Methuen, 1968.
118. Musgrave, P. W. *Sociology, History and Education: A Reader*, London: Methuen, 1970.
119. Peim, N., The State of the Art or the Ruins of Nostalgia? The Problematics of Subject Idntity, its Objects, Theoretical Resources and Pratices, *Paedagogica Historica*, Vol. 37, No. 3, 2001: 653 – 660.
120. Popkewitz, T. S., Franklin, Barry M., Pereyra, Miguel A., *Cultural History of Education: Critical Essay on Knowledge and Schooling*, New York and London: Routled geFalmer, 2001.
121. Purvis, J., Hard Lessons: *the Lives and Education of Working – class Women in Nineteenth Century England*, Cambridge: Polity Press, 1989.
122. Purvis, J., *A History of Women's Education in England*, Buskingham:

Open UP, 1991.
123. Quick, R. H., *Essay on Educational Reformers*, London: Longmans, 1868.
124. Rattansi A. & Reeder D., *Rethinking Radical Education: Essays in Honour of Brian Simon*, London: Lawrence & Wishart, 1992.
125. Reisner, E. H., *Nationalism and Education Since 1789: A Social and Political History of Modern Education*, New York: Macmillan, 1922.
126. Rich, R. W., *The Training of Teachers in England and Wales during the Nineteenth Century*, Cambridge: Cambridge UP, 1933.
127. Richardson, W., Historians and Educationists: the History of Education as a Field of Study in Post-war England, *History of Education*, Vol. 28, No. 1, 1999: 1-30 and Vol. 28, No. 2, 1999: 109-401.
128. Richardson, W., Educational Studies in the United Kingdom, 1940-2002, *British Journal of Edcuational Studies*, Vol, 50, No. 1, 2002: 3-56.
129. Richardson, W., British Historiography of Education in International Context at the Turn of the Century, 1996-2006, *History of Eudcation*, Vol. 36, No. 4, 2007: 569-593.
130. Roach, J., *A History of Secondary Education in England, 1800-1870*, London: Longmans, 1986.
131. Rose, J., History of Education as the History of Reading, *History of Eudcation*, Vol. 36, No. 4, 2007: 595-605.
132. Rothblatt, S., Supply and Demand: The "Two Histories" of English Edcuation, *History of Education Quarterly*, Vol. 28, No. 4, 1988: 627-644.
133. Sadler, M., How Far Can We Learn Anything of Practical Value From the Study of Foreign System of Education, *Comparative Education Review*, Feb., 1964.
134. Salimova, K., *Why Should We Teach History of Edcuation*, Moscow: The Library of International Academy of Self-improvement, 1993.
135. Sanderson, M. E., History of Education in Current Syllabuses a Universites, *History of Education Society Bulletin*, Vol. 2, No. 1, 1968.
136. Sanderson, M. E., Educational and Economic History: The Good Neigh-

bours, *History of Eudcation*, Vol. 36, No. 4, 2007: 429 – 445.

137. Silver, H. , *The Education of the Poor: the History of a National School 1824 – 1974*, London: RKP, 1974.

138. Silver, H. , *Education as History*, London: Methuen, 1983.

139. Silver, H. , *An Educational War on Poverty – American and British Policy – making 1960 – 1980*, Cambridge: Cambridge University Press, 1991.

140. Simon, B. , *The Two Nations and the Edcuation Structure, 1780 – 1870*, London: Lowrence & Wishart, 1960.

141. Simon, B. , The History of Education, In Tibble, J. W. (ed.) *The Study of Edcuation*, London: RKP, 1966.

142. Simon, B. , *Education and the Labour Movement, 1870 – 1940*, London: Lowrence & Wishart, 1967.

143. Simon, B. , *The Politics of Edcuaton Reform, 1920 – 1940*, London: Lowrence & Wishart, 1974.

144. Simon, B. , *Edcuation and the Social Order, 1940 – 1990*, London: Lowrence & Wishart, 1991.

145. Simon, J. , *The Social Origins of English Edcuation*, London: RKP, 1970.

146. Simon, J. , The History of Education and the "New" Social History, *History of Education Review*, Vol. 12, No. 2, 1983: 1 – 15.

147. Simon, J. , My Life in the History of Edcuation, *History of Education Society Bulletin*, Vol. 23, No. 3, 1994.

148. Simon, J. , A. F. Leach and the Reformation I, *British Journal of Educational Studies*, Vol. 3, No. 2, 1955: 128 – 143.

149. Simon, J. , A. F. Leach and the Reformation II, *British Journal of Educational Studies*, Vol. 4, No. 1, 1955: 32 – 48.

150. Simon, J. , *Education and Soceity in Tudor England*, London & New York: Cambridge University Press, 1964.

151. Simon, J. , An Energetic and Controversial Historian of Education Yesterday and Today: A. F. Leach (1851 – 1915), *History of Education*, Vol. 36, No. 3, 2007: 367 – 380.

152. Simon, J. , The History of Education in Past and Present, *Oxford Review of Education*, Vol. 3, No. 1, 1977: 71 – 86.

153. Smith, F., A *History of English Elementary Education* 1760 – 1902, London: University of London, 1931.

154. Stephens, W. B., Recent Trends in the History of Education in England to 1900, *Edcuation Research and Perspectives*, Vol. 8, No. 1, 1981.

155. Stephens, W. B, *Education, Literacy and Society*, 1830 – 1870: *The Geography Diversity in Provincial England*, Manchester: Manchester Press, 1987.

156. Stewart, W. A. C., *Higher Education in Postwar Britain*. London: the Macmillan Press Ltd, 1989.

157. Stone, L., *The Family, Sex and Marriage in England* 1500 – 1800, London: Penguin Books, 1979.

158. Storr, F., *Life and Remains of The Rev. R. H. Quick*, New York: The Macrnillan Company, London: Macrniilan & co, Lirnlted, 1899.

159. Sutherland, G., *Ability, Merit and Measurement: Mental Testing and English Education* 1880 – 1940, Oxford: Clarendon Press, 1984.

160. Takeshi, K., Mangan, J. A., Japanese Colonial Education in TaiWai, 1895 – 1922, Precepts and Practices of Control, *History of Education*, Vol. 26, No. 3, 1997: 307 – 322.

161. Taylor W., Comparing with Caution: Thoughts on Aspects of Higher Education Policy and Practice, *History of Education*, Vol. 31, No. 5, 2002: 401 – 411.

162. Thomas, J. B., *British Universities and Teacher Edcuation: A Century of Change*, London, NY and Philadelphia: The Falmer Press, 1990.

163. Thomas, K., Numeracy in Early Modern England, *Transactions of the Royal Historical Society* (5th series), 1987 (37): 103 – 132.

164. Treihewey, L. & Whitehead K., Beyond Centre and Periphery: Transnationalism in Two Teacher/Suffragettes' Work, *History of Education*, Vol. 32, No. 5, 2003: 547 – 559.

165. Walford R., *Geography in British Schools*, 1850 – 2000: *Making a World of Diffence*, London: Woburn Press, 2001.

166. Waston, F., The State and Education during the Commonwealth, *The English Historical Review*, Vol. 57, No. 15, 1900: 58 – 72.

167. Waston, F., *The Beginnings of the Teaching of Modern Subjects in England*, New York: S. R. Publisher, 1909.

168. West, E. G., Reviews: Education and Opportunity in Victorian Sctland: Schools and Universities, (R. D. Anderson), *Economic History Review*, Vol. 37, No. 3, 1984: 441 – 442.

169. Whitehead, C., The Historiography of British Imperial Education Policy, Part I: India, *History of Eudcation*, Vol. 34, No. 3, 2005: 315 – 329.

170. Whitehead, N., History of Education in the Three – year Certificate Course, *History of Education Society Bulletin*, Vol. 2, No. 1, 1968.

171. Widdowson, F., *Going Up Into The Next Class: Women and Elementary Teacher Training*, 1840 – 1914, London: Women's Research and Resources Centre Publications, 1980.

172. William, A. Reid, Stange Curricula: Origins and Development of the Institutional Categories of Schooling, *Journal of Curriculum Studies*, Vol. 22, No. 3, 1990: 203 – 216.

173. Zoller, M., Booth, Settler, Missionary and the State: Contradictions in the Formulation of Educational Policy in Colonial Swaziland, *History of Education*, Vol. 32, No. 1, 2003: 35 – 36.

中文类

1. ［英］阿萨·勃里格斯：《英国社会史》，马传喜等译，中国人民大学出版社 1991 年版。

2. ［英］安迪·格林：《教育与国家形成：英、法、美教育体系起源之比较》，王春华等译，教育科学出版社 2004 年版。

3. ［英］安迪·格林：《教育、全球化与民族国家》，朱旭东等译，教育科学出版社 2004 年版。

4. ［英］艾瑞克·霍布斯鲍姆：《资本的年代，1848—1875》，张晓华等译，江苏人民出版社 1999 年版。

5. ［英］艾瑞克·霍布斯鲍姆：《帝国的年代，1875—1914》，贾士蘅等译，江苏人民出版社 1999 年版。

6. ［英］艾瑞克·霍布斯鲍姆：《革命的年代，1789—1848》，王章辉等译，江苏人民出版社 1999 年版。

7. ［英］博伊德·金：《西方教育史》，任宝祥等译，人民教育出版社 1985 年版。
8. ［英］汤普森：《英国工人阶级的形成》，钱乘旦译，译林出版社 2001 年版。
9. ［英］W. N. 梅德利科特：《英国现代史（1914—1964）》，张毓等译，商务印书馆 1990 年版。
10. ［英］爱德华·霍列特·卡尔：《历史是什么》，史柱存译，商务印书馆 1981 年版。
11. ［英］艾瑞克·霍布斯鲍姆：《史学家：历史神话的终结者》，马俊亚等译，上海人民出版社 2002 年版。
12. ［英］彼德·伯克：《历史学与社会理论》，姚明等译，上海人民出版社 2000 年版。
13. ［英］戴维·麦克莱兰：《马克思以后的马克思主义》，林春等译，东方出版社 1986 年版。
14. ［英］丹尼斯·史密斯：《历史社会学的兴起》，周辉荣等译，上海人民出版社 2000 年版。
15. ［英］杰弗里·巴勒克拉夫：《当代史学主要趋势》，杨豫译，上海译文出版社 1987 年版。
16. ［英］杰弗里·巴勒克拉夫：《当代史学导论》，张光勇等译，上海社会科学院出版社 1996 年版。
17. ［英］柯林伍德：《历史的观念》，何兆武等译，商务印书馆 1997 年版。
18. ［英］佩里·安德森：《西方马克思主义探讨》，瞿铁鹏译，桂冠图书有限公司 1989 年版。
19. ［英］乔治·皮博迪·古奇：《十九世纪历史学与历史学家》，耿淡如译，商务印书馆 1989 年版。
20. ［英］沃尔什：《历史哲学导论》，何兆武等译，北京大学出版社 2008 年版。
21. ［英］埃尔顿：《历史学的实践》，刘耀辉译，北京大学出版社 2008 年版。
22. ［英］F. H. 布莱德雷：《批判历史学的前提假设》，何兆武等译，北京大学出版社 2007 年版。

23. ［英］彼得·伯克：《什么是文化史》，蔡玉辉译，北京大学出版社 2009 年版。

24. ［英］玛利亚·露西娅·帕拉蕾丝—伯克：《新史学：自白与对话》，彭刚译，北京大学出版社 2007 年版。

25. ［英］邓特：《英国教育》，杭州大学教育系外国教育研究室译，浙江教育出版社 1987 年版。

26. ［英］卡尔·波普尔：《历史决定论的贫困》，杜汝楫等译，上海人民出版社 2009 年版。

27. ［英］约翰·托什：《史学导论——现代史学的目标、方法和新方向》，吴英译，北京大学出版社 2007 年版。

28. ［英］彼得·伯克：《历史学与社会理论》，姚朋等译，上海人民出版社 2001 年版。

29. ［英］伊安·汉普歇尔—蒙克：《比较视野中的概念史》，周保巍译，华东师范大学出版社 2010 年版。

30. ［英］W. O. L. 斯密斯：《英国的教育》，邦俊译，台北开明书店 1968 年版。

31. ［英］安东尼·桑普森：《最新英国剖析》，唐雪葆、邓俊秉、陈风沼等译，中国社会科学出版社 1984 年版。

32. ［英］班克斯：《教育社会学》，林清江译，复兴图书出版社 1978 年版。

33. ［英］诺武德：《英国教育制度》，鼎声译，商务印书馆 1934 年版。

34. ［英］索利：《英国哲学史》，段德智译，山东人民出版社 1992 年版。

35. ［美］菲利普·库姆斯：《世界教育危机——八十年代的观点》，赵宝恒等译，人民出版社 1990 年版。

36. ［美］乔伊斯·阿普尔比、林恩·亨特、玛格丽特·雅各布：《历史的真相》，刘北成等译，中央编译出版社 1999 年版。

37. ［美］格特鲁德·希梅尔法布：《新旧历史学》，余伟译，新星出版社 2007 年版。

38. ［美］柯娇燕：《什么是全球史》，刘文明译，北京大学出版社 2008 年版。

39. ［美］丹尼斯·德沃金：《文化马克思主义在英国》，李凤丹译，人民出版社 2008 年版。

40. ［美］伊格尔斯：《历史研究的国际手册》，陈海宏等译，华夏出版社1989年版。
41. ［美］伊格尔斯：《二十世纪的历史学——从科学的客观性到后现代的挑战》，何兆武译，辽宁出版社2003年版。
42. ［美］伊格尔斯：《欧洲史学的新方向》，赵世玲等译，华夏出版社1989年版。
43. ［美］伊格尔斯：《德国的历史观》，彭刚等译，译林出版社2006年版。
44. ［美］梅尔文·里克特：《政治和社会概念史研究》，张智译，华东师范大学出版社2010年版。
45. ［美］S. E. 佛罗斯特：《西方教育的历史与哲学基础》，吴元训译，华夏出版社1987年版。
46. ［德］于尔根·科尔：《20世纪下半期国际历史科学的新潮流》，景德祥译，《史学理论研究》2002年第1期。
47. ［德］哈特穆特·凯博：《历史比较研究导论》，赵进中译，北京大学出版社2009年版。
48. ［德］哈拉尔德·韦尔策：《社会记忆：历史、回忆、传承》，季斌等译，北京大学出版社2007年版。
49. ［俄］别尔嘉耶夫：《历史的意义》，张雅平译，学林出版社2002年版。
50. ［俄］卡特林娅·萨里莫娃，［美］欧文·V. 约翰宁迈耶：《当代教育史研究与教学的主要趋势》，方晓东等译，教育科学出版社2001年版。
51. ［苏联］维诺格拉多夫：《近现代英国史学概论》，何清新译，生活·读书·新知三联书店1961年版。
52. ［意］克罗齐：《历史学的理论与实际》，傅任敢译，商务印书馆2005年版。
53. ［法］弗朗索瓦·多斯：《碎片化的历史学：从〈年鉴〉到"新史学"》，马胜利译，北京大学出版社2008年版。
54. ［法］勒高夫等：《新史学》，姚蒙译，上海译林出版社1989年版。
55. ［法］马克·布洛赫：《历史学家的技艺》，张和声等译，上海科学出版社1992年版。
56. ［法］安多旺·莱昂：《当代教育史》，樊慧英、张斌贤译，光明日报出版社 1989 年版。

57. ［比利时］马克·第帕普：《谈谈世界教育史研究方法的发展》,《教育史研究》1994 年第 4 期。

58. ［瑞典］T. 胡森，［德］F. N. 波斯尔思韦特：《国际教育百科全书》,贵州教育出版社 1990 年版。

59. 中国留美历史学会编：《当代欧美史学评析——中美留学生历史学者论文集》,人民出版社 1990 年版。

60. 郭小凌：《西方史学史》,北京师范大学出版社 1995 年版。

61. 张广智、张广勇：《现代西方史学》,复旦大学出版社 1996 年版。

62. 张广智：《西方史学史》,复旦大学出版社 2000 年版。

63. 罗凤礼：《现代西方史学思潮评析》,中央编译出版社 1996 年版。

64. 何兆武：《历史理论与史学理论》（近现代西方史学著作选）,商务印书馆 1999 年版。

65. 杨豫、胡成：《历史学的思想和方法》,南京大学出版社 1999 年版。

66. 李振宏：《历史学的理论与方法》,河南大学出版社 1999 年版。

67. 陈启能：《二战后欧美史学的新发展》,山东大学出版社 2005 年版。

68. 徐辉、郑继伟：《英国教育史》,吉林人民出版社 1993 年版。

69. 王承绪、徐辉：《战后英国教育研究》,江西教育出版社 1991 年版。

70. 陈晓律等：《当代英国——需要新支点的夕阳帝国》,贵州人民出版社 2001 年版。

71. 李家永：《当今英国教育概览》,河南教育出版社 1994 年版。

72. 钱乘旦、陈晓律：《在传统与变革之间——英国文化模式溯源》,浙江人民出版社 1991 年版。

73. 钱乘旦、徐浩明：《英国通史》,上海社会科学院出版社 2002 年版。

74. 瞿保奎：《教育学文集·英国教育改革》,人民教育出版社 1993 年版。

75. 阎照祥：《英国史》,人民出版社 2003 年版。

76. 阎照祥：《英国政治制度史》,人民出版社 1999 年版。

77. 吴浩：《自由与传统——二十世纪英国文化》,东方出版社 1994 年版。

78. 李宏图：《表象的叙述——新社会文化史》,上海三联书店 2003 年版。

79. 杨念群、黄兴涛、毛丹：《新史学——多学科对话的图景》,中国人民大学出版社 2003 年版。

80. 杜成宪、邓明言：《教育史学》,人民教育出版社 2004 年版。

81. 王坤庆：《20世纪西方教育学科的发展与反思》，上海教育科学出版社2000年版。
82. 周采：《美国教育史学的嬗变与超越》，人民教育出版社2006年版。
83. 潘于旭：《从"物化"到"异质性"——西方马克思主义哲学逻辑转向的历史分析》，浙江大学出版社2009年版。
84. 周愚文：《英国教育史（1780—1944）》，学富文化事业有限公司出版2008年版。
85. 陈修斋：《欧洲哲学史上的经验主义和理性主义》，人民出版社2007年版。
86. 彭刚：《叙事的转向：当代西方史学理论的考察》，北京大学出版社2009年版。
87. 陈启能、于沛：《马克思主义史学新探》，社会科学文献出版社1999年版。
88. 鲍晓兰：《西方女性主义研究评介》，生活·读书·新知三联书店1995年版。
89. 王政、杜芳琴：《社会性别研究选译》，生活·读书·新知三联书店1998年版。
90. 陈晓律、于文杰、陈日华：《英国发展的历史轨迹》，南京大学出版社2009年版。
91. 王晴佳、古伟瀛：《后现代与历史学：中西比较》，山东大学出版社2006年版。
92. 于沛：《20世纪西方史学》，武汉大学出版社2009年版。
93. 何兆武、陈启能：《当代西方史学理论》上海社会科学院出版社2003年版。
94. 徐浩、侯建新：《当代西方史学流派》，中国人民大学出版社2009年版。
95. 姜凡：《西方史学的理论和流派》，中国社会科学出版社2007年版。
96. 易红郡：《从冲突到融合：20世纪英国中等教育政策研究》，湖南教育出版社2005年版。
97. 易红郡：《英国教育的文化阐释》，华东师范大学出版社2009年版。
98. 易红郡：《战后英国高等教育政策研究》，湖南师范大学出版社2012年版。

99. 邓元忠：《后现代西洋史学发展的反省》，《史学理论研究》1997 年第 1 期。
100. 方晓东：《国外教育史研究的理论与方法》，《教育史研究》1997 年第 2 期。
101. 李爱萍：《西方教育史研究模式演变初探》，《教育史研究》1998 年第 1 期。
102. 张永华：《后现代观念与历史学》，《史学理论研究》1998 年第 3 期。
103. 何平：《解释在历史研究中的性质及其方式》，《史学理论研究》1998 年第 4 期。
104. 王晴佳：《后现代主义与历史研究》，《史学理论研究》2000 年第 1 期
105. 徐善伟：《当代西方新史学与"史料之革命"》，《史学理论研究》2010 年第 2 期。
106. 沈坚：《法国史学的新发展》，《史学理论研究》2000 年第 3 期。
107. 陈新：《论 20 世纪西方历史序数研究的两个阶段》，《史学理论研究》2001 年第 2 期。
108. 王加丰：《"理解"：二十世纪西方历史学的追求》，《历史研究》2001 年第 4 期。
109. 何平：《历史进步观与 18、19 世纪西方史学》，《学术研究》（广州）2002 年第 1 期。
110. 陈启能：《略论微观史学》，《史学理论研究》2002 年第 1 期。
111. 沈坚：《法国史学的新趋势》，《史学理论研究》2002 年第 1 期。
112. 李霞、杨豫：《走向开放的综合——新文化史探析》，《国外社会科学》2001 年。
113. 赵建群：《论"问题史学"》，《史学理论研究》1995 年第 1 期。
114. 周采：《马克思主义史学理论与教育史研究》，《合肥师范学院学报》2009 年第 4 期。
115. 周采：《多元化发展的战后西方教育史学》，《教育研究与实验》2009 年第 5 期。
116. 周采：《当代西方教育史学的发展》，《南京师范大学学报》（社会科学版）2009 年第 6 期。
117. 周采：《历史研究视角的转移与战后西方教育史学》，《清华大学教

育研究》2010 年第 1 期。
118. 周采：《战后西方教育史学流派的发展》，《教育学报》2010 年第 1 期。
119. 贺国庆、张薇：《英国教育史研究的历史和现状》，《河北大学学报》（哲学社会科学版）2004 年第 2 期。
120. 张薇、贺国庆：《20 世纪美国教育史研究的发展》，《教育评论》2003 年第 1 期。
121. 周采：《关于外国教育史学史研究的思考》，《教育研究与实验》2002 年第 2 期。
122. 周谷平、吴静：《二战后英国教育史学科的发展及其启示》，《全球教育展望》2002 年第 9 期。
123. 周愚文：《英国教育史学发展初探（1868—1993）》，《师大学报》1994 年第 39 期，第 63—111 页。
124. 周愚文：《英国师资养成课程演变与教育学术发展的关系》，《教育研究集刊》1995 年第 36 辑。
125. 朱旭东：《论 20 世纪美国教育史研究的嬗变》，《清华大学教育研究》2002 年第 3 期。
126. 延建林：《布莱恩·西蒙和战后英国教育史学研究》，博士学位论文，北京师范大学，2006 年。
127. 周愚文：《辉格史观与教育史解释》，《教育研究集刊》2007 年第 53 辑第 1 期。
128. 史静寰、延建林：《20 世纪英美教育史学研究取向变化的回顾与启示》，《河北大学学报》（哲学社会科学版）2008 年第 3 期。
129. 张宏：《英、美教育史学之比较》，《比较教育研究》2009 年第 4 期。
130. 申国昌：《英国教育史学科的发展历程》，《湖北大学学报》（哲学社会科学版）2009 年第 5 期。
131. 孙益、林伟等：《2000 年以来英国教育史学科发展研究》，《教育学报》2010 年第 5 期。

后　记

本书是在我的博士学位论文的基础上修改而成。它是在南京师范大学教育科学学院周采教授精心指导下完成的研究成果，也是教育部人文社会科学研究青年基金项目《全球化背景下英国和澳大利亚教育史学比较研究》（13YJC880081）的系列成果之一。

感谢我的导师周采教授，让我有幸在您的身边学习和生活六年。这六年，您不仅让我获得了硕士和博士的学习经历，指导我一步步进入"教育史学"——这块神秘而富有挑战的学术圣地。而且，在生活上，您给予了很多关心和照顾，让学生在学校时常感受到家的温暖。感谢复旦大学黄河教授。黄教授时常提醒我要多关注政治学、经济学、社会学等相关学科的知识，从广阔的学科领域内汲取知识的精华。藉此，由衷地向两位老师表示深深的谢意。

感谢浙江大学教育学院田正平教授。在我为学业和工作迷茫时，有幸得到您的关怀、指导和帮助。感谢北京师范大学教育学部张斌贤教授。我曾有幸得到您的悉心指导、敏锐点拨。此中，获益匪浅，学生铭记在心。感谢华东师范大学教育学系杜成宪教授。那个酷暑，接到您的电话，您的鼓励和指导，学生记忆犹新。

感谢宁波大学教师教育学院贺国庆教授、华东师范大学教育学系王保星教授、南京师范大学教育科学学院胡金平教授、胡建华教授、张乐天教授、社会发展学院张菁教授和南京大学历史学院李刚教授在博士论文开题和答辩时所给我的诸多宝贵建议。

感谢伦敦大学教育学院人文与社会科学系主任加里·麦卡洛克教授（Gary McCulloch）给予我的指导和帮助。感谢湖南师范大学教育科学学院易红郡教授在繁忙的工作中抽出宝贵时间向我介绍了伦敦大学教育史学科的最新发展情况，并鼓励我继续深造。

感谢安徽师范大学教育科学学院姚运标教授和孙德玉教授。感谢姚运标老师多年以来给予我的关心和帮助。感谢孙德玉老师在教育史课上的精彩讲授，让刚读大一的我从此爱上了教育史。

感谢安庆师范学院诸园老师，感谢南京师范大学教育科学学院任小燕老师和李玲老师。在生活和学习上，三位老师给予我很多关心和照顾。

在资料的搜集上，曾得到数位老师和好友的帮助，在此表示感谢。感谢清华大学教育学院延建林老师、印第安纳州立大学韩婧女士、中国石油大学校长办公室党宁老师、北京师范大学教育学部刘华杰博士、华东师范大学教育学系刘军博士。

感谢我的博士同窗、同门的兄弟姐妹们，在与你们的交往中，同样受益颇多，一并致谢。

感谢江苏师范大学教育科学学院苗曼教授。你亦师，亦友，亦亲人。

感谢江苏大学教师教育学院的领导和同事。在这个大家庭里，我倍感温暖。

感谢安徽省亳州市利辛高级中学徐卫东老师。感谢您在我母亲病重期间，给予我的关心、呵护和引导。您的谆谆教诲，学生永记于心。

感谢家人一直以来的关爱、理解和支持；感谢天堂里亲爱的妈妈。身为教师的您，用生命诠释了教育和母爱。我会带着您的爱和期望在教育学领域飞翔，相信会飞得更高，飞得更远！

最后，感谢中国社会科学出版社任明老师。任明老师为本书编辑做了大量细致的工作，在此特别感谢。

武翠红

2014 年 12 月 25 日